Margarete Schütte-Lihotzky
Erinnerungen aus dem Widerstand
Das kämpferische Leben einer Architektin
von 1938 – 1945

MARGARETE SCHÜTTE-LIHOTZKY

Das kämpferische Leben einer Architektin von 1938–1945

Erinnerungen aus dem Widerstand

Gefördert vom Zukunftsfonds der Republik Österreich

Bildnachweis:
Die Abbildungen stammen aus dem Dokumentationsarchiv des österreichischen Widerstands, Wien, und aus der Privatsammlung der Autorin.

ISBN 978-3-85371-372-3

7. unveränderte Auflage 2021

Mit einem Vorwort von Elisabeth Holzinger
Umschlagentwurf: Gisela Scheubmayr
Lektorat: Karin Ballauff
Satz: SOLTÉSZ.
Zusammenstellung des Anhangs: Irene Nierhaus
Druck: Prime Rate, Budapest
Printed in Hungary

Fordern Sie einen Katalog des Verlages an:
Promedia Verlag
E-mail: promedia@mediashop.at
www.mediashop.at

Inhaltsverzeichnis

**Ich erzähle es, weil es
alt ist, das heißt, weil es
vergessen werden
und als
nur für vergangene
Zeiten gültig
betrachtet werden könnte.
Gibt es nicht ungeheuer viele,
für die es ganz neu ist?**

Bert Brecht

Widerstand in Zeiten des Terrors

Am Mittwoch, den 22. Jänner 1941 um halb 12 Uhr mittags treffen einander zwei Personen im Café Viktoria Ecke Währingerstraße Maria-Theresien-Straße in Wien. Margarete Schütte-Lihotzky, Mitglied einer Widerstandsgruppe in Istanbul und Erwin Puschmann, genannt »Gerber«, Leiter der kommunistischen Widerstandsbewegung unterhalten sich über die weiteren Aufgaben im Widerstand. Zwei verschlüsselte Adressen werden übergeben, »als plötzlich, wie dem Erdboden entsprungen, zwei Männer auf uns losstürzten.« (S. 50)[1] Die beiden werden in die Gestapozentrale am Morzinplatz gebracht.

In welches Land kehrte Margarete Schütte-Lihotzky 25 Tage zuvor, am 24. Dezember 1940, aus dem sicheren Istanbul nach Wien zurück? Am 12. März 1938 hatten deutsche Truppen die Grenze überschritten und holten Österreich »heim ins Reich«. Unter tosendem Applaus wurde die nationalsozialistische Kamarilla am 15. März in Wien gefeiert. Was für diese Anhänger und Mitläufer Grund zum Jubel war, bedeutete für Tausende und Abertausende das Todesurteil.

Margarete Schütte-Lihotzky hat in Istanbul, wo sie seit 1938 arbeitete, mit einer Gruppe von Nazi-Gegnern und österreichischen und türkischen KommunistInnen Kontakt aufgenommen. Der Gruppe war sicherlich der Aufruf der Partei zum aktiven Widerstand bekannt. Ob die AktivistInnen sich aber das Ausmaß des nationalsozialistischen Terror-Apparats, der von Spitzeln durchsetzt war, vorstellen konnten? Es hätte vermutlich nichts genützt, Margarete Schütte-Lihotzky von der Rückkehr in ihre Heimat abzuhalten. Wird sie später gefragt, warum sie aus dem sicheren Ausland nach Wien gekommen ist, reagiert sie empört darüber, wie man eine solche Frage überhaupt stellen kann.

1 Die Seitenangaben beziehen sich auf den folgenden Text von Margarete Schütte-Lihotzky.

Mit der Besetzung Österreichs am 12. März 1938 begann die Verfolgung der jüdischen BürgerInnen, die im Novemberpogrom 1938 ihren ersten Höhepunkt erreichte. Parallel zur rassistisch motivierten Verfolgung begann die Jagd auf Menschen, die im Verdacht standen, Gegner des Regimes zu sein. Gestapo, Sicherheitsdienst und SS sind bereits bestens informiert über ihre Gegner. Schon in den ersten Tagen nach dem Einmarsch der deutschen Truppen wurden etwa 70.000 Menschen verhaftet, ein Großteil von ihnen in Gefängnissen und Konzentrationslagern inhaftiert. Die Gestapo ist auch im Besitz einer Liste von etwa 1.000 Personen, die als KommunistInnen gelten. Bis zum Herbst 1938 wurden einige hundert Funktionäre der Partei, darunter die erste Organisationsleitung der Kommunistischen Partei Österreichs, verhaftet und zu hohen Zuchthausstrafen verurteilt.

Noch in der Nacht vom 11. zum 12. März 1938 formulierte das Zentralkomitee der Kommunistischen Partei in Prag als einzige politische Kraft den Aufruf zum aktiven Widerstand mit dem Ziel der Wiedererrichtung eines freien, unabhängigen Österreich. Das Flugblatt mit dem Aufruf wurde nach Österreich geschmuggelt und hier massenhaft verbreitet. Der mit enormem Einsatz geführte kommunistische Widerstand unterscheidet sich von dem anderer Gruppierungen aus mehreren Gründen: Durch den Aufruf zur Aktion, durch den patriotischen und politischen Charakter und durch den Umfang der Widerstandstätigkeit. 75% des organisierten Widerstands leisteten die KommunistInnen. Sie stellen auch die größte Gruppe der politisch Verfolgten: Von der Gesamtzahl der 5.348 Verurteilten sind 60% dem kommunistischen Widerstand zuzuordnen. Diesem Einsatz ist es zu verdanken, dass während der gesamten Zeit der nationalsozialistischen Herrschaft die Existenz einer Opposition demonstriert werden konnte, über deren Ausmaß sich die Nationalsozialisten nie ganz im Klaren waren.

Die Partei hatte schon seit Mai 1933 Übung in illegaler Tätigkeit, war am Februaraufstand 1934 beteiligt, und viele ihrer Mitglieder kämpften bis zur Niederlage 1939 an der Seite der spanischen Republik. Parteimitglieder verstanden sich als Teil einer weltweiten Bewegung zur Bekämpfung von Krieg und Faschismus. Diese Überzeugung und der Wunsch, etwas zu diesem Kampf beizutragen, kommt in vielen Äußerungen von Margarete Schütte-Lihotzky zum Ausdruck und hilft ihr, Gefängnis und Zuchthaus zu ertragen und zu überleben.

Das im Exil agierende Zentralkomitee der Kommunistischen Partei Österreichs stellte sich die Aufgabe, den Widerstand zu koordinieren und strategisch zu steuern. Es galt, den Informationsfluss zu den AktivistInnen und innerhalb derselben zu gestalten, Aktionen zu planen und den Kreis der AntifaschistInnen zu erweitern. Die Nazis verstanden es, durch eingeschleuste Spitzel die kommunistischen Zellen immer wieder aufzurollen. Ein einziger Spitzel in einer vernetzten, zentral geführten Organisation konnte zum Auffliegen Hunderter WiderstandskämpferInnen führen. Was auch geschah.

Nach der Eliminierung der ersten Leitung im Zuge einer Verhaftungswelle im Spätherbst 1938 wurde versucht, eine zweite Leitung zu installieren. Ein Funktionär reiste aus dem Ausland ein, um die zerrissenen Verbindungen neu zu knüpfen und den Informationsfluss wieder in Gang zu bringen. Es war aber auch klar geworden, dass die Partei andere Formen der Aktion und Organisation brauchte. Ab Juli 1939 wurde eine Dezentralisierung eingeleitet. Mit der Parole »Du bist die Partei« wurde stärker auf die Selbstermächtigung der Genossinnen und Genossen gesetzt, und die Regeln der Konspiration wurden verschärft: Keine Aktivistin und kein Aktivist sollten mehr als zwei andere kennen und Aktivitäten selbständig planen und durchführen. Der Leiter oder die Leiterin sollte sich einen Überblick verschaffen, die Gruppen beraten und Kontakt zum Zentralkomitee im Ausland halten. Die Folge der Dezentralisierung war, dass die Verhaftungswelle vom Sommer 1939 die Strukturen nicht mehr im selben Ausmaß zerstören konnte wie die vorherige.

Ein neuerlicher Versuch, eine Leitung aufzubauen, wurde im Oktober 1940 gestartet. Erwin Puschmann, »Gerber«, der Kontaktmann für Margarete Schütte-Lihotzky in Wien, traf aus Bratislava ein, einem wichtigen Zentrum der Partei als Anlaufstelle für die Verbindung nach Österreich. Zusammen mit zwei anderen Genossen gelang es ihm, in Wien bereits abgerissene Verbindungen wiederherzustellen und den Widerstandskampf erneut zu organisieren. Es gelang auch, Kontakte zu zahlreichen Betrieben in Floridsdorf und Favoriten aufzubauen. Sie erstreckten sich bis ins niederösterreichische Industriegebiet und zu einer Eisenbahnergruppe in St. Pölten.

Neben der sogenannten »Betriebsarbeit«, vor allem zum Zweck der Sabotage, bestanden die Widerstandstätigkeiten in der Herstellung und Verbreitung von Druckwerken – unzählige Streuzettel, Flugblätter und Zeitschriften wurden hergestellt und verbreitet –, im Schmieren von Parolen im öffentlichen Raum, in Briefen an Soldaten, um sie über den Charakter des Krieges aufzuklären, in der Unterstützung politischer Gefangener und schließlich im Kampf mit der Waffe als PartisanInnen.

Der Terror der Nationalsozialisten hatte sich vor allem seit dem deutschen Überfall auf die Sowjetunion 1941 weiter verschärft. Nicht nur für aktive Regimegegner wird es nun lebensgefährlich. Der Terror richtet sich auch gegen Menschen, die nur abfällige Bemerkungen über das Regime machen, Kriegsgefangenen mit einem Stück Brot helfen oder »Feindsender« hören. Sie haben mit mehrjährigen Zuchthausstrafen zu rechnen, je länger der Krieg dauert für die geringsten Vergehen auch mit dem Todesurteil. Vor allem das Abhören von BBC und Radio Moskau war eine wichtige Informationsquelle für Nachrichten, die schriftlich oder mündlich weitergegeben wurden. Viele KommunistInnen wurden auch wegen solcher Delikte verurteilt.

Eine wichtige Funktion für den Widerstand kam den Stützpunkten im Ausland zu. Sie waren unbedingt erforderlich, um Informationen über die Vorgänge in der Welt und Berichte über die Arbeit der oppositionellen Kräfte in den einzelnen Ländern zu sammeln und zu analysieren, da die illegal arbeitenden Widerstandsgruppen aus konspirativen Gründen nur einen kleinen Teil der Aktivitäten der Opposition überblicken konnten. Die Verbindungsstellen im Ausland leisteten auch materielle und logistische Hilfe – sie waren Anlaufstelle für Gefährdete, sie stellten Informationsmaterial her, sie betrieben illegale Sender, über die Nachrichten an die Landesstellen weitergegeben werden konnten. Eine dieser Verbindungsstellen war in Istanbul. Verbindungsleute wie MSL reisten zur Unterstützung des Widerstandes ins Land.

Wie man Kommunistin wird

Für die sozial engagierte Architektin und politisch denkende Frau ist der Schritt zu einer radikalen politischen Organisation, die bereits unmittelbar nach der Okkupation Österreichs zum aktiven Widerstand aufgerufen hatte, kein besonders großer. Der politische Mensch und der Berufsmensch Margarete Schütte-Lihotzky gehörten immer zusammen. Aus der Sozialdemokratischen Partei Österreichs, der sie

1923 beigetreten war, ist sie 1927 aus Enttäuschung über die Reaktion der Partei auf die Streiks und Protestaktionen ausgetreten, die im Zusammenhang mit der sogenannten Julirevolte zu Massakern vor dem Justizpalast geführt haben.

Am Widerstand teilzunehmen, entspricht ihren Einsichten über das Wesen des Faschismus und ihrer Überzeugung, dass man etwas zum Sturz des Nazi-Regimes beitragen muss. Schon in der Zeit ihres Aufenthalts in Moskau zwischen 1930 und 1937 nimmt sie an politischen Kursen teil und holt sich noch vor ihrer Abreise Ratschläge, wie sie in den Ländern, in denen sie Arbeit zu finden hofft, Verbindung mit der Widerstandsbewegung aufnehmen kann. In London trifft sie österreichische EmigrantInnen, die der Partei nahe stehen, in Paris berät sie sich mit einem Kommunisten und Spanienkämpfer über die Möglichkeiten der Beteiligung am österreichischen Widerstand. In Istanbul kommt sie über Herbert Eichholzer, einem Kollegen und österreichischen Kommunisten, in Kontakt mit dem organisierten Widerstand und wird Mitglied einer österreichischen Gruppe. 1939 tritt sie der Kommunistischen Partei bei. Den theoretischen Auseinandersetzungen mit dem Marxismus und den Erörterungen über Möglichkeiten der Unterstützung des Widerstands in Österreich folgt bald die Praxis. Dem Vorschlag von Herbert Eichholzer, nach Österreich zu fahren und dort Kontakt mit einem führenden Genossen aufzunehmen, stimmt sie sofort zu. Sie weiß, wie wichtig persönliche Verbindungen zwischen dem Widerstand im Land und den Stützpunkten im Ausland sind. Am 24. Dezember 1940 verlässt Margarete Schütte-Lihotzky Istanbul. In der Nacht vom 29. zum 30. Dezember überquert sie die Grenze nach Österreich und fährt Richtung Wien. Im Ohr hat sie ein Kügelchen aus Zigarettenpapier, auf dem die Nummern der Zeilen und Buchstaben einer bestimmten Buchseite aufgeschrieben sind, die die Adresse ihrer Kontaktperson ergeben. Obwohl sie sich streng an die Regeln der Konspiration hält, über die sie vor ihrer Abreise instruiert wird, scheitert ihre Mission. Wieder einmal durchkreuzten Spitzel die Pläne zur Aufrechterhaltung und Entwicklung des Widerstands der Kommunistischen Partei.

»Kinder, ich hab' nur 15 Jahre«

Am Dienstag, 22. September 1942, eindreiviertel Jahre nach ihrer Verhaftung, findet die Verhandlung am Volksgerichtshof gegen eine

Gruppe führender Funktionäre der illegalen Kommunistischen Partei mit Erwin Puschmann, »Gerber«, an der Spitze statt. Dieser Prozess ist einer von mehreren, bei denen über 500 WiderstandskämpferInnen vor Gericht standen und zu mehrjährigen Haftstrafen, über 100 von ihnen zum Tod, verurteilt worden waren. So auch die sechs Angeklagten dieses Prozesses. Erwin Puschmann und zwei weitere Männer wurden zum Tod, Margarete Schütte-Lihotzky und die Mitangeklagte Anni Haider zu 15 Jahren Zuchthaus und 20 Jahren Ehrverlust verurteilt.

Am Mittwoch, dem 21. Oktober 1942 um 4 Uhr früh erklingt im Bezirksgefängnis in der Schiffamtsgasse in Wien die Internationale, erzählt Margarete Schütte-Lihotzky. Diese Hymne der Arbeiterbewegung wurde immer von einer Mitgefangenen gesungen, wenn ein Transport vom Landesgericht abging. Sie und sieben Mitgefangene werden an diesem Tag ins Frauenzuchthaus Aichach in Bayern gebracht. Hinter Margarete Schütte-Lihotzky liegen 21 Monate Haft, davon acht Monate Einzelhaft, und 14 Gestapoverhöre. Das Abholen zu den Verhören ist immer wieder eine Nervenprobe. »Sicher war ich bei den vielen Verhören auch deshalb so ruhig, weil ich im Grunde meines Herzens stolz darauf war und es heute noch bin, einen, wenn auch winzigkleinen, Anteil an einem weltumspannenden Kampf für eine große Sache zu haben.« (S. 59). Sie fühlt sich nicht als Opfer. Für den Fall einer Verhaftung war sie gut vorbreitet und instruiert worden, wie man die Balance zwischen Zugeben und Abstreiten hält. »Das Lügen, das ich als etwas Feiges und Verwerfliches betrachtet hatte, wurde zur Tugend, zur moralischen Kraft, das Menschenleben retten konnte.« (S. 59)

Ein Gutteil des Buches ist dem Widerstehen in der Gefangenschaft und dem Gedenken an ihre Mitgefangenen gewidmet.[2] Margarete Schütte-Lihotzky erzählt, wie es ihr gelang, den Mut nicht zu verlieren und wie es selbst unter den widrigsten Bedingungen gelang, den Kontakt mit den Mitgefangenen aufrechtzuerhalten. Der Einfallsreichtum der Frauen ist grenzenlos. Sie erfinden eine List nach der anderen, um

2 Im Anhang findet sich eine Namensliste der österreichischen Frauen und Männer, die im österreichischen Widerstand gearbeitet haben und denen sie während ihrer Tätigkeit und der Haftzeit begegnet ist. Nach den Aufzeichnungen von Margarete Schütte-Lihotzky hat Irene Nierhaus diese Liste zusammengestellt.

miteinander in Kontakt zu bleiben. Auch wenn sie in Einzelzellen untergebracht sind, feiern sie über den Klosettstrang, das »Sprachrohr«, den 1. Mai mit Ansprachen, Gedichten und dem Absingen der Internationale. Sie »gisberln«[3] sich Botschaften, verständigen sich durch Klopfzeichen und sprechen sich Mut zu. »Das Leben war erfüllt von den Beziehungen zu den Leidensgenossinnen ›drinnen‹, der Sehnsucht nach ›draußen‹ und dem brennenden Wunsch, den Tag der Freiheit noch zu erleben.« (S. 168) Er kommt am Sonntag, dem 29. April 1945, als amerikanische Truppen auf ihrem Vormarsch das Frauenzuchthaus Aichach und das KZ Dachau befreien.

Erste Architektin Österreichs – sozial engagierte Architektin in der ganzen Welt

Wer war die 43-jährige Frau, die aus dem sicheren Istanbul in das Österreich unter Nazi-Terror reiste und ihr Leben riskierte?

1897 geboren, wuchs sie zusammen mit ihrer älteren Schwester in einem bürgerlichen Elternhaus auf. Sie besuchte zuerst die k.k. Graphische Lehr- und Versuchsanstalt und setzt sich in den Kopf, an der k.k. Kunstgewerbeschule, heute Universität für angewandte Kunst, Architektur zu studieren. Zu dieser Zeit durften weder an der Akademie der bildenden Künste noch an der Technischen Hochschule Frauen studieren. Die gesetzliche Grundlage für das Studium von Frauen an diesen Ausbildungsstätten wurde erst 1918 geschaffen. An der Architektur fasziniert sie, wie sie später sagt, »dass jeder Millimeter einen Sinn hat.« Sie beginnt das Studium 1915 und ist nach Ende des Studiums 1919 die erste Architektin Österreichs.

Schon während des Studiums gewinnt Margarete Lihotzky einen Preis in einem Arbeitsfeld, das sie ihr Leben lang beschäftigen wird: dem Wohnbau. Die Anregung ihres Lehrers Oskar Strnad an der Kunstgewerbeschule sollte für ihr zukünftiges Planen und Bauen prägend sein. Er riet ihr, hinauszugehen und zu schauen, wie die Arbeiter wirklich wohnen, bevor sie auch nur einen Strich macht. Er forderte Forschung vor Tat, Verbindung von Theorie und Praxis – und Margarete Schütte-Lihotzky lebte es vor.

---

3 An einer Schnur wird ein kleiner Zettel befestigt und durch das Gitter zum Gitter der Nebenzelle geworfen.

Zur Zeit ihres Studiums und in den Jahren danach herrschte in Wien große Wohnungsnot. Die Menschen lebten unter entsetzlichen Bedingungen. Eine Antwort des seit 1919 »Roten Wien« war ein aus den Mitteln einer eigens eingeführten Wohnbausteuer – im Volksmund Luxussteuer genannt – betriebener umfangreicher kommunaler Wohnbau. Er versorgte im Gegensatz zur privatwirtschaftlich organisierten Wohnungsproduktion die Menschen mit günstigen, gut ausgestatteten Wohnungen und Gemeinschaftseinrichtungen.

Ein weiterer Ansatz zur Lösung des Wohnungsproblems war die Wiener Siedlerbewegung. Sie entstand aus einer Selbsthilfemaßnahme durch wilde Landnahme und entwickelte sich zu einer starken genossenschaftlichen Organisation, die von der Stadt unterstützt wurde. Die Gemeinde stellte städtischen Baugrund zur Verfügung, auf dem die Siedlerinnen und Siedler mit finanzieller Unterstützung standardisierte Häuser selbst bauen konnten. Obwohl sich das ursprüngliche Modell nach und nach verändert und die auf Selbsttätigkeit und Selbstverwaltung basierende Organisationsform durch eine zentralistische ersetzt wurden, bestand der Siedlungsbau über viele Jahre und trug zur Verbesserung der Wohnsituation bei.

Das Siedlungswesen wird zum Betätigungsfeld der jungen Architektin. Sie kommt mit vielen bedeutenden Persönlichkeiten, u. a. mit Adolf Loos und Otto Neurath, zusammen, die dazu beitragen, ihre analytischen Fähigkeiten weiterzuentwickeln und sie in ihrer Auffassung bestärken, dass Architektur nicht Selbstzweck, sondern Beitrag zur Verbesserung der Lebensbedingungen der Menschen ist. Im März 1922 wird Margarete Schütte-Lihotzky im Baubüro des Österreichischen Verbands für Siedlung- und Kleingartenwesen als Architektin eingestellt und arbeitet dort bis 1925.

1926 wird sie von Ernst May, Stadtrat für Bauwesen und Städtebau in Frankfurt am Main, an das Hochbauamt der Stadt Frankfurt berufen. Zwei ihrer Arbeitsschwerpunkte verdienen Aufmerksamkeit: Einer ist die Verbesserung der Lebensumstände von Frauen. Nicht nur leistbare Wohnungen sind ihr ein Anliegen, sondern Wohnungen mit Einrichtungslösungen, die durch die Vereinfachung der Haushaltsführung eine Entlastung der – immer mehr berufstätigen – Frauen mit sich bringt. Sie arbeitet an Typenentwürfen für »Die Wohnung der berufstätigen Frau«, plant Schul- und Lehrküchen, entwickelt serienmäßige Kochnischen- und Spülkücheneinrichtungen und – dafür wird sie schließlich international berühmt – die »Frankfurter Küche«. Jahrzehntelang erinnert man sich an sie als Erfinderin der »Frankfurter Küche«. Eine wichtige Vertreterin des Neuen Bauens wird so auf eine Küchenplanerin herabgestuft. Selbst ohne jede Ambition für Kochen und Hauswirtschaft, galt ihr berufliches Interesse ausschließlich der Minimierung von Hausarbeit, also der Befreiung der Frauen von diesen Tätigkeiten. In späteren Jahren wird sie die selektive Wahrnehmung ihrer vielfältigen Planungs- und Bautätigkeit auf die berühmte Küche dazu veranlassen zu sagen: »Ich bin keine Küche.«

Den zweiten Schwerpunkt im Werk von Margarete Schütte-Lihotzky nimmt das Bauen im pädagogischen Kontext ein. In einer Zeit, in der sich langsam die Erkenntnis durchsetzte, dass Tagesstätten für Kinder nicht Aufbewahrungsanstalten, sondern Spiel- und Lernorte sind, erforscht sie die Bedürfnisse von Kindern und entwickelt bedürfnisgerechte Konzepte, die medizinisch-hygienische, pädagogische und künstlerisch-architektonische Überlegungen vereinen.

Ihre erste Kindereinrichtung konnte sie 1921 in Wien realisieren, ihre letzte zwischen 1961 und 1963 ebenfalls in Wien. Dazwischen liegen der Bau zahlreicher Kindertagesstätten und Schulbauten in aller Welt, Forschungsarbeiten und zahlreiche Publikationen, die sich mit dem Thema des kindgerechten Bauens auseinandersetzen. Noch bis 1968, inzwischen über 70-jährig, arbeitet sie an einem Baukastensystem für Kindertagesheime.

Da der soziale Wohnbau und innovative Wohnprojekte ab Ende der 1920er-Jahre in Frankfurt nicht mehr finanziert wurden, nahmen Ernst May, 15 Architekten und Margarete Schütte-Lihotzky eine Berufung nach Moskau an, wo ausländische Experten hoch willkommen waren. Mit dieser Gruppe kommt sie 1930 in Moskau an, wo sie sieben Jahre lang bleibt. Die Gruppe ist an der Planung und Erbauung gänzlich neuer Städte – z. B. in Magnitogorsk – beteiligt, aus dem Boden schießende Zentren der Schwerindustrie, und beschäftigt sich mit der Rationalisierung des Wohnungsbaus. In dieser Zeit unternimmt Margarete Schütte-Lihotzky mehrere Reisen innerhalb der Sowjetunion, reist nach Japan und China, wo sie Schulen und Kindereinrichtungen besucht und Vorträge hält.

1934 verließ Ernst May die Sowjetunion, nachdem eine scharfe Kritik gegen alle avantgardistischen Richtungen wie das Neue Bauen eingesetzt hatte. Nach und nach wurden ausländische Experten von der Arbeit an städtebaulichen Projekten ausgeschlossen. AusländerInnen waren immer mehr Repressionen ausgesetzt, wurden ausgewiesen und, so sie blieben, verhaftet. Margarete Lihotzky, die durch ihre 1927 erfolgte Heirat mit Wilhelm Schütte deutsche Staatsbürgerin geworden war, hatte die Wahl, in das nationalsozialistische Deutschland zurückzukehren. Noch bevor ihre Pässe abgelaufen waren, verlassen Margarete Schütte-Lihotzky und ihr Mann Anfang August 1937 die Sowjetunion. Nach einem Kurzaufenthalt in London, wo es keine Arbeitsmöglichkeiten gab, und einem Arbeitsjahr in Paris nimmt sie eine Berufung an die Académie des Beaux Arts in Istanbul an. Dort lernt sie dann den Architekten und Kommunisten Herbert Eichholzer kennen, der sie dazu anregt, ins faschistische Österreich zu reisen, um den dortigen Widerstand zu unterstützen.

Ein zweites Leben beginnt im Kalten Krieg

Am Samstag, dem 22. September 1945, kommt Margarete Schütte-Lihotzky nach viereinhalb Jahren Gefangenschaft und einer monatelang dauernden Heimreise mit Lastwagen und Pferdewagen, per Bahn und zu Fuß, über München und Augsburg, mit einer Unterbrechung in einer Lungenheilstätte in Hochzirl/Tirol, in ihrer Heimatstadt Wien an.

Im Frühjahr 1946 geht sie nach Sofia. Sie trifft dort ihren Mann und kann die Leitung der Abteilung für Kindereinrichtungen am Stadtbauamt übernehmen. Die beiden kehren im Jänner 1947 nach Wien zurück. Margarete Schütte-Lihotzky macht die Ziviltechnikerprüfung und arbeitet im eigenen Büro. Sie ist 50 Jahre alt. Wien wird ab jetzt ihr Lebensmittelpunkt, wenn man das von einer Frau sagen kann, die an unzähligen Kongressen teilnimmt, Studienreisen nach China[4] und Kuba unternimmt und sich anlässlich von mehrmonatigen Arbeitsaufenthalten in Kuba und Ostberlin einem ihrer Arbeitsschwerpunkte, der Gestaltung von Kindereinrichtungen, widmet. Ein reges berufliches Leben als Architektin und ein aktives politisches Leben gehen weiter.

---

4 Unter dem Titel »Millionenstädte Chinas – Bilder- und Reisetagebuch einer Architektin« sind ihre 1958 verfassten Aufzeichnungen im Jahr 2007 erschienen.

Allerdings sind nach 1945 die Bedingungen für die in der Vorkriegszeit gefragte Architektin und politische Aktivistin völlig andere.

Das offizielle Österreich hat sich die Lebenslüge vom ersten Opfer des Nationalsozialismus zugelegt. Es betreibt die Verfolgung der Täter kurze Zeit halbherzig und die großen Parteien ÖVP und SPÖ buhlen schon bald um die Gunst ehemaliger Nationalsozialisten. Diese werden 1949 zu Wahlen zugelassen und ihre gerichtliche Verfolgung wird 1957 eingestellt. Die meisten gelangen wieder in Amt und Würden, die sie mit der gleichen Einstellung ausüben wie zuvor. Erst im März 1965 regt sich erstmals Widerstand gegen diese Kontinuität, als Tausende Menschen gegen einen Hochschulprofessor demonstrieren, der seine Vorlesungen mit deutschnationalen und antisemitischen Äußerungen zu würzen pflegt. Das Begräbnis des bei der Demonstration ums Leben gekommenen Kommunisten Ernst Kirchweger wird zu einer großen antifaschistischen Manifestation.

Die Stadt Wien verzichtet auf die Erfahrungen und die fachliche Kompetenz der international bekannten Architektin. Gerade zwei Kindergärten und die Mitarbeit an zwei Wohnbauten der Gemeinde Wien sind alles, was sie an öffentlichen Aufträgen erhält. Berufsverbot hieß die Ausgrenzung alles Linken erst in den 1960er-Jahren. De facto wurde ein solches allerdings seit der Befreiung vom Faschismus praktiziert. Das hat Margarete Schütte-Lihotzky sehr getroffen, kann sie als politisch bewussten Menschen aber nicht überrascht haben. Es herrschte Kalter Krieg.

In Bewegung(en)

Ende April 1949 tagte in Paris der erste Weltfriedenskongress, ein Vorläufer des Weltfriedensrates, der später seinen Sitz u. a. auch in Wien hatte. Der Bewegung gehörten nicht nur kommunistische Intellektuelle, sondern auch viele international bekannte Persönlichkeiten an. Der erste Präsident war der Nobelpreisträger Frédéric Joliot-Curie. Im November 1949 wurde der Österreichische Friedensrat gegründet – unter Beteiligung von Margarete Schütte-Lihotzky. Für ihren jahrelangen aktiven Einsatz erhielt sie 1977 die Joliot-Curie-Medaille der Weltfriedensbewegung.

Eine Initiative erregte weltweit große Aufmerksamkeit: Die 1950 gestartete Unterschriftenkampagne zur Ächtung der Atombombe und für nukleare Abrüstung, der sogenannte »Stockholmer Appell«. Kolportiert wurden 500 Millionen Unterschriften, was vom »Westen« hämisch als Beispiel kommunistischer Zwangsrekrutierung bezeichnet wurde, da die Mehrheit der Unterschriften aus der Sowjetunion, China und anderen sozialistischen Ländern kam. Der Appell wurde aber auch in westlichen Staaten von friedensbewegten Menschen massiv unterstützt.

An der Verbreitung der Ziele der Friedensbewegung war auch die der Kommunistischen Partei nahe stehende Frauenbewegung – der Bund Demokratischer Frauen – beteiligt, deren Präsidentin Margarete Schütte-Lihotzky seit 1948 war. In dieser Funktion ist sie Mitorganisatorin der großen Abschlusskundgebung des österreichischen Friedenskongresses, der 1950 in Wien tagte, nimmt an zahlreichen Kongressen der Internationalen Demokratischen Frauenföderation – IDFF – teil, hält Vorträge und publiziert über theoretische und praktische Fragen der Architektur und deren Relevanz für die Lebensbedingungen von Frauen.

Eine weitere Aktion ist bezeichnend für den unermüdlichen Einsatz des politischen Menschen Margarete Schütte-Lihotzky. Bereits Ende der 1950er-Jahre gab es in vielen Ländern, darunter auch in Österreich, antisemitische Ausschreitungen. Zum Beispiel wurde der Film »Das Tagebuch der Anne Frank«, der 1959 ins Kino kam, wegen Protesten nach kurzer Zeit von den ängstlichen Kinobesitzern abgesetzt.

Das rief die streitbare Margarete Schütte-Lihotzky auf den Plan. Sie versammelt eine Gruppe von Frauen, die am 14. März 1960 den Film in der Urania zeigen. Wegen des großen Erfolges beschließt das erste kleine Initiativkomitee dieser demonstrativen Filmvorführung weitere folgen zu lassen. So geschehen bis ins Jahr 1994 durch ein Komitee, das auf 50 Frauen angewachsen war, unter ihnen die Präsidentin des Bundes österreichischer Frauenvereine, Schriftstellerinnen, Schauspielerinnen, Wissenschaftlerinnen. In diesen 34 Jahren haben 25.000 bis 30.000 Jugendliche kritische Filme gesehen, die sich gegen Krieg und Faschismus, gegen die Ausbeutung der »Dritten Welt« oder die Zerstörung der Umwelt richteten, resümiert die 97-jährige Margarete Schütte-Lihotzky in der Einführung zum letzten Film, dem Spielfilm von Susanne Zanke über die Gefangenschaft der Widerstandskämpferin Margarete Schütte-Lihotzky: »Eine Minute Dunkel macht uns nicht blind«.

Ab Ende der 1970er-Jahre, in einer Zeit, in der sie nicht mehr bauen kann, setzen die Ehrungen für ihre Tätigkeit als Architektin ein. Es regnet Preise und Ehren aller Art – Ehrenmitgliedschaften, Ehrendoktorate, Ehrenzeichen, Ehrenringe, eine Margarete Schütte-Lihotzky-Stiftung wird gegründet. Die Vielfalt des Lebenswerks der nunmehr 96-jährigen Architektin wird 1993 in einer großen Ausstellung im Wiener Museum für angewandte Kunst gewürdigt. Im Katalog zu dieser Gesamtausstellung: »Margarete Schütte-Lihotzky: Soziale Architektur – Zeitzeugin eines Jahrhunderts«, sind alle ihre Entwürfe und Planungen, ihre theoretischen Ausführungen und die Bauten in Wien, Frankfurt, Frankreich, Moskau, Magnitogorsk, Istanbul und Sofia dokumentiert. Zu ihrem 100. Geburtstag erhält sie das Große Ehrenzeichen mit dem Stern für Verdienste um die Republik Österreich. Sie hat den Medaillenregen immer ironisch kommentiert.

Den politischen Menschen wiederentdecken

Wovon handelt dieses Buch? Von einer Frau, die ihre Überzeugung, »daß man sich in so harten Zeiten nicht einem angenehmen, risikolosen Leben hingeben darf, sondern im Widerstand gegen die Nazis auch etwas zu leisten hat« (S. 31), in die Tat umgesetzt hat.

Die vorliegende Neuausgabe der »Erinnerungen aus dem Widerstand«, die 1994 erstmals in Österreich erschienen ist[5], ist deshalb so wichtig, weil zwar die Architektin Margarete Schütte-Lihotzky mittlerweile bekannt ist, zu wenig aber der politische Mensch.[6] Der im Oktober 2013 gegründete Margarete Schütte-Lihotzky-Club hat sich u. a. auch die Präsentation der Kommunistin, Friedensaktivistin und Frauenrechtlerin zur Aufgabe gestellt. Die Protagonistinnen »wollen an ihr Engagement und ihre Tätigkeit für Frauen anknüpfen, ihr Leben und Werk sichtbar machen, im aktuellen Diskurs halten und eine Plattform für zeitgemäße Auseinandersetzung bieten. Der Margarete Schütte-Lihotzky-Raum soll wesentliche Stationen ihres Lebens und Werks zeigen und einen Rahmen für das Zusammenkommen von Frauen bil-

---

5 Die verwendeten Zitate sind daher in alter Rechtschreibung gesetzt, in der Margarete Schütte-Lihotzky ihre Erinnerungen niedergeschrieben hat.

6 Neben dem Spielfilm von Susanne Zanke gibt es noch einen Dokumentarfilm von Uwe Bolius aus dem Jahr 1999: »Margarete Schütte-Lihotzky – Erinnerungen aus dem Widerstand«.

den, Information, Ausstellung und Gedankenaustausch ermöglichen.« Eine systematische Dokumentation ihrer politischen Aktivitäten wird also weitergehen.

Elisabeth Holzinger
Wien, im Jänner 2014

Einleitende Worte der Autorin

Hier meine Erlebnisse 1938–1945 und deren kurze Vorgeschichte. Warum, wozu, für wen habe ich sie schriftlich festgehalten? Seit langem bin ich von verschiedenen Seiten dazu aufgefordert worden, aber auch ich selbst fühle mich zu dieser Schilderung verpflichtet, besonders über die Widerstandsarbeit, weil von jenen, mit denen ich damals zusammenarbeitete, kein einziger diese Zeit überlebt hat.

Als ich diese Schrift verfaßte, hatte ich drei Lesergruppen vor Augen:

Erstens die Historiker, alle jene, die sich mit diesen bedeutungsvollen Jahren wissenschaftlich beschäftigen.

Zum zweiten die Jungen, die Nachgeborenen, die Einblick in das Leben vor ihrer Geburt gewinnen wollen, Einblick auch in die politische und menschliche Haltung von Österreichern und Österreicherinnen meiner Generation. Die Jungen, die sich, so wie wir, für das Schicksal der Nachkommenden verantwortlich fühlen. Die Jungen, die für ihre Haltung und Tätigkeit aus Erlebnissen wie den meinen praktische Schlüsse ziehen könnten. Mögen sie nie einem erbitterten Feind unter so grausamen Umständen gegenüberstehen müssen, wie das bei uns der Fall war. Trotzdem: Wieviele junge Menschen anderer Länder erleben heute Ähnliches. Wir leben in unruhigen Zeiten und wissen nicht, was unsere Jugend, auch in Europa, noch durchzustehen haben wird. Verhöre, Polizeimethoden und Prozesse sind nur deshalb so eingehend geschildert, damit mancher Leser, in ähnlicher Lage, für sein Verhalten daraus lernen kann.

Und zum dritten: Schriftsteller und Filmschaffende. Ich denke, daß nicht nur das große Geschehen, sondern auch die Geschichten über Einzelschicksale, entsprechend künstlerisch gestaltet, Bewegendes aussagen könnten. Ich selbst fühle mich nicht als Schriftstellerin, doch hoffe ich, daß jene, die zu solcher oder ähnlicher Tätigkeit berufen sind, in diesen Aufzeichnungen Themen für ihre Arbeit finden können.

Während der Niederschrift dieser Erinnerungen habe ich mich oft gefragt: Ist es möglich, der Wissenschaft nacktes Tatsachenmaterial zu liefern, gleichzeitig den nicht beruflich interessierten Leser zu fesseln und drittens auch noch Anregung für schriftstellerische und filmische Werke zu liefern? Durch dieses Dilemma entstanden hier zwangsweise einige Wiederholungen, für die ich mich beim Leser entschuldige. Vielleicht wäre es notwendig gewesen, zwei oder drei verschiedene Schriften zu verfassen. Aber ich bin über 90 Jahre alt und habe noch andere, berufliche Arbeiten vor mir – so bleibt mir dafür keine Zeit mehr. In diesem Bewußtsein übergebe ich meine Erinnerungen 1938–1945 der Öffentlichkeit mit der Bitte: Möge sich jeder, der sie liest, das heraussuchen, was seiner Arbeit dienlich sein kann, und an andere weitergeben. Damit wäre der Zweck dieser Schrift voll erfüllt.

Wien, 1994

Von Istanbul nach Wien

Wenn du nicht brennst
wenn ich nicht brenne
wenn wir nicht brennen
Wer wird dann Licht in
die Dunkelheit bringen?

Nazim Hikmet
Türkischer Dichter

Es begann in Moskau 1937. In Deutschland war Hitler bereits vier Jahre an der Macht. Mit einer Gruppe von Architekten war ich 1930 als Spezialistin für Kinderanstalten zum Aufbau der neuen Städte in die Sowjetunion berufen worden. Mein Mann arbeitete in derselben Architektengruppe in Moskau. Im August 1936 liefen unsere deutschen Pässe ab. Die Nazi-Botschaft in Moskau verlängerte damals Pässe nur für ein halbes Jahr und nur mit Gültigkeit für Deutschland und die Sowjetunion. Schon herrschte Vorkriegsstimmung. Hätten wir mit solchen Pässen die Sowjetunion verlassen, hätten wir damals nur nach Hitler-Deutschland zurückkehren können. Das aber kam für uns nicht in Frage. Wir beschlossen daher, die Sowjetunion zu verlassen, ehe die Pässe abliefen. Wo sollten wir die Pässe erneuern lassen? Wo konnten wir gleichzeitig Arbeit finden? Und wo konnten wir im Ausland Anschluß gewinnen an die Widerstandsbewegung?

Die letzte Frage war die wichtigste. Ich ging zu Ernst Fischer, der damals Vertreter der Kommunistischen Partei Österreichs in der Komintern war. Ich kannte ihn damals noch nicht. Wir hatten eine lange Unterredung. Ich fühlte mich bereits zu den Kommunisten hingezogen, aber weder mein Mann noch ich gehörten einer kommunistischen Partei an. Die Aufnahme in die KPdSU war damals für Ausländer und auch für Sowjetbürger gesperrt. Aber selbst wenn ein Beitritt möglich gewesen wäre, hätte ich es als übelsten Opportunismus betrachtet, die Mitgliedschaft zu beantragen – ein Schritt übrigens, den uns niemand nahelegte. Wir waren als ausländische Spezialisten unseren sowjetischen Kollegen, ob sie nun Parteimitglied waren oder nicht, völlig gleichgestellt; wir waren wie sie sogar wahlberechtigt, weil wir dem Land unsere Arbeitskraft zur Verfügung stellten. Ernst Fischer gab mir einige Ratschläge, mit wem wir in London oder in Paris Verbindung aufnehmen könnten.

Wir entschieden uns vorerst für England und reisten im August 1937, zusammen mit unseren Freunden, der Familie des Schweizer Architekten Hans Schmidt, der auch mit unserer Gruppe 1930 in die Sowjetunion gekommen war, aus Moskau ab.

Abschied am Bahnhof. Alle sowjetischen und ausländischen Freunde waren da; zum letztenmal umarmten wir uns. Die Fahrt ging nach Odessa, ein sowjetisches Schiff sollte uns von dort über Istanbul nach Athen bringen. Es war kein leichter Entschluß gewesen, dieses Land zu verlassen. Lange standen wir an der Reling, bis die letzten Lichter von Odessa langsam dem Blick entschwanden. Ein neues Leben lag vor uns.

Einen Tag Aufenthalt in Istanbul mit Besuch bei unseren Freunden Bruno und Erika Taut. Bruno Taut war einer der bekanntesten deutschen Architekten der zwanziger Jahre, bahnbrechend vor allem für den Wohnungsbau der Zwischenkriegszeit. Seit 1937 war Bruno Taut Professor an der »Académie des Beaux Arts« in Istanbul und leitete neben seiner Professur ein Büro für die Planung von Erziehungsbauten für das Unterrichtsministerium. Das war auch unser Spezialgebiet. Sofort schlug er uns vor, an der Akademie zu arbeiten. Im Hafen wartete das Schiff. Wir beschlossen, an Deck zurückzukehren. Westeuropa war unser Ziel.

Einige unvergeßlich leuchtende Tage im glühendheißen Athen, dann eine herrliche Küstenfahrt nach Triest und schließlich Paris. Wider Erwarten erhielten wir dort neue deutsche Pässe, o Wunder, Pässe für fünf Jahre. Es war hoffnungslos, sich in Paris eine berufliche Existenz aufbauen zu wollen. Wir hatten eine Unterredung mit dem deutschen Kommunisten Hermann Duneker. Sobald wir unser neues Domizil aufgeschlagen hätten, sollten wir ihm unsere Adresse mitteilen. Er würde dann für eine Möglichkeit sorgen, damit wir im Widerstand gegen die Nazis etwas tun konnten. Von Bruno Taut erhielten wir einen Brief: »Warum lassen Sie nichts von sich hören? Ich habe bereits im

Ministerium in Ankara vorgesprochen. Man will Sie beide für die Arbeit an der Akademie in Istanbul haben.« Trotz dieses Angebots fuhren wir weiter nach London, um uns dort nach Arbeit umzusehen.

April 1938. Einen Monat zuvor waren die Deutschen in Österreich einmarschiert. Nun kamen auch österreichische Emigranten nach England. Deshalb konnten wir auch hier – wie in Frankreich – keine Arbeit finden. Wir waren nun doch entschlossen, die Berufung nach Istanbul anzunehmen, und kehrten zunächst nach Paris zurück. Von dort reisten wir mit überaus günstigen Verträgen in der Tasche im August 1938 in die Türkei. Ich sollte an der »Académie des Beaux Arts« arbeiten und unterstand dem türkischen Unterrichtsministerium. Vorher jedoch hatte ich ein entscheidendes Gespräch mit dem österreichischen Kommunisten Otto Heller, den ich schon aus Moskau kannte. Er war Publizist und ein theoretisch und praktisch erfahrener Marxist, bekannt geworden durch sein Buch: »Der Untergang des Judentums. Die Judenfrage, ihre Kritik, ihre Lösung durch den Sozialismus«, das von vielen als das Beste gerühmt wird, was bis dahin über das Judentum geschrieben worden war. Otto Heller hatte in Spanien gegen die Faschisten gekämpft und war nach der Niederlage der spanischen Republik nach Paris gekommen. Er wurde später in dem berüchtigten Lager von Gurs in Südfrankreich interniert, dann in das Konzentrationslager Auschwitz deportiert. Als sich die Rote Armee näherte, wurden viele Gefangene gen Westen in Marsch gesetzt. Auf diesem Marsch soll Otto Heller an Entkräftung elend zugrunde gegangen sein. Gerüchte sagen auch, er sei in einem Straßengraben von der SS erschossen worden. Wir sprachen damals in Paris über die politische Lage. Es war nach der Niederlage des republikanischen Spaniens, unmittelbar vor dem »Münchner Abkommen«. Wir rechneten mit Krieg. Wir berieten meine Mitarbeit im österreichischen Widerstand. Die Auslandsleitung der KPÖ mit Koplenig und anderen befand sich zu jener Zeit in Paris, Heller hatte Verbindung zu dieser Leitung, von der ich niemanden persönlich kannte. Otto Heller gab mir die Namen einiger türkischer Intellektueller, sympathisierender Antifaschisten, die ich aufsuchen könnte.

Noch bevor ich mich in Istanbul an diese Leute wenden konnte, erschien im November 1938 bei uns in der Akademie ein charmanter junger Mann, ein österreichischer Architekt. Er kenne mich dem Namen nach, komme aus Paris und arbeite bei Professor Clemens Holzmeister in Tarabya, einem Villenvorort am Bosporus. Das war meine erste Begegnung mit Herbert Eichholzer, der die Auslandsgruppe der KPÖ in der Türkei aufbaute, die für den Widerstand in Österreich und seine Verbindung mit der Auslandsleitung von Bedeutung werden sollte. Kurz nachdem uns Herbert Eichholzer in der Akademie aufgesucht hatte, fand sich eine österreichische Widerstandsgruppe in Istanbul zusammen. Über zwei Jahre blieb sie bestehen. Für jeden von uns war dies eine Zeit befriedigender, sinnvoller Arbeit: theoretische Auseinandersetzung mit dem Marxismus in direkter Verbindung mit dem Widerstand in Österreich, mit der Möglichkeit der praktischen Unterstützung.

Istanbul war eine verhältnismäßig sichere Verbindungsstelle, Transitpunkt für einige Genossen auf dem Weg in die Sowjetunion. Um nur zwei hier zu nennen: »Konrad«, Herrmann Köhler, später in Mauthausen erschossen, und »Harald«.

»Harald«, mit dem legalen Namen Willi Frank, wie ich nach dem Krieg erfuhr, war damals etwa dreißig Jahre alt und von Beruf Schlosser. Mit 15 Jahren war er der Sozialistischen Jugend beigetreten, später dem Kommunistischen Jugendverband, in dessen Zentralkomitee er schon 1931 gewählt wurde. 1933 war er in Wollersdorf interniert. Er hatte nicht weniger als 17 Haftstrafen wegen illegaler Arbeit hinter sich. In die Türkei kam er aus Frankreich, wohin er, nach wichtiger illegaler Arbeit gegen die Nazis in Österreich, geflüchtet war. Von dort, durch den deutschen Vormarsch wieder vertrieben, kam er mit einem falschen Paß als norwegischer »Harald« nach Istanbul. Als sein türkisches Visum nicht mehr verlängert wurde, emigrierte er in die Sowjetunion, wo er sich 1941 der Roten Armee anschloß. Kurz vor der Abreise aus Istanbul erkrankte er an Typhus. Mit hohem Fieber lag er im Bett, einen Arzt konnten wir unter diesen Umständen nicht zuziehen. Sein Paß mußte bei den Türken für die Ausreise abgeholt, die Einreise in die Sowjetunion noch besorgt werden. Er konnte das nicht, also ging ich zur türkischen Behörde. Ich mußte lange warten, länger als alle anderen. Ich dachte schon, sicher ist die »Paßgeschichte« aufgeflogen. Doch alles ging glatt, und ich bekam den Paß des norwegischen »Harald« zurück. Am selben Tag noch konnte ich die sowjetische Einreise besorgen. »Flurl«, das war Genosse Herbert Feuerlöscher, brachte den fiebernden »Harald« im Taxi ins Stadtzentrum, wo ich die Begleitung

Margarete Schütte-Lihotzky mit ihrem Mann in Istanbul, 1938

Margarete Schütte-Lihotzky auf einer Schiffsreise 1939, vier Monate vor der Verhaftung

zum sowjetischen Dampfer nach Odessa übernahm. In der Halle mußte ich »Harald« verlassen und eilte klopfenden Herzens auf das Dach des Gebäudes, von wo aus man die Schiffe abfahren sah. Würde »Harald« in den Dampfer kommen, würde er nicht zurückgeschickt werden wegen Infektionsgefahr? Ich sah ihn das Fallreep hinaufwanken, der Dampfer setzte sich in Bewegung. Später war »Harald« einer der österreichischen Freiheitskämpfer, der mit dem Fallschirm über dem Partisanengebiet in Slowenien absprang, um im österreichischen Freiheitsbataillon mit der Waffe in der Hand für die Befreiung Österreichs von der Naziherrschaft zu kämpfen. Bei einem Feuergefecht mit der SS nahe an der österreichischen Grenze traf ihn die tödliche Kugel. »Harald« zählte zu den zwölf Mitgliedern des Zentralkomitees, die im Kampf gegen die Nazis hingerichtet oder ermordet wurden. Mit »Harald« fühlte ich mich sehr rasch freundschaftlich verbunden. Aus der Arbeiterklasse hervorgegangen, hatte er alle Leiden der von Krieg und Krisen geschüttelten österreichischen Arbeiterschaft sehr bewußt miterlebt und die Konsequenzen daraus gezogen. Er war den Erscheinungen auf den Grund gegangen und hatte die Ursachen der Leiden seiner Klasse dank einer umfassenden marxistischen Bildung richtig erkannt. Sein ganzes Leben handelte er nach seiner tiefsten Überzeugung. Er lebt in meiner Erinnerung nicht nur als außerordentlich intelligenter Genosse mit umfassendem Wissen und großen Erfahrungen in der politischen Arbeit, sondern auch als ein Mensch mit wahrer Herzensbildung.

Unsere Istanbuler Gruppe hielt auch Verbindung zu deutschen Antifaschisten, jedoch lediglich zum Zweck politischer Aussprache. Organisatorisch waren Österreicher und Deutsche völlig getrennt. Aus konspirativen Gründen war solch strenge Abgrenzung nötig. Durch eine Kontaktperson hatten wir in Istanbul auch Verbindung zur illegalen Kommunistischen Partei der Türkei, die seit 1926 verboten war.

1939 trat ich in die illegale Kommunistische Partei Österreichs ein. Schon bald danach machte ich Herbert Eichholzer den Vorschlag, mich nach Österreich zu schicken. Er stimmte sofort zu. Persönliche Verbindung zwischen Widerstand im Inneren und Leitung im Ausland wurde ständig gebraucht, und ich war für diese Arbeit gut geeignet. Ich hatte Österreich schon 1926, Deutschland 1930 verlassen, war also keine Emigrantin, andererseits war meine politische Überzeugung schon seit Jahren allgemein bekannt, so daß ich als zuverlässig gelten konnte.

Bis zum Frühjahr 1940, als Herbert Eichholzer endgültig zur illegalen Tätigkeit nach Österreich fuhr, arbeiteten wir in der Gruppe freundschaftlich zusammen. Vor seiner Abreise übergab mir Herbert alle schriftlichen Unterlagen, die bei ihm aufbewahrt waren. Als ich über ein halbes Jahr später selbst nach Österreich fuhr, mußte ich dieses Material verbrennen, um niemanden in Istanbul damit zu belasten. Es enthielt unter anderem eine Korrespondenz zwischen Johann Koplenig, dem Vorsitzenden der KPÖ, und Professor Josef Dobretsberger, Nationalökonom und Universitätsprofessor in Graz. Er war Minister in der Regierung Schuschnigg, des letzten österreichischen Bundeskanzlers vor dem Einmarsch der Hitler-Wehrmacht, trat jedoch bald aus der Regierung aus, da er mit der Politik Schuschniggs gegenüber Nazi-Deutschland nicht einverstanden war. Die Gestapo verhaftete ihn sofort nach der Okkupation Österreichs. Als er eine Berufung an die Universität in Istanbul erhielt, entließen ihn die Nazis aus dem Gefängnis unter der Bedingung, das Land sofort zu verlassen. Im Herbst 1938 lernten wir Dobretsberger in Istanbul kennen, wir wohnten einige Zeit mit ihm in derselben Pension. Jeden Abend saßen wir beisammen und diskutierten. Dobretsberger kam als fortschrittlicher Katholik und vor allem als Nationalökonom zum Marxismus. Er hielt in unserer Gruppe in Istanbul ein Referat »Katholizismus und Sozialismus«. Nach dem Kriege war Dobretsberger, den seine Gegner Sowjetsberger nannten, für uns aus dem politischen Leben nicht wegzudenken. Als Vertreter des fortschrittlichen katholischen Lagers gründete er zusammen mit Linkssozialisten und Kommunisten die Volksopposition, eine lockere Vereinigung, die in den 50er Jahren nicht ohne Einfluß für den österreichischen Staatsvertrag und den Beschluß zur immerwährenden Neutralität unseres Landes kämpfte. Bis zu seinem Tod war er in der Friedensbewegung unermüdlich tätig als Vorstandsmitglied des österreichischen Friedensrates und in der Leitung des Weltfriedensrates.

Oft fragten mich nach 1945 verschiedenste Leute, auch solche, die keineswegs Nazis waren, warum ich denn aus dem sicheren Ausfand nach Wien gefahren bin. Immer wieder empört mich diese Frage, immer wieder bin ich entsetzt über die mir so fremde Welt, in der diese

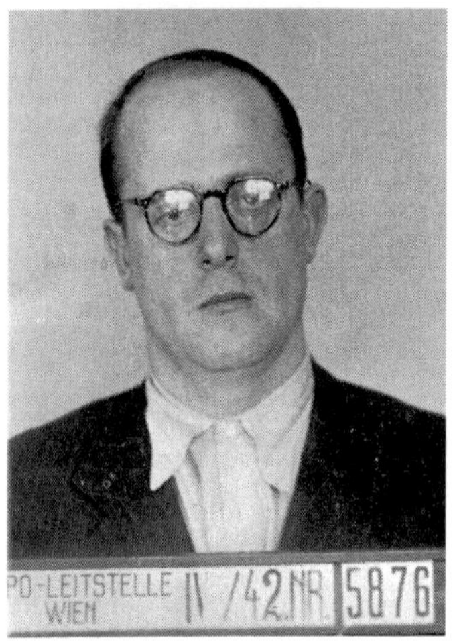

Erwin Puschmann, zum Tode verurteilt und 1943 hingerichtet

Herbert Eichholzer, zum Tode verurteilt und 1943 hingerichtet

Julius Kornweitz, »Bobby«, im KZ Mauthausen durch Genickschuß ermordet

Willy Frank, »Harald«, kämpfte in Jugoslawien im »Österreichischen Freiheitsbataillon«, wurde von der SS gefangengenommen und erschossen

Frage überhaupt eine Frage ist. Von der Erkenntnis, daß man sich in so harten Zeiten nicht einem angenehmen, risikolosen Leben hingeben darf, sondern im Widerstand gegen die Nazis auch etwas zu leisten hat, bis zur Meldung bei Herbert, daß ich bereit war, nach Österreich zu fahren, war es nur ein kleiner Schritt. Dieser Schritt war nichts anderes als die notwendige Konsequenz jener Erkenntnis, die in mir herangereift war, als ich mir schon Jahre zuvor in Moskau die Frage gestellt hatte: »Was haben wir zu tun, damit wir nach dem Sturz Hitlers mit gutem Gewissen wieder in der Heimat leben können? Was haben wir zu tun, um zum Sturz Hitlers beizutragen?«

Im Widerstand gegen den Nationalsozialismus arbeiteten in Österreich zeitweise verschiedene politische Gruppierungen zusammen. Stützpunkte und Verbindungsstellen im Ausland waren für die praktische Arbeit im Inland unbedingt erforderlich. Dafür gab es drei maßgebliche Gründe: Erstens hatte man im Ausland weit umfassendere Möglichkeiten der Information über die Vorgänge in der Welt. Im Inland erfuhr man im wesentlichen nur das, was den Nazimachthabern genehm war. Deshalb war eine gründliche Analyse der Lage in Verbindung mit der Weltsituation nur im Ausland möglich. Eine solche Analyse aber war für die Widerstandsarbeit in Österreich eine absolute Notwendigkeit. Zweitens konnten nur im Ausland die Berichte über den Stand der Arbeit aller oppositionellen Kräfte im Inneren des Landes gesammelt, koordiniert und ausgewertet werden. Man stelle sich die Dinge in der Praxis vor: Jeder illegal Arbeitende durfte aus Gründen der Konspiration nur mit ganz wenigen, oft nur mit ein oder zwei Personen, Kontakt halten. Er konnte also nur einen ganz kleinen Teil der Arbeit überblicken. Die Auswertung aller Mitteilungen war nur im Ausland möglich. Daraus erst ergaben sich die Direktiven für die Arbeit im Inland. Drittens konnte man vom Ausland her materielle Hilfe leisten, nicht nur für die Organisation, sondern auch für einzelne Menschen, für Versteck und Flucht. In beiden Richtungen mußte also ständig Verbindung gehalten werden.

Die kommunistische Widerstandsbewegung in Österreich hatte 1940 eine ganze Reihe von Verbindungsstellen im Ausland: in Belgien und in Frankreich, in der Sowjetunion und in der Türkei und selbstverständlich in den Nachbarländern Jugoslawien und in der Schweiz. In Jugoslawien gab es einen illegalen Sender der KPÖ. In der ersten

Zeit nach der Okkupation befand sich die Leitung der KPÖ in Paris. Genosse Koplenig und andere Mitglieder des Politischen Büros und des Zentralkomitees hielten sich dort so lange als möglich. Später verteilten sie sich angesichts der Kriegsereignisse in verschiedene Länder. Genosse Honner zum Beispiel, 1945 österreichischer Innenminister der provisorischen Regierung, ging 1944 nach Jugoslawien, wo er im österreichischen Freiheitsbataillon gegen die deutsche Wehrmacht kämpfte. Da fast alle europäischen Länder damals vor der Besetzung durch Hitlerdeutschland standen, wurde die Parteileitung nach Moskau verlegt. Wohin hätte sie sonst noch flüchten können?

Es ist selbstverständlich, daß man die Gesetze des Gastlandes, in dem man lebt und arbeitet, respektiert. Ist man, im Ausland lebend, zum Widerstand gegen das Regime im eigenen Land entschlossen, dann muß man sich gegenüber der eigenen diplomatischen Vertretung im Gastland tarnen, je vollkommener, desto besser. Mein Mann und ich waren deutsche Staatsangehörige. Wir hatten uns als in Istanbul arbeitende deutsche Spezialisten beim Generalkonsulat angemeldet. Da wir aber nie an Zusammenkünften im Konsulat teilgenommen hatten, wußte man sicher, daß wir keine Nazis waren. Ansonsten galten wir dort wohl als einigermaßen unverdächtige Leute. Nachdem ich mich zur illegalen Arbeit in Wien gemeldet hatte, suchten wir näheren Kontakt zum Konsulat. Der Generalkonsul gehörte einer evangelischen religiösen Sekte an, den Hernhutern, konnte also kein fanatischer Nazi sein. Wahrscheinlich war er als Diplomat ein »Mußnazi«, nicht mehr und nicht weniger. Im Frühjahr 1940 kam mir bei der Kontaktsuche ein willkommener Umstand zugute, nämlich der Besuch meiner Schwiegermutter in Istanbul. Durch sie, die Witwe eines evangelischen Pfarrers, war der Kontakt zu dem religiösen Hernhuter-Ehepaar leicht hergestellt. Bald verkehrten wir im Hause des Generalkonsuls.

Zwischen meinem Angebot, im Dienste des Widerstandes der KPÖ nach Wien zu fahren, und meiner tatsächlichen Abreise verging eine lange Zeit. Der Krieg hatte begonnen. Rasche und vollständige Zerschlagung des Naziregimes betrachtete ich als unabdingbares Erfordernis zur Herstellung eines selbständigen Österreichs und eines dauerhaften Friedens auf unserem Erdteil. Ich wiederholte dem zuständigen österreichischen Genossen Herbert Feuerlöscher meine Bereitschaft zu fahren. Nach einem Jahr ungeduldigen Wartens kam der Auftrag der Partei zur Abreise. Was ich wirklich in Wien zu tun hatte, sollte ich erst in Zagreb erfahren. Diese Verbindungsstelle war mit einem Genossen besetzt, den ich unter dem Namen »Bobby« kennenlemte. Er wurde später in Mauthausen durch Genickschuß getötet.

Das erste dieser an Hindernissen so reichen Reise: Der Orient-Expreß war wegen Schneeverwehungen in Nordgriechenland eingestellt. Über zwei Wochen blieb die Strecke blockiert, eine große Seltenheit. Die Verzögerung gestattete mir jedoch, noch eine offizielle Einladung zu einem Mittagessen beim Generalkonsul anzunehmen. Es war drei Tage vor meiner Abreise, die Situation war grotesk: Mir war der Ehrenplatz neben dem Generalkonsul angewiesen. Nach Gesprächen über archäologische Funde und Kunstschätze in der Türkei erzählte ich von meiner bevorstehenden »Besuchsreise« nach Wien. »Reisen Sie nicht«, sagte mein Nachbar, »das Leben in Wien ist schwierig, die Ernährung mangelhaft. Wieviel schöner ist es jetzt in Istanbul. Sollen doch Ihre Verwandten Sie in der Türkei besuchen.« Ich erwiderte: »Meine Schwester ist krank, sie kann nicht reisen.« Die Gesellschaft bestand aus etwa zehn Leuten. Es ging recht offiziell her, einige grüßten beim Eintritt mit erhobenem Arm und »Heil Hitler«. So ernst mir zumute war, so sehr amüsierte mich die Situation. Wenn ihr nur wüßtet, dachte ich. Diese Mittagsstunde in Istanbul sollte sich lange danach in Wien als äußerst nützlich erweisen. Von den Gästen blieb mir nur einer in Erinnerung. Er hieß Chapeaurouge, wir nannten ihn »Rotkäppchen«. Er war ein eleganter, steifer, unbedeutend wirkender, junger Mann aus Hamburg, Nachkomme einer Emigrantenfamilie aus der Zeit der französischen Revolution. So nichtssagend er selbst, so wichtig war für mich seine Bekanntschaft. Dieses »Rotkäppchen« war mit der Tochter des Nazibürgermeisters von Wien, Neubacher, verlobt und stand kurz vor der Heirat. Er bat mich, der Familie seiner Braut persönliche Grüße zu überbringen.

Ich übermittelte dem „Bürgermeister der Stadt Wien nun telefonisch die Grüße »Rotkäppchens«, seines künftigen Schwiegersohnes. Sofort wurde ich zur Familie zum Tee ins Rathaus gebeten. Neubacher sprach ich nur kurz in seinem Arbeitszimmer. Er war in Uniform, sein Reden war widerlich-großsprecherisch und mir geradezu ekelhaft. Ich mußte alle Kraft zusammennehmen, um äußerlich ruhig zu bleiben. Ich kannte ihn aus meiner beruflichen Tätigkeit in den 20er Jahren. Vom Fach her Wirtschaftsexperte, gab er sich damals betont sozial eingestellt. Die sozialistische Gemeindeverwaltung hatte Vertrauen zu ihm und machte ihn zum Generaldirektor der »GeSiBa«, der »Gemeinwirtschaftlichen Siedlungs- und Baustoffanstalt«. Neubacher war der übelste Nazikarrierist geworden, den man sich nur vorstellen konnte. Fanatisch sprach er von der Eroberung der Balkanländer, erklärte, am liebsten würde er selbst nach Osten ziehen, bis tief nach Asien, das ihn besonders interessierte. Alle diese Länder müßten dem Dritten Reich einverleibt werden. Mir gegenüber saß ein faschistischer Welteroberer. Für die Tarnung konnte mir nichts gelegener kommen als dieser Besuch beim Nazibürgermeister Wiens. Eine Woche später, inmitten meiner illegalen Tätigkeit, sah ich ihn von weitem bei der Trauung seiner Tochter in der Kirche – Tarnung ist eben Tarnung. Nach dem Krieg erfuhr ich, daß Neubacher meinetwegen zur Gestapo bestellt worden war. Was er dort ausgesagt hat, habe ich nie erfahren.

Drei Tage nach dem denkwürdigen Essen beim deutschen Generalkonsul reiste ich nach Wien ab, mit dem ersten Orient-Expreß, der nach vierzehntägiger Pause wegen Schneeverwehungen wieder fahren konnte. Es war der 24. Dezember 1940. »Flurl« kam noch in unsere Wohnung. Zum Bahnhof ging er nicht mit, denn dort wimmelte es von Polizisten, uniformierten und nichtuniformierten. Mein Mann war sehr erregt, wußte er doch, zu welchem Zweck ich reiste. In etwa drei Wochen sollte ich wieder zurück sein.

Der Schlafwagen war voll besetzt, hauptsächlich mit Diplomaten, erkennbar daran, daß sie ihre Aktenmappen mit aufs WC nahmen. Ich selbst hatte nicht das geringste »Verdächtige« bei mir, denn ich mußte drei Grenzen mit allen Kontrollen, und das während des Krieges, passieren. Durch noch immer vorhandene Schneemassen behindert, kam der Zug in Belgrad so verspätet an, daß unser Waggon den Anschluß nach Zagreb, meiner ersten illegalen Etappe, versäumte. Genußreicher Spaziergang durch das winterliche Belgrad und Aufenthalt in einem Lokal mit Wiener Kaffeehausatmosphäre, das die Zeit der Monarchie überdauert hatte. Mit 24 Stunden Verspätung kam ich in Zagreb an. Ich stieg in einem vornehmen Hotel ab, das man mir in Istanbul angegeben hatte. Vis-à-vis ein hübsches kleines Espresso. Wie ich später erfahren habe, ein überwachtes Emigrantenkaffee. Und just dort nahm ich mein Frühstück.

Aus dem hübschen Espresso ging ich sofort in die Wohnung von Herrn Öhler, Öhler war Österreicher, Besitzer des Grazer Warenhauses Kästner und Öhler, das in Zagreb eine Filiale hatte, Jude, nach Zagreb emigriert, von wo aus er in die Türkei flüchten wollte, wenn die Deutschen in Jugoslawien einfielen. Die Flucht ist ihm nicht geglückt. Er ging im Konzentrationslager zugrunde.

Ich hatte Öhler schon ein Jahr zuvor durch »Flurl« in Istanbul kennengelernt. Er war kein Kommunist, unterstützte aber den Widerstandskampf in Österreich, wo und wie er nur konnte. In Zagreb stellte er seine Adresse und seine Wohnung für unsere Arbeit zur Verfügung. Dort fanden alle meine Besprechungen mit »Bobby« statt, dessen legalen Namen Kornweitz ich erst nach Kriegsende erfuhr. »Bobby« war nach der Abreise des Genossen Honner aus Jugoslawien als einziges Mitglied der KPÖ in Zagreb zurückgeblieben, um diesen Stützpunkt zu halten. Ich führte mit ihm stundenlange Gespräche, Öhler war sicherheitshalber nie zu Hause. »Bobby« schilderte mir ausführlich die Lage der illegalen Partei in Österreich, die Widerstandsarbeit der einzelnen Gruppen und ihre Schwierigkeiten. Er zeigte mir herausgeschmuggelte Parteiberichte und erteilte mir detaillierte Aufträge politischer und organisatorischer Art, die ich einem Genossen namens »Gerber« in Wien weitergeben sollte.

Die Lage war so: Wir hatten damals in Österreich gutorganisierte Jugendgruppen und vor allem Stützpunkte in Betrieben in Wien, Niederösterreich, Oberösterreich und im steirischen Industriegebiet wie in Leoben und Donawitz. Auch beim Militär gab es Stützpunkte. In den Bundesländern war die Arbeit gut organisiert und weit verzweigt. Alle Gruppen hatten Verbindung mit der Zentrale in Wien. Ich selbst sollte nur mit »Gerber« zusammenkommen. Damals kannte ich nur diesen illegalen Namen. »Gerber« hatte gerade die neue Leitung mit anderen zusammen organisiert. Er war schon seit Wochen im Lande und arbeitete intensiv. Sein Leben durfte nicht länger aufs Spiel gesetzt werden. Ihn so rasch wie möglich aus Wien ins Ausland zu bringen war mein Hauptauftrag. Die kleineren Aufgaben sind mir nicht mehr in Erinnerung.

Was die Vorsichtsmaßnahmen beträfe, so sagte »Bobby«, solle ich mich nur nach den Ratschlägen »Gerbers« richten, er sei in der illegalen Arbeit äußerst erfahren. Einiges über Vorsichtsmaßnahmen wußte ich schon von »Harald«, der im Sommer in Istanbul unserer Gruppe einen Vortrag zu diesem Thema gehalten hatte.

Alles, was »Harald« in unserem Istanbuler Zirkel über Vorsichtsmaßnahmen gesagt hatte, befolgte ich in Wien in der Praxis aufs genaueste, zum Beispiel die Regeln, daß ein illegal Arbeitender immer nur mit zwei Leuten Kontakt haben dürfe, daß man so viel wie möglich die Verdunkelung ausnutzen solle, daß man nie von seiner Wohnung zu einem »Treff« gehen dürfe, ohne vorherige Umwege durch einsame Parks oder Gassen, um sicher zu sein, daß niemand hinter einem her sei. Er sprach auch von der sogenannten illegalen Minute: Wenn man jemanden trifft, muß man sofort, noch bevor man das Gespräch beginnt, vereinbaren, woher man sich kennt, um im Fall der Verhaftung bei der Polizei gleichlautend aussagen zu können. Auch »Bobby« befragte ich eingehend über Vorsichtsmaßnahmen bei der konspirativen Arbeit im Lande: Wie kleidet man sich am besten? Wie verhält man sich in den Angelegenheiten des täglichen Lebens? Die geringste Kleinigkeit wollte ich wissen. Doch mehr als »Harald« in Istanbul sagte er nicht, nur immer wieder, ich solle mich ganz auf »Gerber« verlassen.

In Zagreb gab es wieder einen unvorhergesehenen Aufenthalt. »Bobby« war der Meinung, der »Anlauf«, das heißt die Adresse, an die ich mich in Wien wenden sollte, sei schon zu oft verwendet worden, deshalb zu riskant. Er erwartete die Mitteilung eines neuen Anlaufortes. So mußte ich mich gedulden. Eines Tages endlich läutete es an Öhlers Wohnungstür, als ich gerade dort war. »Bobby« öffnete. Im Halbdunkel stand eine Jugoslawin. Ich sollte sie nicht sehen, eine selbstverständliche Vorsichtsmaßnahme auch im Ausland. Leider ist man im Inland nicht immer so vorsichtig gewesen. »Na, endlich«, sagte »Bobby« zu mir, einen Brief in der Hand. Der Anlauf war chiffriert und nur mittels eines bestimmten Buches – es war »Gari-Gari«, ein Reisebuch von Bernatzik – zu entziffern. Zwei Tage lief »Bobby« herum, von Buchladen zu Buchladen, von Bibliothek zu Bibliothek. In ganz Zagreb war »Gari-Gari« nicht aufzutreiben. Mein Vorschlag, das Buch in Wien selbst zu besorgen, wurde angenommen. Auf Zigarettenpapier wurden die Nummern der Zeilen und Buchstaben einer bestimmten Buchseite aufgeschrieben, die die Adresse ergaben. Das Papierkügelchen steckte ich ins Ohr. Sonst hatte ich absolut nichts Beanstandenswertes bei mir. Nur der Kopf war voll von dem, was »Bobby« mir mitgeteilt hatte.

Zum Zeitpunkt meiner Abreise hatte sich die politische und militärische Lage für die Gegner Hitler-Deutschlands weiter verschlechtert. Polen, Belgien, Holland und Dänemark waren bereits von deutschen Militärstiefeln niedergetrampelt, Frankreich war zusammengebrochen, London wurde von den Deutschen zwei Monate lang fast pausenlos bombardiert, ein erbarmungsloser Seekrieg war gegen England entfesselt, und auch in Nordafrika tobte der Kampf. Italien hatte Griechenland überfallen, das noch standhielt. Der Einfall deutscher Truppen in Jugoslawien war vorauszusehen. In Österreich war der Widerstand erstarkt, die einzelnen Gruppen waren aktiv und gut organisiert. Umso gefährlicher war die Situation für den einzelnen.

Als elegante Dame, in einen Persianermantel gehüllt, der noch aus der Sowjetunion stammte, ein Hütchen aus blauen Federn mit Schleier auf dem Kopf, stieg ich in Zagreb in einen Waggon erster Klasse, Richtung Wien. Es war der kälteste Winter seit Jahrzehnten, eine Fahrt durch tiefverschneite Wälder und Felder. Die Paßkontrolle verlief ohne Besonderheit. Das Kügelchen lag ruhig in meinem Ohr. Von der Grenze an gab es eine lückenlose Verdunkelung aller Bahnhöfe und Häuser. Man spürte Krieg! Es war die Nacht vom 29. zum 30. Dezember 1940. Ich war völlig ruhig.

In meinem Abteil saß außer mir nur ein Herr, genauso schweigsam wie ich. Wir kamen an. Es war zwei Uhr nachts. Am Bahnhof entspann sich mit zwei Trägern folgendes Gespräch. Erster Träger: »Woher kumme S' denn?« Zögern meinerseits. Zweiter Träger: »No, woher soll s' denn kummen? Aus Mexiko natürlich.« Warum sollte ich ausgerechnet aus Mexiko kommen? – Ein Taxi führte mich zu den Meinen. Nach Beendigung der Begrüßung zitierte ich die mir so schleierhaften Worte des Trägers. Meine Schwester lachte hell auf. »Du sprichst jetzt so hochdeutsch, gar nicht mehr wienerisch. Und in einem Kabarett hat ein Conferencier von den Deutschen zur Tarnung immer nur von den Mexikanern gesprochen, denn es ›Mog-sie-kaner‹.« Der Conferencier wurde später verhaftet. Die Gepäckträger bedienten sich seines Wortspiels. Diese Nazigegnerschaft auf urwienerisch war eine sympathische Begrüßung.

Bis vier Uhr früh saß meine Schwester an meinem Bett. Sie kannte natürlich meine Gegnerschaft gegenüber dem Nationalsozialismus, aber zu welchem Zweck ich nach Wien gekommen war, ahnte sie nicht.

Als sie gegangen war, schloß ich mich sofort ein, um nachzusehen, ob die Schrift auf dem Papierkügelchen noch gut lesbar war. Doch das Ding ging nicht aus meinem Ohr heraus. Wenn ich bohre, stoße ich es nur noch mehr hinein, dachte ich. Was soll ich tun, wenn's nicht herausgeht? Ohne »Anlauf« kann ich überhaupt nichts machen. Ich habe keine Adresse, kenne keinen Menschen, dem ich mich anvertrauen kann. Wie soll ich Verbindung zu »Gerber« bekommen? Eine dumme Geschichte fiel mir ein, die mir den Schlaf raubte. Bekannte hatten erzählt, daß sie einmal in einem Hotel wegen des Straßenlärms absolut nicht einschlafen konnten und sich, da nichts anderes vorhanden war, Brotkügelchen in die Ohren gesteckt hätten. Am nächsten Morgen bekamen sie das Brot nicht mehr heraus. Schließlich wurden sie von solchen Schmerzen gepeinigt, daß sie zu einem Ohrenarzt gehen mußten. Ich konnte doch unmöglich mit dem Papierkügelchen im Ohr zum Ohrenarzt gehen! Die nazistische Grenzpolizei hatte nichts gemerkt, und jetzt sollte ich durch einen Ohrenarzt hereinfallen? Aber alles ging gut. Mein Schwager leuchtete mir am nächsten Morgen ins Ohr. Nichtsahnend stellte er fest: »Da ist ja ein großes weißes Ding drin!« Er bekam das »Ding« heraus, und – so schnell konnte er gar nicht schauen – schon war es in meiner Hand verschwunden. Das war eine kleine Feuerprobe für die Kunst, bei Schwierigkeiten ruhig zu bleiben.

Sobald ich allein war, schloß ich mich im WC ein und sah: Das Zigarettenpapier hatte sich bewährt. Das kleine Kügelchen ließ sich leicht entfalten, die mit Bleistift geschriebenen Ziffern waren ausgezeichnet zu lesen. Meine illegale Arbeit konnte beginnen.

25 Tage illegale Arbeit

Die Frau hat das Recht,
das Schafott zu besteigen,
Sie muß gleichermaßen das Recht haben,
die Tribüne zu besteigen.

»Erklärung der Rechte der Frau«
Pariser Commune 1871

Mein erster Gang in Wien war in die nächstgelegene Buchhandlung. Sofort fand ich das Buch »Gari-Gari«. Von dort ging ich schnell ins nahe Kaffee Kaiserhof, das heute, wie so viele Ringstraßenkaffees, dem Wiener Kaffeehaussterben zum Opfer gefallen ist. Wochentags vormittag war es menschenleer. Unbeobachtet konnte ich in Ruhe mittels der Ziffern auf dem entrollten Zigarettenpapier den »Anlauf« dechiffrieren: »Lotte Finger, Wien, Beckenbründlgasse 1«. Ich ging in die Telefonzelle und kontrollierte die Adresse – alles stimmte! Gleich fuhr ich hin. Zwischen Tramhaltestelle und Wohnhaus spazierte ich einige Zeit auf einsamen Wegen in Parkanlagen herum, genau wie man mich das gelehrt hatte. Schließlich war ich sicher – niemand war hinter mir her.

Lotte Finger-Meixner, damals noch Studentin, wohnte mit Mann, Kind und Mutter zusammen. Die Mutter öffnete die Wohnungstür und führte mich in ein Zimmer. Die Tochter und ich blieben allein. Nur noch ein kleines Kind lag in seinem Bettchen. Sofort schoß mir der Gedanke durch den Kopf: Was sollte aus dem Kind werden, wenn die Mutter verhaftet würde? Es folgte die »illegale Minute«. Lotte Finger warnte vor ihrer Mutter. Wenn ich diese wiedersehe, sollte ich sagen, ich käme, um Hochschulskripten abzuholen. Als ich dann von »Gerber« sprach, war mein Gegenüber außerordentlich zurückhaltend. Lotte Finger tat so, als hätte sie diesen Namen noch nie gehört, was vielleicht auch stimmte. Ich ging etwas weiter – erzählte, daß ich aus dem Ausland käme. Sie fragte sofort, ob aus Prag. Ich verneinte, verschwieg jedoch, woher ich wirklich kam. Schließlich erwähnte ich den Namen »Keil«, den mir »Bobby« als Zweitnamen für den Notfall statt »Gerber« angegeben hatte. Aber auch das führte zu nichts. Was sollte ich tun? Ich hatte volles Verständnis für solche Vorsicht. Schließlich bat ich sie aber, über die Sache nachzudenken, ich müsse »Gerber-Keil« unbedingt sprechen und käme nachmittags wieder.

Zu Hause log ich meiner Schwester irgend etwas von Besorgungen in der Stadt vor und fuhr wieder in die Beckenbründlgasse, nicht ohne vorher die Vorsichtsmaßnahmen des Herumspazierens in freier Landschaft zu treffen. Als ich wiederkam, war Lotte Finger schon etwas zugänglicher, behauptete aber weiterhin, diese Namen nie gehört zu haben. Aha, dachte ich, sie konnte noch niemanden fragen. Sie meinte nur, die Wege der Gestapo seien verzweigt, man müsse äußerst vorsichtig sein. Dem konnte ich nur beipflichten. Plötzlich fiel mir das Buch »Gari-Gari« ein. Ob sie vielleicht davon etwas wisse? Sofort bejahte sie. Sie wollte eine Bekannte darüber befragen. Am nächsten Tag – es war Silvester 1940 – fuhr ich vormittags wieder in die Beckenbründlgasse, nun zum drittenmal. Endlich war die Frage geklärt. Wir vereinbarten für denselben Nachmittag ein Treffen mit einer »Bekannten« im Türkenschanzpark. Kaum war ich pünktlich beim verabredeten Platz, als Lotte Finger mit einer hübschen jungen Frau kam, die sie mir als »Sonja« vorstellte. Die beiden schienen sich gut zu kennen. Illegale Minute: Wir, »Sonja« und ich, hätten uns in einer Ausstellung im Museum am Stubenring kennengelernt. Schon für den nächsten Tag wurde das erste Treffen mit »Gerber« festgelegt. »Sonja« schlug das Kaffee Viktoria, Ecke Währingerstraße und Maria-Theresien-Straße, vor. Ich war einverstanden. Der 1. Januar 1941 war ein schöner, sonniger Wintertag. Der »Haraldschen« Ratschläge gedenkend, fuhr ich zuerst nach Schönbrunn. Dort schlenderte ich langsam durch einsame Alleen, bis ich ganz sicher war, nicht beobachtet zu werden. Um zwei Uhr nachmittags – pünktlich auf die Minute – betrat ich das Kaffee Viktoria.

Das Lokal war an diesem Neujahrstag übervoll – Lärm, Musik, viele Männer in Uniform. Von weitem schon erkannte ich »Sonja«. Sie saß allein an einem der kleinen runden Tischchen, die so charakteristisch für die alten Wiener Kaffeehäuser sind. »Gerber« käme gleich, bringe auch noch jemanden mit, sagte sie. Zuerst aber müsse sie nur einen Moment telefonieren gehen. Beides schien mir merkwürdig. Jetzt gleich? Wen bringt er mit, und mit wem muß sie jetzt telefonieren? Kaum war sie weg, kam »Gerber«. Ich erkannte ihn sofort. »Bobbys« Personenbeschreibung war ausgezeichnet. Hinter ihm ging ein schmächtiger, junger Mann, »Ossi«.

Zuerst stellte mir »Gerber« Fragen über einige Personen – »Harald«, »Bobby« und Herbert Eichholzer –, damit er sicher sein konnte, daß ich die angekündigte Person aus Zagreb–Istanbul war. Dann machte er den Vorschlag, falls einer von uns aus irgendeinem Grund nicht zum Treffen kommen könne, solle der- oder diejenige täglich um zehn Uhr vormittags und um vier Uhr nachmittags ins Kaffee Viktoria kommen, bis wir uns wiederfänden. Das war eine wichtige Abmachung, von der ich einmal, da ich plötzlich einen Tag fieberte, Gebrauch machen mußte. Kannte ich doch weder »Gerbers« richtigen Namen noch seine Wohnung. In Wirklichkeit übernachtete er einmal da, einmal dort, bei Genossen. Nie hätte ich ihn finden können. Zu »Gerber« hatte ich sofort volles Vertrauen, »Ossi« wirkte kühl und wenig anziehend. Wohin aber käme man in der illegalen Arbeit, wenn man nach so kurzem Zusammensein Antipathien berücksichtigen wollte?

»Sonja« kehrte ins Kaffee zurück. Sie und »Ossi« spielten Liebespaar. Ganz geschickt, dachte ich. Dicht gedrängt saßen wir zu viert an dem kleinen Tischchen, so daß »Ossi«, während ich mit »Gerber« leise sprach, trotz gespieltem Flirt, alles hören mußte. Manchmal beteiligte er sich auch am Gespräch. Auftragsgemäß drängte ich »Gerber«, so rasch wie nur möglich außer Landes zu gehen. Alle anderen Aufträge organisatorischer Art behielt ich noch bei mir. Hoffte ich doch, »Gerber« das nächste Mal allein sprechen zu können. Wir vereinbarten Ort und Zeit des nächsten Treffens und trennten uns rasch. »Sonja« sah ich niemals wieder.

Außerhalb meiner illegalen Tätigkeit kam ich nur mit Verwandten und Freunden zusammen, die keine Nazis, aber der Gestapo auch nicht verdächtig waren. Von meiner politischen Tätigkeit ahnte niemand etwas, wenn auch alle wußten, daß ich keine Anhängerin der Nazis war. So traf ich bei meinem Vetter, Dr. Burghardt, einem höheren Polizeibeamten, der niemals Nazi war und der NSDAP auch nie beitrat, dessen Schwiegermutter, Frau Helene Gunesch. Sie war eine Mitarbeiterin Bertha von Suttners gewesen, eine Pazifistin, sehr unglücklich über die politische Lage. Sie sprach ganz offen darüber, allerdings nur innerhalb der Wohnung. Nach dem Krieg und bis zu ihrem Tode arbeitete sie mit dem Bund Demokratischer Frauen zusammen und in der Friedensbewegung. Auch die Schriftstellerin Alma Holgerson, die Frau eines Vetters von mir, habe ich damals besucht. Ihre Wohnung war voller Marienbilder und anderer religiöser Gegenstände. Sie war, wie so manche, durch die Hitlerei plötzlich betont katholisch geworden.

Nach dem Kriege glaubten viele, daß die Österreicher in ihrer überwiegenden Mehrheit Nazis oder Sympathisierende der Nazis waren und ein unabhängiges Österreich gar nicht wollten. Gleich nach der Besetzung durch die deutsche Wehrmacht mag das vielleicht gestimmt haben, wozu sicher auch die Arbeitslosigkeit beigetragen hat. Im Januar 1941 stimmte das nicht mehr. Wenn ich durch die Straßen oder in Geschäfte ging, hatte ich den Eindruck, daß die Bevölkerung keineswegs sehr begeistert von der Naziherrschaft war. Am Naschmarkt hörte ich die Frauen schimpfen, und in den Geschäften grüßten die Verkäufer nur mit »Heil Hitler«, wenn ein Kunde beim Eintritt selbst so gegrüßt hatte. In den fast vier Wochen meines Wiener Aufenthalts war ich kein einziges Mal gezwungen, diesen Gruß auszusprechen.

Ein trauriges Erlebnis jener Tage möchte ich nicht verschweigen: Ein Kollege von der Akademie in Istanbul, Wiener Emigrant und Jude, bat mich vor meiner Abreise, seiner Schwester in Wien ein Päckchen mit Kaffee und Schokolade zu bringen. Er hätte schon lange nichts von ihr gehört und wäre sehr froh, durch mich Nachricht über sie zu erhalten. Vorsichtig habe ich Schwager und Schwester befragt, ob sie es für tragbar hielten, wenn ich abends, bei der Verdunkelung, einmal dahin ginge. Sie fanden das ganz richtig. Sobald es finster war, ging ich also zur nahe gelegenen Wohnung. In dem stockdunklen Stiegenhaus fand ich mit Mühe die Wohnungstür. Die Klingel war abgestellt. Ich klopfte vorsichtig. Lange öffnete niemand. Endlich, nach mehrmaligem Klopfen, hörte ich leise, schlurfende Schritte. Ein sehr alter Mann öffnete zaghaft. In der Wohnung waren nur er und zwei alte Frauen. Sie hatten geglaubt, die Gestapo hätte geklopft und wäre gekommen, sie zu holen. Die Schwester meines Kollegen war bereits mit Mann und Kindern in den zweiten Bezirk, in das Sammellager für Juden, zum Abtrans-

port gebracht worden. Zurück blieben die drei Alten. Die Wohnung war kahl und eiskalt. Mich schauderte. Nur die nackten Möbel standen herum, man sah keinerlei Gegenstände, die bezeugten, daß hier überhaupt noch Menschen lebten. Die Alten hatten alles verpackt und warteten stündlich auf ihre Abholung. Sie sahen grau und elend aus, sprachen aber völlig ruhig. Ich übergab Päckchen und Grüße und zog erschüttert ab. Alle drei sind in Auschwitz vergast worden.
Zu Hause angelangt, erzählte ich das soeben Erlebte. Es war eine gute Gelegenheit, meinen Schwager zu fragen, ob er glaube, daß es nicht doch noch einen organisierten Widerstand in Wien gäbe. Er hielt das für völlig ausgeschlossen. Alle gegnerischen Organisationen seien längst zerschlagen, die Gestapo sei viel zu scharf hinter allem her. Meine Schwester sagte in diesem Gespräch, sie hätte die größte Hochachtung vor denen, die etwas gegen die Nazis täten – sie selbst könne so etwas nicht. An diese kurze Bemerkung meiner einzigen nahen Verwandten, die durch mich später so viel Schweres durchmachen mußte, habe ich oft gedacht. Sie half mir sehr, mich von Selbstvorwürfen meiner Familie gegenüber völlig frei zu halten. Anfang 1941 gab es mit dem »Wiener Werkl« ein politisches Kabarett, ein Ventil, das die Nazis damals noch einige Zeit bestehen ließen. Wir gingen hin. Das Lokal war überfüllt, das Programm unterhaltend. Bei einer Nummer lag die Bühne im Halbdunkel. Im Hintergrund standen drei Gipsbüsten: Hitler, Göring und Goebbels. Herein kamen drei Träger, jeder mit einer leeren Kiste. Umständlich und mit größter Sorgfalt verpackten sie die drei Büsten wortlos in die Kisten. Jeder Träger lud sich eine Kiste auf den Rücken und ging langsam hinaus. Am Boden der Kisten stand: »Bitte nicht stürzen!« Conferencier und Direktor wurden später verhaftet.

Wieder wanderte ich auf einsamen Pfaden – dieses Mal im Prater –, erst dann kam ich pünktlich beim Treffpunkt vor dem Gartenbaukino auf der Ringstraße an. Kurz nach mir kam »Ossi«, allein! »Gerber« würde drüben auf der anderen Seite unter den Bäumen vor dem Stadtpark warten – sicherheitshalber. Zuerst illegale Minute mit »Ossi«: Woher kennen wir uns? Sein Vorschlag: Er hätte mich auf der Straße angesprochen und nachher mit »Gerber« bekannt gemacht. »Aber«, so fügte er hinzu, »wenn es einmal soweit kommt, hilft es sowieso nichts mehr – dann ist doch alles verloren.« Zu dritt wanderten wir dann zu einem großen Kaffee am Schwarzenbergplatz, Ecke Rennweg. Das Lokal war leer. Wir wählten einen Tisch ganz hinten in der Ecke, wo wir glaubten, ungestört sprechen zu können.

»Gerber« fragte: Ob ich bereit wäre, illegales Material, Flugschriften und verschiedene Berichte über die Arbeit in Betrieben, unter der Jugend und beim Militär, zu lesen. Ich müßte zu diesem Zweck in ein Siedlungshaus von Genossen auf den Laaerberg fahren, wo ich in Ruhe lesen könne. Auf diese Weise könnte ich mich am besten über den derzeitigen Stand der vielfältigen Tätigkeiten unterrichten, um im Ausland darüber zu berichten. Und: Ob ich ein Buch mitnehmen wolle, in dessen Einband verschiedene Schriftstücke versteckt seien. Niemals wollte mich auch nur irgendjemand zu einer Sache »überreden«. Es war das Prinzip der Arbeit im Widerstand der KPÖ, daß jede Mitarbeit nur in freier Entschließung geleistet wurde. Selbstverständlich bejahte ich. Wozu wäre ich schließlich gekommen, wenn ich nicht bereit gewesen wäre, so einfache Dinge zu übernehmen?

Im Laufe des Gesprächs setzten sich, obwohl das ganze Lokal leer war, ein paar Leute ausgerechnet an den Tisch neben dem unseren. Plötzlich kamen zwei Herren zu den bereits Anwesenden und grüßten mit erhobener Hand und mit einem lautstarken »Heil Hitler«. Ich hatte, ebenso wie »Ossi«, das Gesicht ihnen zugewandt. Unwillkürlich hielt ich im Reden inne. »Gerber« reagierte sofort. »Sei bitte nur ganz unbesorgt«, meinte er, »rede ruhig weiter, ›Ossi‹ sitzt ja neben dir und überblickt den ganzen Raum. Er hat den Auftrag, aufzupassen und uns sofort zu warnen, wenn Gefahr droht!« Das Gespräch ging leise weiter, leise vereinbarten wir Zeit und Ort des nächsten Treffens. Bald gingen wir auf die Straße. Wir trennten uns sofort.

Das Siedlungshaus am Laaerberg gehörte dem Ehepaar Konopitzky. Zweimal habe ich dort stundenlang die verschiedensten Schriften gelesen. »Gerber« hatte mich hingebracht, ging aber gleich wieder weg. Die Genossin Konopitzky war allein im Haus. Ich las und las, vieles habe ich zwei- oder dreimal gelesen. Ich konnte mir keinerlei Notizen machen, alles mußte ich mir genau merken, um darüber berichten zu können. Vieles habe ich im Laufe der Jahre vergessen. Zwei Flugblätter aber blieben mir in Erinnerung, vor allem der Brief eines Arbeiters an einen nationalsozialistischen Arbeitskollegen. In kameradschaftlichem Ton, überzeugend und folgerichtig, an Verstand und Gefühl appellierend, setzte er auseinander, mit welch verführerischen, verschleierten

Methoden der Nationalsozialismus für eine schlechte Sache das Volk zu gewinnen suchte, welches Unglück er über Menschen und Völker, speziell über Österreich, gebracht hatte, wieso gerade der Arbeiter, wenn er das NS-Regime unterstützte, gegen seine eigenen Interessen handelte, warum er es mit Wort und Tat als verwerfliches Gesellschaftssystem bekämpfen mußte. Dieser Brief wurde tausendfach vervielfältigt und in Betrieben in Umlauf gesetzt. Das zweite Flugblatt wendete sich an Soldaten, stellte die Sinnlosigkeit des Krieges bloß und forderte dazu auf, die Gewehre wegzuwerfen.

Alle Flugblätter bezeichneten als Ziel des Kampfes das Wiedererstehen eines selbständigen Österreichs. Aus dem vielfältigen Material, das ich bei meinen Besuchen im Haus Konopitzky las, ging für mich noch einmal mehr hervor, daß wir Anfang 1941 eine intakte Organisation hatten und daß es eine Menge aktiv arbeitender Gruppen in fast allen Bundesländern, in vielen Betrieben und auch unter der Jugend gab. Hielt man zu jener Zeit solche Papiere mit Texten voll grundlegender Gedanken und anfeuernder Worte in Händen, bestimmt dazu, Hunderte Menschen aufzurütteln, so hatte das so etwas Erregendes, Gemüt und Verstand Bewegendes an sich, daß man das kaum beschreiben kann. Wieviel gefahrvolle Arbeit, welcher Mut verbarg sich hinter diesen kleinen weißen Blättern! Wie viele Menschen hatten dafür Freiheit und Leben aufs Spiel gesetzt!

Zu diesen Menschen gehörte auch das Ehepaar Konopitzky. Jedesmal war ich mit Therese Konopitzky die längste Zeit allein im Haus. Sie schien das Material nicht zu kennen. Am Schluß meines letzten Besuches kam ihr Mann. Er brachte noch einen Genossen mit. Rasch ging ich weg.

Genosse Konopitzky war Arbeiter – von Beruf Schriftsetzer. Er und seine Frau waren in der Sozialdemokratischen Partei gewesen, waren Esperantisten, waren beim Arbeiter-Abstinentenbund und bei den Freidenkern organisiert. Nach den Februarereignissen 1934 kamen sie, wie so viele österreichische Sozialisten, aus Überzeugung zur Kommunistischen Partei. Im Januar 1941 wurden beide verhaftet. »Gerber« lebte in Wien illegal und mußte immer wieder bei anderen Genossen übernachten, unter anderem auch bei Konopitzkys. In der Siedlung am Laaerberg hatte sich gegenüber dem Hause Konopitzky die Gestapo eingenistet, die alles Kommen und Gehen beobachtete und registrierte.

Das hat sich bei den Gestapoverhören der Genossin Konopitzky herausgestellt. Sie bekam in der Untersuchungshaft einen Blutsturz und starb noch vor ihrer Verhandlung im Gefängnis.

Der Mann, den Konopitzky in sein Haus mitbrachte, war Franz Sebek, von dem ich damals nicht das geringste wußte. Eineinhalb Jahre später standen wir zusammen vor dem zweiten Senat des Berliner Volksgerichts. Er war Mitglied des Zentralkomitees der Kommunistischen Partei Österreichs, wurde zum Tode verurteilt und am 7. Januar 1943 im Wiener Landesgericht enthauptet.

»Gerber«, dem ich in der lärmenden Atmosphäre des Kaffees Viktoria am Neujahrstag 1941 mitten in der finstersten Nazizeit das erstemal begegnete, hieß in Wirklichkeit Erwin Puschmann. Zwei Jahre nach dieser Begegnung wurde er im Wiener Landesgericht enthauptet. Er war ein schöner, blühend aussehender Mensch gewesen, blond, mit strahlend blauen Augen, trotz allem Emst der Situation lebensfroh und lebensbejahend. Ein Mann, der das Leben liebte, etwa Mitte Dreißig, bescheiden, wie jeder sein müßte, der sein Leben einer großen Sache widmet. Von Beruf Metallarbeiter, war er seit langem ausschließlich politisch tätig. Mit 15 Jahren trat er der Kommunistischen Jugend bei und arbeitete später in großen Betrieben. Ende der 20er Jahre wurde er arbeitslos. Von da an stellte er sich ganz in den Dienst der österreichischen Arbeiterbewegung, erzog Jugendliche, bildete sie zu bewußten Kommunisten. 1934 wurde er das erstemal verhaftet und kam für sechs Monate ins Lager Wöllersdorf. Inzwischen erweiterte er sein theoretisch-politisches Wissen. 1935 wurde er das zweitemal verhaftet und kam wieder ins Lager Wöllersdorf. 1937 wurde er unter der Regierung Schuschnigg zur Emigration gezwungen, wo es ihn allerdings nicht lange hielt. Nach der Besetzung Österreichs, in den schwärzesten Tagen unseres Landes, kehrte er zurück. Zeitweise lebte er in Bratislava, und immer wieder arbeitete er illegal in Wien – unter den schwersten Bedingungen. 1940/41 baute er eine neue Leitung der KPÖ, die dritte nach der Annektion Österreichs, für den Widerstand auf. Seit langem war er Mitglied des Zentralkomitees der Kommunistischen Partei Österreichs. Eines Tages teilte mir »Gerber« mit, »Ossi« sei in Prag. Dadurch gab es einige Treffs zwischen mir und »Gerber« allein. Immer wieder drängte ich ihn, so rasch wie möglich außer Landes zu gehen. Das sei im Augenblick ganz unmöglich, erklärte er mir. Durch eine kleine Grenzberichtigung sei der Weg, den er zu nehmen pflegte, unterbrochen. »Gerber« lebte damals in Bratislava und kam nur fallweise nach Wien. Sobald »Ossi« von Prag zurückkäme, meinte er, würde dieser den neuen Grenzübergang für ihn organisieren. Das aber könne ich keinesfalls mehr abwarten. Einmal sogar machte er eine Bemerkung, daß er schon froh wäre, mich jenseits der Grenze zu wissen. Er mußte wohl irgendwelche Anhaltspunkte dafür haben, daß unsere Situation brenzlig geworden war. »Gerber« versprach mir, sobald »Ossi« den neuen Übergang geregelt hätte, sofort nach Bratislava zurückzukehren. Bei einer der Zusammenkünfte mit »Ossi« deutete »Gerber« mit Genugtuung an, daß wir sogar eine Verbindung zur Gestapo hätten und dadurch sofort über Verhaftungen, Verhöre usw. in Kenntnis gesetzt würden. Auch mir imponierte das damals. Viel später wurde klar, wer diese »Verbindung« war.

Eines Tages ging ich ins Stadtzentrum, um einige private Besorgungen zu machen. Plötzlich sah ich einige Schritte vor mir einen Mann, der sich immer wieder nach mir umsah. Wurde ich beobachtet? Wie konnte man mich finden, weit von meiner Wohnung entfernt? Ich trug dieselbe Kleidung wie beim ersten Treff. Meinen Namen und meine Wohnung kannte niemand, also konnte man mich nur an der Kleidung, dem Persianermantel und dem Federhütchen mit Schleier, wiedererkennen. Aber dann hätte man in der ganzen Stadt Spitzel nach mir aussenden müssen! Ich war auf der Hut und paßte sehr genau auf. Der Mann machte es übrigens ziemlich blöde, so daß ich bald sicher war, er sei wirklich von der Gestapo. Aufgeregt ging er, bevor eine Quergasse kam, hinter mir her, um zu sehen, ob ich rechts oder links einbiegen würde; bald rannte er wieder vor, blieb stehen und sah mir ins Gesicht, daß ich dachte: »Jetzt fotografiert er mich.« Was tun? Von »Harald« wußte ich, daß ein Spitzel nach kurzer Zeit einem anderen die Verfolgung übergibt und so fort, damit man bald glauben sollte, nicht mehr verfolgt zu werden. Ich hatte zwar an diesem Tag nichts Gefährliches vor, mußte aber den Verfolger auf jeden Fall abhängen, bevor ich nach Hause ging, damit meine Wohnung unbekannt blieb. Ich wanderte also kreuz und quer durch einsame Gassen, ging kleine, wenig belebte Wege durch den Stadtpark, fuhr schließlich nach Schönbrunn und spazierte dort durch menschenleere Alleen. Erst als ich mich ganz sicher fühlte, fuhr ich zu meiner Wohnung.

Wie hatten mich die Beobachter finden können? Ich kam direkt von zu Hause, war an diesem Tag noch mit niemandem zusammen gewesen, und meine Wohnadresse kannte nicht einmal »Gerber«. Das konnte doch nur durch eine genaue Personenbeschreibung möglich sein: Wer konnte eine solche gegeben haben? Von diesem Tage an wechselte ich Mantel und Kopfbedeckung und veränderte mein Aussehen, so gut ich konnte. Meiner erstaunten Schwester log ich vor, daß mir der Pelzmantel, obwohl es sehr kalt war, viel zu warm sei. Sie glaubte mir, und nach dem Krieg sagte sie mir, weder ihr noch meinem Schwager sei in diesen 25 Tagen etwas aufgefallen.

Durfte ich nach diesem Vorfall überhaupt noch mit »Gerber« zusammenkommen? Nach viel Überlegen und allen nur möglichen Vorsichtsmaßnahmen ging ich doch noch zum nächsten Treff. »Gerber« kam allein. Sofort berichtete ich ihm von dem »Zwischenfall«. Zuerst meinte er, dieser Mensch wäre mir vielleicht nur nachgestiegen, weil ich ihm gefallen hätte. Aber so etwas hat man doch als Frau sofort heraus. Außerdem hatte der Mann nicht einmal versucht, diese Rolle zu spielen. Ich war völlig sicher, daß mein Verdacht berechtigt war, und habe das »Gerber« auch gesagt. Er hielt es nicht für notwendig, unsere Zusammenkünfte abzubrechen. Ich selbst habe das auch gar nicht vorgeschlagen und nachher gar nicht mehr an diesen Zwischenfall gedacht. Da ich in der illegalen Arbeit ganz unerfahren war und »Bobby« mir in Zagreb geraten hatte, mich ganz auf »Gerber« zu verlassen, der sehr erfahren sei, habe ich das blindlings getan. Nach meinen heutigen Kenntnissen hätte ich sofort abreisen müssen. Da der Gestapo mein Name nicht bekannt war, wäre ich vielleicht in derselben Nacht noch über die Schweizer Grenze gekommen, hätte sehr viel über die Lage und den Stand der österreichischen Widerstandsbewegung berichten können, und man hätte entsprechende Maßnahmen ergriffen. Vielleicht hätte man damit sogar noch Menschenleben gerettet. Aber ein solcher Gedanke war mir nicht einmal eine Sekunde lang durch den Kopf geschossen. Die Idee zur sofortigen Abreise hätte ich damals sicherlich als Feigheit empfunden und abgelehnt.

Mein letzter gemeinsamer Treff mit »Gerber« und »Ossi« im Kaffee Viktoria war am Montag. Am Donnerstag sollte ich abreisen. »Gerber« fragte mich, ob ich das Buch mitnähme, dessen Einband etwas verbarg. Ich bejahte. »Ossi« schlug vor, mir das Buch erst am Dienstag zu geben, damit es nur möglichst kurz in meiner Wohnung wäre. Außerdem wollte er noch etwas mit mir besprechen. »Ossi« und ich vereinbarten, uns am nächsten Tag wieder im Kaffee Viktoria zu treffen.

Treff mit »Ossi« allein. Er brachte mir das Buch. Es war wieder »Gari-Gari«. Am Einband war nichts zu erkennen. Des langen und breiten erklärte mir »Ossi«, wie es technisch zu machen sei, Papier innen im Buchdeckel einzukleben. Damit könnten wir von Istanbul aus geheime Briefe oder Geld an »Bobby« in Zagreb senden. Im Buchdeckel von »Gari-Gari« befanden sich alle Berichte der letzten Zeit, auch die illegalen Namen von Genossen. Gelesen habe ich diese Papiere nie. Dann kam bei diesem Treff »Ossis« Anliegen. Er wollte Material über wirtschaftliche Fragen in der Türkei haben, er brauchte das für seine journalistische Tätigkeit. Er schrieb damals für »Das Tagblatt« unter dem Namen »Glaser«. Puschmann hielt das für eine sehr gute Tarnung den Nazis gegenüber. Schließlich kam »Ossi« auf Professor Dobretsberger, der als Nationalökonom an der Universität Istanbul arbeitete, zu sprechen. Ob ich durch ihn Material über Wirtschaftsfragen bekommen und es ihm senden könnte? Das sagte ich zu. »Ossi« wußte, daß ich vor meiner Abreise noch mit »Wera« aus Linz zusammenkommen sollte, einer Berufskollegin, die auch im Widerstand arbeitete. Er kannte »Wera« und gab mir den »wohlmeinenden« Rat, ihr nichts von den organisatorischen Fragen zu sagen, die ich mit »Gerber« besprochen hatte.

Am Mittwoch, dem 22. Januar, einen Tag vor meiner geplanten Abreise und einen Tag vor meinem 44. Geburtstag, ging ich zum Verkehrsbüro, um meine Fahrkarte zu kaufen. Nachher wanderte ich wieder kreuz und quer durch einsame Gassen und schließlich zum letzten »Treff«. Pünktlich um halb zwölf Uhr mittags betrat ich das Kaffee Viktoria. Fahrkarte und Paß mit allen Visa steckten in meiner Tasche. Vormittags war das Lokal leer. In einem hinteren größeren Raum saß »Gerber«. In einiger Entfernung von ihm war ein einziger Tisch mit lärmenden Leuten besetzt, Männern und Frauen. »Ossi« war nicht da.

»Gerber« saß mir gegenüber an einem kleinen Tischchen am Fenster. Wir sprachen leise miteinander. Er versicherte mir, in drei bis vier Tagen würde er bestimmt das Land verlassen, der Grenzübergang sei nun geregelt. Er gab mir noch ein Zettelchen mit zwei verschlüsselten Adressen für »Bobby« in Zagreb, als plötzlich, wie dem Erdboden entsprungen, zwei Männer auf uns losstürzten. Ihre starren, ausdruckslosen Gesichter habe ich heute noch vor Augen, ebenso wie mir ihr aufgeregtes Schnaufen in den Ohren klingt. Ihre Erregung war begründet: Hatten sie doch mit Erwin Puschmann, den bis dahin höchsten Funktionär der KPÖ, den Kopf der ganzen Organisation der kommunistischen Widerstandsbewegung in Österreich in ihre Hände bekommen. Im Vergleich mit ihm war ich nur ein kleiner Fisch, doch war der Termin der Verhaftung so berechnet, daß ich nicht mehr aus dem Lande hinauskommen konnte. In Sekundenschnelle stürzte sich von hinten einer der Männer auf mein Gegenüber, fest umklammerte er mit beiden Armen dessen Rumpf und Arme. Puschmann wurde weiß wie die Wand. Den Zettel mit den Adressen warf ich rasch unter die Bank. Man fand ihn sofort, verlangte meine Handtasche und führte uns blitzschnell durch eine Hintertüre ab. In einem kleinen Personenauto brachten sie uns weg. Ich weiß nicht mehr, woran ich in diesem Moment dachte. Für Puschmann bedeutete die Verhaftung den sicheren Tod, für mich den wahrscheinlichen.

Wir saßen wie versteinert im Wagen. Plötzlich machte ich, völlig unabsichtlich, eine kleine Bewegung mit der Hand. Der Gestapomann neben mir brüllte mich fürchterlich an. Blitzschnell und drohend im Tonfall erwiderte Erwin Puschmann: »No, no, no!« Nur drei kleine Silben! Aber in dieser Lage von einem Genossen zu meiner Verteidigung dem Feind gegenüber empört ausgerufen, das war für mich etwas Großartiges, wahrhaft Heldenhaftes, das mir lange Zeit hindurch Kraft und Mut gab. Wenn ich heute an dieses Ereignis denke, bin ich stolz für Erwin Puschmann, der mir noch in dieser Lebenslage solch kaum vorstellbare Kraft und Solidarität bewiesen hat, empfinde ich Stolz gegenüber allen jenen, die gegen die Nazis waren, aber nichts getan haben, Stolz gegenüber allen jenen, die am liebsten Schweigen ausbreiten wollen über die Helden, die als Einfache und Unbekannte damals unter uns lebten.

Das kleine Auto brachte uns in die Gestapozentrale am Morzinplatz. Sofort trennte man uns. Erst bei unserer Verhandlung, genau 20 Monate später, habe ich Erwin Puschmann wiedergesehen. Er war kaum wiederzuerkennen!

In der Gestapozentrale und im Polizeigefängnis »Liesl«

Sieben liegen in der Zelle,
siebenfach Weinen. Siebenmal Trauer.
Siebenundsiebzig Nächte liegen die sieben in der Zelle.
Wie kannst du, Gott, es ruhig mit ansehen,
dies siebenfache Elend.

Aus einem Zigeunerlied

Auf dem Morzinplatz in Wien im ehemaligen Nobelhotel Metropol befand sich das Hauptquartier der Gestapo, in dem Hunderte Widerstandskämpfer zu Tode gequält wurden. Heute steht an dieser Stelle ein Neubau, in dem die Gedenkstätte und der Weiheraum des österreichischen Freiheitskampfes der Jahre 1938–1945 untergebracht sind.

Über die große, mit roten Teppichen belegte Freitreppe brachte man mich in die erste Etage. Von dort wurde ich über eine hintere Wendeltreppe – berüchtigt, weil sich von ihr schon mehrmals Verhaftete in ihrer ersten Verzweiflung in die Tiefe gestürzt hatten – in das oberste Stockwerk in das große Zimmer eines hohen SS-Offiziers in schwarzer Uniform geführt. Ein fettwanstiger, vierschrötiger Kerl. Eine Karikatur von George Grosz konnte ihn nicht schlimmer darstellen. Aber hier war es eine Karikatur aus Fleisch und Blut, wie sie einen noch bis in die Träume hinein verfolgt. Er brüllte mich an, drohte, ich würde alle mir bekannten Genossen, auch die aus dem Ausland, hier wiedersehen, beschimpfte mich, schrie, sie alle würden ausradiert. Aber je mehr er brüllte, desto ruhiger wurde ich.

Diese erste Erfahrung über mich selbst war mir sehr wichtig. Ich konnte also denken, klare, glaubhafte Antworten geben – ich hatte mich in der Hand.

Pausenlos verhörte mich die Gestapo von mittags bis in die Nacht hinein. Hier erst erfuhr ich, daß »Gerber« Erwin Puschmann hieß. Diesen Namen hatte ich vorher nie gehört. Wichtiger war, daß die Gestapo meinen Namen und meine Adresse bis dahin nicht kannte. Schon im Auto hatte ich an Verrat gedacht. Der Verräter hatte also weder meinen Namen noch meine Adresse gewußt.

Gegen Mitternacht brachte man mich die unheimliche Wendeltreppe hinunter, in einen Gefangenenwagen, den »Grünen Heinrich«. Er transportierte mich ins zentrale Wiener Polizeigefängnis auf der ehemaligen Elisabethpromenade, deshalb heute noch im Volksmund »Liesl« genannt. Ein sehr zärtlicher Ausdruck für diesen Ort des Grauens, der die miserabelsten Bedingungen für die Gesundheit seiner Insassen im Vergleich zu allen anderen Gefängnissen hatte, die ich kennenlernen sollte. Noch nie hatte ich ein Gefängnis von innen gesehen. Leibesvisitationen, »filzen« genannt, Untersuchung der Schuhe und Schuhsohlen, des Hutfutters, Wegnehmen der Handtasche, der Uhr etc. Man nahm einfach alles, nur die Kleider blieben am Leib. Lange Gänge mit vielen Türen. Der Gedanke: Hinter jeder dieser Türen sind Menschen eingesperrt wie Tiere in einem Käfig blitzte durch den Kopf. Nach Schreck, Schock und äußerster Nervenanspannung bei den Verhören kam ich nun in die grauenhafte Stille einer Strafanstalt um Mitternacht, kein Laut von außen, kein Laut von innen. Man sperrte mich in eine Riesenzelle mit sechzehn Pritschen und nur einer Gefangenen, einer Tschechin. Sie heulte und stöhnte unaufhörlich und murmelte in dem so typisch Wienerisch-Tschechisch immer wieder: »Wegen ihm muß ich jetzt hier schmachten.« Tragik und Komik dicht beieinander.

Die Marter begann mit dem Schlafengehen. Seit über zwölf Stunden war der erste Moment zum Nachdenken gekommen. Ich schloß mich in meine Einsamkeit ein. Wie verzweifelt mußte meine Schwester jetzt sein! Plötzlich löste sich alle Starrheit. Ein Zittern schüttelte mich an Leib und Seele, das volle zwei Tage, bis zum nächsten Verhör, andauerte und dem ich trotz größter Anstrengung nicht Einhalt gebieten konnte. Das Abnehmen der Fingerabdrücke am nächsten Tag war schwierig. Ich konnte die Hände nicht ruhig halten, und der Mann sagte: »Was zittern S' denn so, es g'schicht Ihna ja nix.« Ich wußte, im Landesgericht wurden zweimal wöchentlich politische Gefangene hingerichtet. Übte dieser Mann wirklich so gedankenlos sein Handwerk aus?

40 Jahre sind seither vergangen, und doch erinnere ich mich heute noch genau jener Stunden und Gedanken und Gefühle, die mich in dieser so plötzlich veränderten Lage bewegten. Zuerst dachte ich: Die Welt stürzt ein, und dann: Wie konnte es zu dieser Katastrophe kommen? Über die Folgen der Verhaftung war ich mir im klaren und konnte nicht aufhören, sie mir auszumalen. Kannte ich doch den Stand der Organisation ziemlich genau, um im Ausland darüber berichten zu können. Der Widerstand in Österreich mußte zu einem großen Teil zusammenbrechen. Für unzählige Genossen und Nichtgenossen, die mit uns zusammengearbeitet hatten, für alle ihre Angehörigen waren unermeßliche Leiden hereingebrochen. Bei den meisten ging es um Leben und Tod. Mir graute, wenn ich in den folgenden Nächten immer wieder Kettenrasseln und Schreie von Menschen hörte, die geprügelt und schwer mißhandelt wurden. Das waren unsere Leute!

Wie war die militärische und politische Lage zur Zeit unserer Verhaftung? Im Januar 1941 war es den deutschen Faschisten bereits gelungen, fast ganz Europa vom Atlantischen Ozean bis zum Schwarzen Meer, vom Nordkap bis zur Südspitze Griechenlands unter ihre Herrschaft zu bringen. Über ein halbes Jahr war es her, daß die Deutschen zwei Drittel Frankreichs besetzt hatten, deutsche Truppen in Paris einmarschiert waren und das Waffenstillstandsabkommen zwischen Frankreich und Deutschland in Compiègne unterzeichnet worden war. Auch das dritte Drittel Frankreichs unterstand nur formal der kollaborierenden Regierung Pétain, faktisch herrschten die Deutschen. Faschistischer Terror wütete gegen die heldenhafte französische Widerstandsbewegung. England war drei Monate lang von einer deutschen Invasion bedroht gewesen, London hatte gerade die schrecklichsten, fast zwei Monate andauernden nächtlichen Luftangriffe hinter sich, Holland, Dänemark, Belgien, Luxemburg und Norwegen waren besetzt. Italien hatte den Krieg erklärt und Griechenland und Nordafrika überfallen. Rumänien, Bulgarien und schließlich auch Griechenland hatten sich der »Achse« Deutschland–Italien angeschlossen, und in Jugoslawien stand der Einmarsch der Deutschen bevor. Auf dem Balkan widersetzte sich nur noch die Türkei der Einbeziehung in den Krieg. Nach dem Einmarsch der Deutschen in Bulgarien hatte mein Mann in Istanbul seinen gepackten Rucksack in der Wohnung stehen, damit er im Notfall durch den Bosporus rasch an das asiatische

Ufer hätte schwimmen können. Der Rest unserer Widerstandsgruppe blieb noch einige Zeit in Istanbul, doch an weiteres Arbeiten für den österreichischen Widerstand war nicht mehr zu denken, nachdem ich und zwei andere Genossen der Gruppe in Wien im Gefängnis saßen. Aber alle die Siege und ständigen Erfolge der Nazis hatten in Österreich den Widerstand der Kommunistischen Partei nicht unterbinden können. Zweimal war die Leitung bereits zerschlagen worden; Erwin Puschmann hatte mit anderen Genossen gerade die dritte Leitung der KPÖ aufgebaut. Mit seiner Festnahme begann die umfassendste Verhaftungswelle gegen den Teil des österreichischen Widerstandes, den die KPÖ leitete. Die Verhaftungen gingen fünf Monate lang weiter bis zum 22. Juni 1941, dem Tag des Überfalls Hitlerdeutschlands auf die Sowjetunion. Da die Widerstandsarbeit der KPÖ bis zum Kriegsende weitergeführt wurde, gab es natürlich auch später Verhaftungen, aber nie mehr handelte es sich dabei um eine so große Gruppe von Gefangenen, deren Tätigkeit miteinander verquickt war.

Als dann im Jahre 1943 die Konferenz der Außenminister der Alliierten in Moskau stattfand, spielte der Widerstandskampf im Lande für das Wiedererstehen des selbständigen Österreich eine wichtige Rolle. Wörtlich heißt es in der Deklaration der Außenminister: »Die Regierungen Großbritanniens, der Sowjetunion und der Vereinigten Staaten kamen darin überein, daß Österreich, das erste freie Land, das der Hitlerschen Aggression zum Opfer gefallen ist, von der deutschen Herrschaft befreit werden muß«, und weiter: »daß bei der endgültigen Regelung unvermeidlich sein eigener Beitrag zu seiner Befreiung berücksichtigt werden wird«. Dadurch galt Österreich als okkupiertes Land. Dementsprechend konnte es nach freien Wahlen im Jahre 1945 eine eigene österreichische Regierung erhalten.

In der ersten Zeit meiner Verhaftung dachte ich ausschließlich an den Prozeß. Ununterbrochen, Tag und Nacht und viele Wochen hindurch kreisten meine Gedanken nur darum: Wie hatte das geschehen können? Wie waren die Zusammenhänge? Wer war noch verhaftet worden? Wer wußte was? Was hatte ich zu sagen oder nicht zu sagen?

Am nächsten Morgen kam ich in eine kleine Zelle, in der ich drei Monate verbringen sollte. Die Tür fiel knackend ins Schloß. Von jetzt an gab es nicht die geringste Verbindung mit der Außenwelt, weder legal noch illegal; kein Besuch, kein Brief, auch nicht der kleinste Zettel gelangte von außen zu mir. Zum Lesen konnten wir uns nur den »Völkischen Beobachter«, die Zeitung der Nazipartei, kaufen. Dunkelheit, Kälte bei Nacht und auch bei Tag in dem seit Jahrzehnten kältesten Winter des Jahres 1941. Doch in meinem Denken war keineswegs Kälte und Dunkelheit.

Es kamen die Verhöre, die dafür sorgten, daß der Geist Tag und Nacht fieberhaft arbeitete.

Im ganzen hatte ich 14 Gestapoverhöre. Das war viel im Vergleich zu anderen Verhafteten. Viele hatten fünf, höchstens sechs, manche nur ein oder zwei. Warum es bei mir so viele waren, kann ich mir bis heute nicht erklären. Ich war zwar für die Nazis ein »schwerer Fall«, aber ein einfacher. Die Rolle, die ich im Auftrag der KPÖ-Widerstandsbewegung spielte, war der Gestapo von vornherein bekannt: Herstellung der Verbindung mit dem Auslandsapparat! Allein dafür hätten nach den Vorstellungen der Gestapo keine zehn Todesurteile gereicht. Aber im Lande selbst war ich nur kurz, hatte nur mit ganz wenigen Menschen Verbindung und konnte bei den Verhören keinerlei Details liefern, die der Gestapo nicht schon längst bekannt gewesen waren. Während meiner 25-tägigen Widerstandsarbeit in Wien hatte ich Erwin Puschmann elfmal getroffen. Davon mußte ich vier Treffs zugeben, weil offensichtlich war, daß die Gestapo von diesen alles wußte. Die anderen verschwieg ich, auch die Zusammenkunft mit »Ossi« allein, denn ich wollte »Ossi« schützen.

Warum also 14 Verhöre? Nur damit ich mich selbst belastete? Ich war schon belastet genug. Ich hatte auch keine Gegenüberstellungen wie die meisten anderen. Es wurde mir zwar mit allem möglichen Schrecklichen gedroht, aber von einer Ausnahme abgesehen, die nur einen blutigen Kratzer hinterließ, wurde ich körperlich nicht mißhandelt. Die Genossen, die ständig in Österreich gelebt und gearbeitet hatten, hatten es viel schwerer. In der Hauptsache wollte man von mir Näheres über die Auslandsstellen wissen, vor allem über Istanbul und Zagreb sowie über die Verbindung mit einzelnen Leuten im Ausland. Darüber wußten sie wenig. Dabei konnte ich lügen und verschleiern, soviel ich wollte, und falsche Personenbeschreibungen geben. Ich wußte, daß das für sie unkontrollierbar war. So weit reichte der Arm der Gestapo damals nicht.

Bei allen Verhören war ich völlig ruhig. Ich konnte überlegt meine Aussagen machen, log drauflos und schwieg, wo es galt, zu schweigen und Leute zu schützen. Das Zittern war weg und vorbei in dem Moment, in dem ich wieder in ein Zimmer zum Verhör gebracht wurde. Diese plötzliche Beherrschung des Körpers nach vierzig Stunden Zittern scheint mir nur so erklärbar, daß die so übermächtige Nervenanspannung beim Verhör, ein noch stärkerer Zwang, den schwächeren automatisch ausschaltet. Vorher konnte ich bei größter Willensanspannung das Zittern nicht abstellen, jetzt aber hörte es auf, ohne die geringste Anstrengung, von einem Moment zum anderen. Meine wiedergefundene Ruhe hatte sicher auch noch einen anderen Grund. Ich fühlte mich nicht als leidendes, unschuldiges Opfer der Nazis. Ich hatte sie und ihr Regime bekämpft, und folglich hatten sie mich festnehmen müssen, sobald sie meiner habhaft werden konnten. Die Verhöre waren die Fortsetzung des Kampfes unter anderen Bedingungen. Deshalb empfand ich gegen den einzelnen Gestapomann kaum persönlichen Haß. So konnte ich ohne Emotion, nur der politischen Verpflichtung und der klaren Überlegung folgend, meine Antworten geben. Wenn mir nach dem Verhör mit seinen Gefahren und Tücken alle Glieder bebten, so war das die körperliche Reaktion auf die vorangegangene geistige und nervliche Anspannung, nicht aber seelische Emotion. Eine große Erregung gab es allerdings immer beim Herausholen aus der Zelle, da man doch nie wußte, was einen erwartete. Übrigens – die Gestapoleute machten vieles wirklich blöde. An ihr Brüllen, an ihre Beleidigungen hatte man sich rasch gewöhnt – es war, wie wenn sich ein Panzer ums Herz legte, der es vor jeglicher Verletzung schützte. Am Abend vor der Verhaftung hatte ich aus dem Gedächtnis einige Notizen mit Bleistift zu Papier gebracht, in dem Gefühl, ich könne nicht alles genau im Kopf behalten. Diese Notizen hatten die Gestapoleute sofort gefunden. Sie wurden beim Verhör von einem Beamten in meiner Gegenwart in die Maschine diktiert. An vielen Stellen waren die absichtlich hingekritzelten Worte kaum zu entziffern. Die Gestapo ließ mich die unleserlichen Stellen selbst erklären, und ich konnte vieles umlügen. Einmal wurde plötzlich der verhörende Beamte aus dem Zimmer gerufen und sagte, ich solle selbst weiterdiktieren! Ich nahm meine Notizen, und unmerklich löschte ich mit dem angefeuchteten Finger besonders gefährliche Informationen über Flugblätter für das Militär. Ich konnte die Schrift vollständig verwischen. Beim besten Willen hätte niemand mehr diese Stellen in ein Protokoll diktieren können! Solche Ungereimtheiten passierten dauernd. Blödheit, Fahrlässigkeit, Brutalität, Widerlichkeit, Glück im Unglück wechselten sich ab.

Die meisten Verhöre führten dieselben zwei Gestapoleute, die uns im Kaffee Viktoria verhaftet hatten. Ihre Gesichter waren völlig ausdruckslos. Oft erschienen zusätzlich noch andere Männer und nahmen mich zu viert, manchmal auch zu fünft, ins Kreuzverhör. Die Gestapo hoffte, durch Überrumpelung, durch plötzlich hingeworfene feste Behauptungen, manchmal richtige, manchmal falsche, von mehreren Leuten aus verschiedenen Zimmerrichtungen gebrüllt, dem Häftling Angst einzujagen und ihn in Widersprüche zu verwickeln. Diese Leute waren politisch völlig unwissend, phantasie- und geistlos. Ihre Kombinationen stimmten nie. Mangels politischen Verstandes waren sie bald am Ende ihres Lateins. Wenn sie dann mit Worten nicht weiterkamen, begannen sie mit wüsten Drohungen und Brüllen und schließlich, wenn auch nicht in meinem Fall, mit körperlicher Folter. Die primitiven Polizeitricks waren rasch zu durchschauen. Nie stellten sie eine klare Frage. Sie blufften oft mit Kleinigkeiten, die mit dem Fall selber gar nichts zu tun hatten. So erzählte mir eine Genossin im Gefängnis: Bei einem Verhör schrie man ihr entgegen: Am Soundsovielten um soundsoviel Uhr waren Sie in der Putzerei dort und dort und haben eine weiße Jacke zum Reinigen gebracht. Tag, Zeit, Ort und Gegenstand stimmten. Mit dieser Behauptung konfrontiert, mag mancher Gefangene denken: Jetzt wissen sie sogar das schon, dann wissen sie natürlich auch, wo und wann ich ein Paket Flugschriften abgegeben habe. Der Gefangene erschrickt und gibt Dinge zu, die ihm sonst nicht über die Lippen gekommen wären. Es ist viel leichter, auf direkte Fragen mit »nein« für »ja« oder mit »ja« für »nein« zu antworten, als fest vorgebrachte Behauptungen zu widerlegen oder schnell eine falsche Geschichte als Antwort auf die Behauptungen zu erfinden.

Einmal stand ich am Fenster. Es war im vierten Stock am Morzinplatz. Ein Gestapomann öffnete es plötzlich und rief mir zu: »Stürzen Sie sich nur hinunter. Ihr Leben ist ja sowieso schon verloren.« Er wollte mich zermürben. Das mit dem Fenster war, wie ich später erfuhr, ein häufig angewandtes Schreckmittel. Ein anderes Mal kam einer ganz leise von hinten, so daß ich ihn nicht bemerken konnte, und fuhr mir mit einem spitzen Metallgegenstand über die Wange. Die Folge war ein großer Schreck und ein blutiger Kratzer. »Sie kennen auch Koplenig!« behauptete er. Ich mußte nicht einmal lügen, denn ich kannte den Genossen Koplenig, den Vorsitzenden der Kommunistischen Partei Österreichs, wirklich nicht.

Heute weiß ich, daß ich, selbst bei starker nervlicher Belastung – körperliche Züchtigung ausgenommen, weil ich sie nicht erfahren habe – kaltblütig und ohne eine Miene zu verziehen, lügen kann – aber nur dann, wenn ich mich an Vorgegebenes halten kann, präziser gesagt, wenn ich vorher mit anderen so viel als nur irgend möglich vereinbart habe. Gibt es solche Vereinbarungen und Verhaltensmaßregeln, dann hält man sie als einigermaßen disziplinierter Mensch auch ein. Man kann sich an etwas klammern und hat sich dadurch besser in der Hand. Es ist völlig falsch und kann fürchterliche Folgen haben, wenn man diejenigen, die illegale Arbeit leisten, nicht auf eine mögliche Verhaftung vorbereitet mit dem Argument, ihnen nicht Angst machen zu wollen. Man kann durchaus über Verhaltensmaßregeln sprechen, ohne Angst einzujagen. Menschen, die so naiv sind, daß sie überhaupt nicht daran denken, daß etwas passieren könnte, sind ungeeignet für illegale Tätigkeit und eine Gefahr für andere. Alles, was besprochen war bezüglich illegaler Minute, illegaler Namen usw., habe ich ganz automatisch genau eingehalten, selbst bei stärkster Belastung der Nerven. Wenn man sich aber nicht an Vereinbarungen halten kann, bleibt das Verhalten der Geistesgegenwart überlassen. Auf Geistesgegenwart in kritischen Momenten kann man sich aber bei keinem Menschen verlassen, auch nicht bei den ehrlichsten Genossen. Darum muß man immer soviel wie möglich für den Verhaftungsfall vereinbaren! Der Faktor der Überrumpelung, mit dem die Polizei immer spekuliert, fällt damit fast weg. Das ist jedenfalls meine persönliche Erfahrung. Ich bin gewiß nicht »umgefallen« bei der Gestapo. Aber ich weiß nicht, ob ich in Sekundenschnelle hätte unterscheiden können, wo es besser war, bei der Wahrheit zu bleiben oder wo zu lügen, wenn meine illegale Tätigkeit in Österreich umfangreicher und ich körperlicher Züchtigung ausgesetzt gewesen wäre. Ich weiß nicht, ob ich geistesgegenwärtig genug gewesen wäre, mich nicht in Widersprüche zu verwickeln. Vom Moment des Widerspruchs an aber ist man verloren. Bis zum Verrat von Geschehnissen, auch dem ungewollten, ist dann nur ein kleiner Schritt. Die Folgen sind unabsehbar.

Welche Grenzen zwischen Wahrheit und Lüge wir der Polizei gegenüber zu ziehen hatten, darüber hatte ich mich schon in Istanbul mit Herbert Eichholzer beraten. Wir waren zu folgendem Schluß gekommen: Immer, wenn illegale Arbeit oder Menschen, die diese ausüben, einschließlich der eigenen Person, nicht belastet werden, soll man bei der Wahrheit bleiben. Das erhöht die Glaubwürdigkeit der Aussage. Sobald aber die illegale Arbeit berührt wird, wo es gilt, Kampf und Leben der Genossen zu schützen, muß man überlegt, bewußt und glaubwürdig zu lügen wissen. Das hilft in letzter Instanz auch einem selbst. Mit all meiner Willenskraft habe ich diese Linie durchgehalten. Sicher war ich bei den vielen Verhören auch deshalb so ruhig, weil ich im Grunde meines Herzens stolz darauf war und es heute noch bin, einen, wenn auch winzigkleinen, Anteil an einem weltumspannenden Kampf für eine große Sache zu haben. Das gab Selbstbewußtsein und Sicherheit gegenüber den Gestapoleuten. Dieser Umstand war bei allen politischen Gefangenen von großer Bedeutung.

Ich erinnere mich an ein Gespräch mit einem niedrigen Gestapomann. Wir waren allein in einem stillen Gang. Er sagte vorwurfsvoll, wieso ich denn gegen mein eigenes Land arbeiten konnte. Das erregte mich sehr. Ich erwiderte heftig: »Ich liebe mein Land und sein Volk viel, viel mehr, als Sie es tun. Das habe ich schließlich bewiesen.« Er schwieg.

Der Zwang zum Lügen ist ein zutiefst menschliches Problem. Meine Eltern erzogen mich zu strikter Wahrheitsliebe, und mein Leben hatte mir gezeigt, daß ich mit der Wahrheit besser gefahren bin als mit Lügen. Und dann mußte ich plötzlich lügen können. Nicht nur die Worte, die Festigkeit der Stimme, das Mienenspiel, das ganze Verhalten waren wichtig. Von einem Augenblick zum anderen stand ich einer völligen Umkehrung der Moralbegriffe gegenüber. Das Lügen, das ich als etwas Feiges und Verwerfliches betrachtet hatte, wurde zur Tugend, zur moralischen Kraft, das Menschenleben retten konnte. Oft habe ich mich gefragt, ob solche Umkehrung der Moralbegriffe sich nicht im späteren Leben, besonders bei den Jungen, nachteilig auswirken wird. Die Wirklichkeit aber hat diese Bedenken nicht bestätigt. Bis heute komme ich mit Frauen aus meiner Gefängniszeit zusammen, und immer wieder kann ich beobachten, daß die so harten Ansprüche an die Charaktere diese nicht geschwächt haben. Die aufwühlenden Erlebnisse jener Zeit, vor allem aber das Zusammenhalten aller Gefangenen, die füreinander oft so viel riskierten, hat die Charaktere so gefestigt, daß die politisch Verfolgten, sobald sie wieder in Freiheit waren, sehr wohl zu unterscheiden wußten, wann Wahrheit oder Lüge Tugend oder Laster sind.

Schon wenige Tage nach meiner Verhaftung bei einem Verhör durch einen hohen Gestapomann in SS-Uniform kam mir der furchtbare Verdacht: »Ossi« war der Spitzel. Der SS-Mann warf mir vor, daß mein Mann in Istanbul mit dem britischen Spionagedienst in Verbindung stehen würde. Weder er noch ich waren natürlich mit dem britischen Nachrichtendienst verbunden. Aber mein Mann war schon einmal in Istanbul, zur Zeit, als ich noch dort war, auf das deutsche Generalkonsulat bestellt worden. Dort machte man ihm denselben Vorwurf, basierend auf einem Besuch bei türkischen Bekannten. Diese hatten zusammen mit uns einmal Engländer eingeladen. Vielleicht war unter ihnen wirklich der Leiter des britischen Spionagedienstes für den Balkan, der sein Hauptquartier in Istanbul gehabt haben soll. Von dem Vorwurf, den man damals meinem Mann im deutschen Konsulat gemacht hatte, erzählte ich pflichtgemäß »Gerber«. »Ossi« war dabei.

Ich saß noch immer im Zimmer des SS-Mannes, ein Gestapobeamter kam herein und meldete, sie hätten bei der zweiten Durchsuchung der Wohnung wieder nichts gefunden. Ich atmete auf. Sie hatten also »Gari-Gari«, das Buch, in dessen Einband Berichte eingeklebt waren, in der versperrten Schublade meines Schreibtisches nicht gefunden. »Es muß aber etwas dort sein«, schrie der SS-Mann. »Dann gehen wir wieder hin«, war die Antwort. Niemals wurde ich von der Gestapo direkt nach diesem Buch gefragt, sie schienen es aber zu suchen. Sechs Wochen nach meiner Verhaftung, als ich schon meine 14 Verhöre hinter mir hatte, kam ein Gestapomann in die »Liesl« und verlangte kategorisch den Schlüssel zu meiner Schreibtischschublade. Ich mußte den Schlüssel herausgeben, der in meiner Handtasche in der Gefängnisgarderobe lag.

Woher wußten sie, daß überhaupt etwas in meiner Wohnung war, da sie bei der Hausdurchsuchung nichts gefunden hatten? Nur »Gerber« und »Ossi«, der mir am Tag vor meiner Verhaftung das Buch »Gari-Gari« selbst übergeben hatte, wußten davon. »Gerber« schien

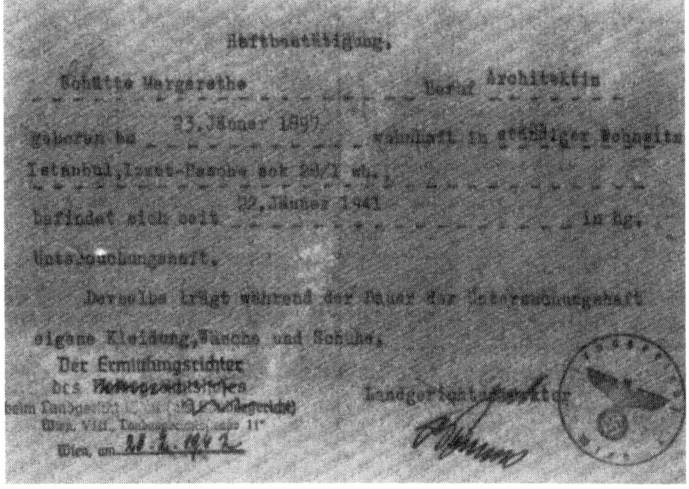

Haftbestätigung.

Schütte Margarethe Beruf Architektin

geboren am 23. Jänner 1897 wohnhaft in ständiger Wohnsitz

Istanbul, Izzet-Pascha sok [illegible] ,

befindet sich seit 22. Jänner 1941 in Ug.

Untersuchungshaft.

Derselbe trägt während der Dauer der Untersuchungshaft

eigene Kleidung, Wäsche und Schuhe.

Der Ermittlungsrichter
des [illegible]
beim Landgericht [illegible]
Wien, VIII., Landesgerichtsstraße 11
Wien, am [illegible]

Landgerichtsdirektor

Ehemaliges Hotel Metropol, Gestapozentrale in Wien

Haftbestätigung

mir über jeden Zweifel erhaben. Also »Ossi«? Dieser Verdacht regte mich sehr auf. Ich wußte, was das für die ganze Widerstandsarbeit und für viele, viele Genossen bedeuten würde. Ich reagierte zunächst wie die meisten Menschen: Ich wollte das Entsetzliche nicht glauben und dachte: Vielleicht ist es doch nicht wahr. Drei Monate mußte ich meinen Verdacht bei mir behalten; ich hatte im Polizeigefängnis keine Möglichkeit, mit irgend jemandem darüber zu sprechen. Ich durfte nur mit Kriminellen in der Zelle sein, darüber hinaus war ich vollkommen abgeschlossen.

Etwa ein Vierteljahr nach meiner Verhaftung wurde ich zusammen mit Hella Puschmann, »Gerbers« Frau, und mit »Tante«, das war die Genossin Konopitzky, aus dem Polizeigefängnis auf der Rossauer Lände in das Bezirksgefängnis in die Schiffamtsgasse transportiert. Wir waren sechs und kamen alle in Einzelhaft im selben Stockwerk. Bald konnten wir uns durch die Stummerlsprache miteinander verständigen. Ich teilte Hella meinen Verdacht mit. Mit allen Zeichen des Schreckens wies sie ihn energisch zurück. »Seit Jahren arbeiten wir mit ›Ossi‹ zusammen. Er war bei allen Grenzübergängen dabei, zusammen machten wir unsere Ausflüge, zusammen verfaßten wir unsere Flugblätter, gemeinsam sangen wir ›unsere‹ Lieder. Den vergangenen Silvester haben wir alle zusammen bei Konopitzkys gefeiert, gemeinsam begrüßten wir fröhlich das neue Jahr und wünschten uns viel Glück für 1941. Nein, nein, das ist ganz unmöglich!« Anders reagierte »Tante«. Sie erzählte, daß schon lange vor unserer Verhaftung ihr und ihrem Mann das Gerücht zu Ohren gekommen sei, »Ossi« hätte bereits im Spanienkrieg eine verräterische Rolle gespielt. Sofort unterrichteten sie »Gerber« davon, aber dieser lehnte den Verdacht scharf ab – das sei nur Intrige und Tratscherei. So sehr vertraute er »Ossi«!

Im Herbst 1941, bereits dreiviertel Jahre nach unserer Verhaftung, wurde Poldi Kovarik, eine junge Kommunistin, bei uns eingeliefert. Sie und ihre Jugendgruppe waren von »Sonja« verraten worden. Poldi wurde 1943 im Wiener Landesgericht hingerichtet. Von ihr erfuhren wir, daß in den Wasserkrügen im Polizeigefängnis auf der Rossauer Lände die Worte »›Ossi‹ ist der Verräter« eingeritzt waren. Die Krüge, die täglich mit frischem Wasser in die Zellen gegeben wurden, waren aus weichem Aluminium. Leicht und schnell konnte man mit einer Schere, die man einmal in der Woche zum Nägelschneiden bekam, diese Nachricht einritzen. Das war die einzige Möglichkeit der Mitteilung. Diese Nachricht war von größter Bedeutung. Sie konnte Einfluß auf Aussagen bei der Gestapo haben, sie konnte Menschenleben retten! Bis die Krüge ausgetauscht wurden, wußten schon alle, die es wissen mußten, von der »Ossi«-Geschichte. Kurz nach Poldi Kovarik kam Erna Hedrich in unser Gefängnis. Von ihr hörten wir, daß sie, noch in Freiheit, ein Foto von »Ossi« mit einer Warnung bekam. Nachher konnte sie gerade noch davonlaufen, als sie »Ossi« einmal von weitem zum Treff kommen sah. Vielleicht war es »Gerber« trotz aller strengen Maßnahmen gelungen, die Nachricht über »Ossis« Verrat noch aus dem Gefängnis herauszuschmuggeln. Aber mit letzter Sicherheit haben wir in der Schiffamtsgasse noch lange nicht gewußt, daß »Ossi« wirklich der Verräter war.

Ein Jahr nach unserer Verhaftung wurden wir von der Gestapo dem Gericht überstellt. Ich mußte von da an nicht mehr in Einzelhaft sein. Poldi Starek kam in meine Zelle. Sie kannte »Sonja« gut aus der Kommunistischen Jugendbewegung, »Ossi«, der legal Glaser geheißen haben soll, jedoch nur flüchtig. Sie konnte mir viel über die beiden erzählen, von deren Spitzelrolle sie bis zu diesem Zeitpunkt nichts ahnte. »Sonja« – sie hieß legal Gretl Kahane – wäre damals in der Jugendbewegung sehr jung und sehr begeistert gewesen, ehrlich überzeugt, so meinte Poldi. Dort lernte sie »Ossi« kennen. Sie liebte ihn sehr und bekam von ihm ein Kind. Von da an war sie von ihm völlig abhängig. Offenbar brachte sie diese Hörigkeit später dazu, mit »Ossi« für die Gestapo zu arbeiten. Wann und wodurch »Ossi« zum Verräter wurde, ist ungeklärt. Allein durch »Sonjas« Verrat sind mindestens zehn Jugendliche zugrunde gegangen. Bald nach Kriegsende wurde sie in Aussee von einer ehemaligen Gefangenen erkannt und sofort verhaftet. Von Österreich wurde sie an Jugoslawien ausgeliefert. Auch dort hatte sie für die Gestapo gearbeitet und Partisanen verraten. In Jugoslawien soll »Sonja« hingerichtet worden sein. Ihrer Mutter in Wien wurde allerdings mitgeteilt, ihre Tochter sei Jahre nach der Befreiung in Jugoslawien eines natürlichen Todes gestorben. Es entzieht sich meiner Kenntnis, welche dieser beiden Varianten den Tatsachen entspricht.

Ein Jahr saßen wir alle schon hinter Gittern, als wir den ersten Besuch haben durften. In der Stille des Vormittags, zu einer Stunde, da man sehr vorsichtig mit Verständigung sein mußte, hörte ich plötzlich ganz leise meinen Gefängnisnamen, »Paula«. Ich sprang auf. Über einen komplizierten Aufbau auf der Bettstatt konnte ich das hoch liegende, kleine Fenster erreichen. Hinter dem Gitter des dritten Fensters (das Gefängnis war ums Eck gebaut) sah ich Hellas Kopf. Sie hatte soeben ihren ersten Besuch gehabt und war gerade in ihre Zelle zurückgebracht worden. Die Mutter Erwin Puschmanns, die ihren Sohn vorher im Landesgericht besucht hatte, war dagewesen. Nur durch ein dichtes Gitter und unter den Augen einer Aufseherin durften wir mit unseren Angehörigen sprechen. Trotzdem gelang es Frau Puschmann, ihrer Schwiegertochter rasch zuzuflüstern: »›Ossi‹ ist der Verräter, das läßt euch Erwin sagen.« Nun hatten wir endlich Gewißheit! Mich ekelte vor der eigenen Hand, die ich diesem Schuft gegeben hatte. Die katastrophalen Folgen dieser nun endgültig bestätigten Tatsache, an die ich so lange nicht glauben wollte und die ich immer wieder voller Entsetzen weggeschoben hatte, diese Folgen gingen mir von da an bis zu den Verhandlungen nicht mehr aus dem Kopf. – »Ossi« war doch »Gerbers« rechte Hand! Er war über die Organisation voll und ganz unterrichtet. Er kannte auch alle Schwierigkeiten, die es damals zwischen manchen Gruppen gab. Das alles konnte die Gestapo ausnützen. Er wußte, daß in Istanbul eine Auslandsstelle arbeitete. Er hatte mich beispielsweise nach »Flurl« gefragt, von dem er einen Brief zu haben schien, er kannte »Bobby« aus Bratislava und hatte die Verbindung mit Prag und Zagreb in der Hand. Auf meine Frage, wieso »Ossi« so ohne weiteres in die Slowakei und nach Prag fahren könne, antwortete »Gerber« – bei einem Treff ohne »Ossi« –, er sei Vertreter im Buchhandel und habe die Genehmigung zur Aus- und Einreise. Deshalb habe auch »Ossi« die Aufgabe, »Gerbers« Grenzübertritt in die Slowakei zu organisieren. Beide hatten mir immer wieder versichert, der Grenzübertritt für »Gerber« wäre unmöglich, da in der letzten Zeit eine kleine Grenzberichtigung vorgenommen worden wäre, die gerade jenen Platz einschlösse, an dem bisher der Grenzübertritt stattgefunden habe. Auf mein ständiges Drängen hin hatte mir »Gerber« gesagt, daß er sich in Wien gut abgesichert fühlte und daß eine Grenzüberschreitung unter diesen Umständen für ihn weitaus gefahrvoller gewesen wäre als sein Bleiben. Und »Ossi« hatte erklärt, er würde »Gerber« nur dann weggehen lassen, wenn er ganz sicher wäre, daß an der Grenze nichts passieren könnte. »Ossi« konnte noch mindestens ein dreiviertel Jahr nach unserer Verhaftung seine verräterische Rolle weiterspielen.

Von den elf illegalen Zusammenkünften, die ich in diesen 25 Tagen hatte, spielten sich mehr als die Hälfte im Kaffee Viktoria ab. Dieses Kaffeehaus war ein Gestapolokal. In der Nähe der Folterzentrale am Morzinplatz gelegen, hatte die Staatspolizei dort ihre ständigen Beobachter. Deshalb hatte auch »Ossi« alle unsere Treffs, soweit ihm das unauffällig möglich war, dorthin gelenkt. Das Telefongespräch »Sonjas« bei der ersten Zusammenkunft war sicherlich eine Mitteilung an die Gestapo. Auch die Abmachung, falls einmal einer von uns nicht kommen könnte, sollte der andere täglich vormittags und nachmittags zu bestimmter Stunde ins Kaffee Viktoria kommen, bis wir uns dort wieder treffen würden, war sicherlich von »Ossi« inspiriert. Durch diese teuflische Vereinbarung wäre ich der Gestapo kaum mehr entkommen. Im Jahre 1944 bin ich im Gefängnis einigen Polinnen begegnet. Sie erzählten, daß die führenden Männer ihrer Gruppe lange nach uns ebenfalls im Kaffee Viktoria verhaftet worden wären. Auch ihre Zusammenkünfte hatte man dorthin gelenkt. Durch die zu rasche Verhaftung »Sonjas« aber konnte man »Ossi« nach Kriegsende nicht schnell genug auf die Spur kommen. Er konnte über die österreichisch-tschechische Grenze entkommen. Als ich im Herbst 1945 nach Wien zurückkehrte, bat mich die österreichische Staatspolizei um einen Bericht über »Ossi«-Glaser. Man zeigte mir dort ein Foto von ihm. Ich erkannte ihn sofort. Alles, was ich von ihm wußte, habe ich angegeben. Bei meiner letzten Unterredung mit dem Beamten der Staatspolizei erfuhr ich, daß »Ossi«-Glaser nunmehr im Nahen Osten sei, wo er dieselbe Spitzeltätigkeit gegen Kommunisten ausübte wie seinerzeit für die Gestapo. Die beiden Spitzel »Ossi« und »Sonja« waren Agenten einer der größten Spitzelaffären Österreichs. Durch sie konnte die Gestapo Hunderte Genossen verhaften. Viele davon wurden ermordet,

Trotz aller Verhöre, trotz des ständigen Nachdenkens über Verrat, Aussagen und ihre Zusammenhänge erwachte schließlich doch wieder das Interesse am alltäglichen Leben, ja sogar Neugier gegenüber den Menschen in diesem so jämmerlichen, neuartigen Dasein. Am ersten Morgen nach meiner Verhaftung um vier Uhr früh wurde ich in eine Einzelzelle gebracht. In solche, nur für einen Menschen bestimmte, schmalen Gefängniszellen pferchten sie damals zwei oder drei Häftlinge. Waren wir zu dritt, mußte eine herumgehen, weil es nur zwei Sitzplätze gab. An der einen Längswand gab es ein Klappbett mit Strohsack. Es wurde nur abends von der Aufseherin heruntergelassen und um fünf Uhr früh, sofort nach dem Aufstehen, wieder an die Wand geklappt und mit Schloß und Schlüssel abgesperrt. An der anderen Längsseite gab es ein Klapptischchen mit einem »Armsünderbankerl« und ein kleines Hängegestell. Alles war baulich in grauenhaftem Zustand. Das gußeiserne Klosett in der Ecke war vollkommen verrostet, die schadhaften Wände verschmiert. Ein viel zu kleiner Heizkörper sollte für Wärme sorgen, ein hoch gelegenes Fenster für Tageslicht. In jenen Wintermonaten war es in der Zelle fast den ganzen Tag finster. Das elektrische Licht, nur vom Gang aus zu bedienen, wurde wegen der Verdunkelung im Kriege nie aufgedreht. Viele Stunden des Tages saß man in der stockdunklen Zelle auf dem »Armsünderbankerl« oder ging hin und her, fünf Schritte hin, fünf Schritte her.

Eine Verständigung mit Häftlingen aus anderen Zellen war unmöglich. Die Gefängnisordnung verbot den Aufseherinnen, mit den Politischen zu reden. Es gab keine Schläge bei den Frauen, das besorgte die Gestapo. Die Oberaufseherin war eine altgediente Polizeibeamtin, keine Nazianhängerin. Sie war fast immer betrunken, sonst hätte sie das nicht durchgestanden. Im Suff brüllte sie uns Gefangene und auch ihre Untergebenen an. Niemand regte sich mehr darüber auf.

Nachts lagen wir zu zweit auf einem Strohsack. Waren wir zu dritt, mußten wir von irgendwo einen Strohsack holen und auf den harten Holzboden legen. Eine dichte Staubwolke entwich bei jeder Bewegung. Ständiges Husten nachts. Kissen oder Bettwäsche gab es keine. Die Decken waren schmutzig und nicht ausreichend. Man fror entsetzlich. Die Strohsäcke kamen immer wieder in andere Zellen, so daß sie jede Nacht von einer anderen Gefangenen benutzt wurden. Sie waren völlig verdreckt, oft mit Menstruationsblut besudelt, oft schon von verschwitzten, ungewaschenen und kranken Frauen benutzt. Ich durfte nur mit Kriminellen in einer Zelle sein, mit Rauschgiftsüchtigen, Prostituierten, Diebinnen oder auch mit solchen, die ein Delikt begangen hatten, das nur unter der Nazigesetzgebung als Delikt galt. Diese Gefangenen waren weder kriminell noch politisch, blieben meist nur Stunden oder wenige Tage. So wechselten meine Mitbewohnerinnen unaufhörlich.

Der kleine Heizkörper gab nur von 11 bis 13 Uhr Wärme. In diesen zwei Stunden lehnten wir uns fast zärtlich an ihn, die übrige Zeit froren wir erbärmlich. Um fünf Uhr früh sprang die Türe auf. Es ging zum Waschen, wenn man das so nennen kann. Das grelle Licht im Gang blendete nach den langen Stunden der Finsternis so stark, daß wir uns fast blind vortasten mußten. Immer nur die Insassen einer Zelle wurden gleichzeitig in einen eiskalten Waschraum gejagt – mit einer schmalen Zinkblechrinne, wie bei einem primitiven Pissoir, darüber Hähne, aus denen eiskaltes Wasser rann, daneben ein einziges Rollhandtuch, immer naß, weil es von allen benutzt wurde. Gründliches Waschen war unmöglich, denn schon nach zwei Minuten trieben sie uns in die Zelle zurück. Nun saßen wir zwei Stunden im Finstern, bis durch die Eisenklappe eine Blechschale mit schwarzem Wasser, das Kaffee sein sollte, hereingeschoben wurde. Dazu ein Stück Brot. Im Kaffee war Brom, vor allem zur Beruhigung sexueller Wünsche. Mittags und abends kam eine Menageschale, gefüllt mit einem Mehlpapp mit Kraut und Wruken, einer Art Rüben, die man normalerweise als Schweinefutter verwendet. Sonntags gab's immer Suppe mit kleingestückeltem Rindfleisch. Diese große Delikatesse gab es aber nur noch 1941. Viele warfen das eklige Essen sofort ins Klosett. Es gab auch Politische, die wochenlang nichts gegessen haben, einfach weil sie es nicht hinunterwürgen konnten, manche auch aus Protest. Sie schädigten damit nur ihr Nervensystem und belasteten ihre Zellengenossinnen. Sehr bald sagte ich mir: »Wenn ich bei der Verhandlung mit dem Leben davonkomme, dann dauert das Gefängnisleben für mich sehr lange. Länger als zwei Jahre halte ich so ein Leben körperlich nicht aus. Um aber durchzuhalten, muß ich alles einigermaßen Eßbare, das durch die Klappe hereinkommt, durch den Schlund pressen.« Die ersten drei Tage habe ich alles erbrochen, doch hörte ich nicht auf, selbst das Ekligste hinunterzuwürgen – manchmal mit solcher Anstrengung, daß mir das Wasser in die Augen trat. Später habe ich mich an die Verköstigung gewöhnt.

Das gußeiserne Klosett in der Zellenecke konnten wir nie reinigen, weil wir weder Gerät noch Putzmittel hatten. In der »Liesl« durften wir nicht spazierengehen. So kam ich drei Monate lang nicht an die frische Luft. Zu den Verhören brachte man mich im Gefangenenwagen. Nur einmal durfte ich zu Fuß unter strengster Bewachung zum Morzinplatz gehen. An Verwandtenbesuch war nicht zu denken. Die Leibwäsche konnte man einmal wöchentlich abgeben, damit sie von den Verwandten abgeholt und gewaschen werden konnte. Die Angehörigen durften dann zur gewaschenen Wäsche jeden Samstag Brot und ein Stück Obst geben. Beides bekam man zerschnitten ausgefolgt. Lebensmittelpakete zu senden war streng verboten. Die Politischen mußten dieses Dasein wochenlang, auch monatelang erdulden. Ich kannte eine ausländische Kommunistin, die keine Angehörigen in Wien hatte. Sie mußte monatelang dieselbe ungewaschene Wäsche tragen.

Ich hatte einmal in Oscar Wildes Gefängniserinnerungen gelesen, wie er, einsam in der Zelle sitzend, eine kleine Spinne entdeckte. Diese Spinne war eine Zeitlang der einzige Gefährte, mit dem er sprach, dem er sein Herz ausschüttete. Der Aufseher entdeckte nach einiger Zeit die Spinne und zerquetschte sie. Was für Oscar Wilde die Spinne, das war für mich ein winziges Kügelchen aus Kalk. Die Vorgängerinnen in meiner Zelle hatten es in langer mühevoller Arbeit aus abgekratztem Wandputz mit irgendeinem Bindemittel geformt. Dieser Fund war ein wunderbarer Schatz. Ich konnte damit auf den dunklen Brettern der Rückseite des Wandgestells Notizen machen, die ich leicht mit der bloßen Hand wieder löschen konnte. So legte ich mir einen Kalender an, damit ich wengistens Wochentag und Datum wußte. Ich machte mir sogar Notizen über vorherige und künftige Aussagen, lernte sie auswendig und löschte sie wieder. Dieses »Glück« dauerte drei Wochen. Es war die Zeit, in der ich die meisten Verhöre hatte und auch die meisten Notizen benötigte. Bei einer Zellendurchsuchung fand eine Aufseherin das winzige weiße Ding und nahm es mit. Ich blieb stumm, und nichts verriet, welcher Schlag das für mich war. Nur die Erzählung von Oscar Wilde fiel mir dabei ein.

Es gab nur zwei Frauen, mit denen ich, wie es in der Polizeisprache heißt, »kompliziert« war, das heißt, mit denen ich zusammengearbeitet hatte. »Wera« und Lotte Finger, meine Anlaufstelle in Wien. So schnell wie möglich mußte ich feststellen, ob auch sie verhaftet waren, um mich mit ihnen über Aussagen zu verständigen. »Wera« sah ich schon am Morgen nach der Verhaftung von weitem in der »Liesl«, als ich zum Morzinplatz geführt wurde. Sie war leichenblaß. Etwa ein Jahr vor mir war sie aus Istanbul nach Österreich gekommen, um im Widerstand zu arbeiten. »Wera« sollte mich noch vor meiner Rückfahrt nach Istanbul am 22. Januar in Wien besuchen. Als sie in meine Wohnung kam, öffnete ihr ein Gestapomann die Türe. In der Wohnung ging es drunter und drüber, es war gerade Haussuchung, und meine Schwester saß weinend in eine Zimmerecke verbannt. Und nun war auch »Wera« in der »Liesl«. Wie aber einen Weg zu ihr finden?

Sofort nachdem ich vom ersten Verhör am Morzinplatz in die Zelle zurückgekommen war, untersuchte ich alles: Wände, Boden, Einrichtung. In der braunen Zellentür gab es ein Löchlein, verstopft mit braunem Papier. Das war von den Vorgängerinnen gebohrt worden und unbemerkt geblieben. Durch dieses Löchlein konnte ich in unbewachten Augenblicken sehen, wer in den gegenüberliegenden Waschraum geführt wurde. »Wera« war dabei, Lotte Finger nicht. Jeden Tag spähte ich ängstlich durch das Löchlein, und jeden Tag war ich glücklich, daß ich Lotte Finger, die Mutter des kleinen Kindes, nicht sah.

»Wera« mußte täglich an meiner Zellentür vorbeigehen. Es war nicht schwer, nach dem Klappen der Türen festzustellen, daß sie drei Zellen von mir entfernt untergebracht war. So konnte ich genau berechnen, wann sie an meiner Türe vorbeikommen mußte. Dann rief ich durch das Loch meine Aussagen hinaus, so leise, daß es niemand anderer hörte, und doch so laut, daß sie es, wie ich hoffte, vernehmen konnte. »Wera« war mit Arbeit im Ausland belastet und hatte außerdem ein dreiviertel Jahr sehr aktiv gefährliche Widerstandsarbeit in Österreich geleistet. Dauernd wurde sie zu Gestapoverhören abgeholt. Ein einziges Mal verlor sie die Nerven und schrie im Gang entsetzlich. Ich erkannte ihre Stimme und konnte nichts tun. Es war schauderhaft. Sie wußte sicherlich viel über die ganze Organisation, hat aber niemanden auch nur im geringsten belastet.

Eine meiner Zellengenossinnen war freigelassen worden, und ich blieb wieder einmal allein. Vor dem Alleinsein hatte ich damals große Angst. Ich horchte gespannt an der Türe. Bald hörte ich von weitem Weinen, das lauter und lauter wurde und immer näher kam. Die Tür ging auf, und herein kam eine dicke, herzzerbrechend schluchzende Frau. Mit aller Freundlichkeit, die ich aufbieten konnte, begrüßte ich sie und nahm ihr den Mantel ab. Schließlich konnte sie wieder sprechen. Ihre ersten Worte waren: »San S' a a G'schäftsfrau?« Zum erstenmal seit meiner Verhaftung huschte über mein starr gewordenes Gesicht ein Lächeln.

Alle politischen Gefangenen bekamen mit der Zeit eine Starrheit des Blicks. Je mehr Verhöre, je länger die Haft, desto auffallender war dieses Einfrieren des Mienenspiels. Dieser Verlust der Lebhaftigkeit des menschlichen Blicks verlor sich in der Freiheit sehr rasch. Die gutmütige Frau Voitl, Großhändlerin vom Naschmarkt, erzählte ihre Geschichte. Als Frau eines »Schwarzen« und Nazigegners war sie am Markt dem Haß der Nazis ausgesetzt, obwohl ihr Mann längst tot war. Sie hatte ein Kistchen Obst nach Hause mitgenommen und die Früchte an Kinder verteilt, die damals kein Obst bekommen konnten: ein Verbrechen. Außerdem hatte sie einem Kunden Zwiebeln nur unter der Bedingung verkaufen wollen, daß er auch etwas anderes nähme: noch ein Verbrechen. Ein Nachbar auf dem Markt erstattete Anzeige, und Frau Voitl mußte sitzen. Als ich ihr sagte, ich sei schon drei Wochen hier, schlug sie die Hände über dem Kopf zusammen. Wie könne man das nur so lange aushalten? Sie war ein rührender, mitfühlender Mensch und mit Leib und Seele Naschmarktfrau. Sie zitterte, wenn ich zum Verhör aufgerufen wurde, und atmete auf, sobald ich zurückkam. Ihre Anwesenheit hat mir in diesen ersten Wochen sehr geholfen. Aus Brot machten wir uns Spielsteine und spielten Dame auf dem in den Tisch eingeritzten Netz. Wir rissen aus dem »Völkischen Beobachter«, den sie kaufen durfte, Zeichen und Buchstaben aus und klebten sie mit Mehlpapp aus dem Essen auf Karton. Das gab Spielkarten. Später wurden sie bei einer Zellendurchsuchung im Strohsack gefunden und uns weggenommen. Frau Voitl hatte nur einen Fehler: Sie schnarchte entsetzlich. Sie wußte das und meinte gutmütig, ich solle sie nur immer wecken, wenn sie mich störe. Einige Nächte hielt ich ohne Wecken durch. Schweren Herzens entschloß ich mich schließlich doch, sie zu wecken. Sie drehte sich um und schnarchte weiter. Nach drei Wochen wurde Frau Voitl freigelassen. Für mich war es die erste Möglichkeit, Nachricht über Verhaftungen und Verfahren hinauszuschmuggeln. Frau Voitl machte mit. Auf irgendeine Weise verschaffte ich mir Bleistiftmine und ein Stück dünnen, weißen, weichen Stoff, vermerkte darauf alles Wichtige und versteckte diesen »Brief« im Saum von Frau Voitls Mantel. Zum Zeichen, daß alles mit diesem Kassiber geklappt hatte, sollte sie meiner Schwester einen großen, schönen Apfel für mich geben, der mir zusammen mit der Wäsche am nächsten Wochenende gebracht werden konnte. Um 11 Uhr vormittags öffnete sich die Türe.

Die Aufseherin rief: »Voitl, kommen S' aussa, Sie gengan frei.« Die gute Frau Voitl fing bitterlich zu weinen an. Die Aufseherin: »Warum weinen S' denn? Sie gengan doch frei!« – »Aber die arme Frau Schütte muß noch dableiben«, war die mich rührende Anwort. Kaum zehn Minuten waren vergangen, da knarrte wieder das Schloß: »Schütte, kommen S' aussa!« Mir stand das Herz still. Wie ein Blitz schoß es durch meinen Kopf: Sie haben den Kassiber gefunden! Aber ich sollte nur zum Verhör durch einen Gestapomann, der vergeblich von mir Auskunft über »Bobby« in Zagreb haben wollte.

Mit der Wäsche kam am nächsten Samstag ein Riesenapfel in meine Zelle, so gut und so schön, wie ihn meine Verwandten sicher schon lange nicht mehr gesehen hatten. Nach dem Kriege habe ich Frau Voitl auf dem Markt besucht. Von vier Uhr früh bis nachmittags saß sie täglich in ihrem Stand.

Nach vielen Zu- und Abgängen kam erstaunlicherweise die Genossin Halama in meine Zelle. Es war wie eine Erlösung. Sie war die Frau eines Wiener Straßenbahners. Bei den Straßenbahnern hatte die KPÖ gut organisierte Widerstandsgruppen. Einen Tag vor ihr wurde ihr Mann verhaftet. In der Früh ging sie, noch im Schlafrock, in ein Milchgeschäft und wurde »von der Straße weg« verhaftet. Frierend mußte sie in dieser Kleidung in der »Liesl« Wochen verbringen. In der Wohnung zurück blieben eine sechzehnjährige Stieftochter, die vormittags als Lehrmädchen arbeitete, und zwei Kinder, das jüngere war erst knapp zwei Jahre alt. Wie sollte die Sechzehnjährige, selbst noch ein halbes Kind, Geld verdienen und für zwei kleine Kinder sorgen? Stundenlang rief die Genossin nach ihren unversorgten Kindern, nachts schrie sie im Schlaf.

Beate Halama erzählte mir, auf dem Strohsack am Fußboden liegend, ihr Leben. Sie war Tschechin und früher Köchin in Prag gewesen. Ihr Bräutigam, den sie leidenschaftlich liebte, starb kurz vor der Hochzeit. An seinem Totenbett versprach sie, seinen verwitweten Bruder zu heiraten, um für dessen Kinder zu sorgen. Sie fuhr nach Wien, wo sie am Bahnhof mit Herzklopfen Ausschau hielt nach dem Manne, den sie heiraten sollte. Noch nie in ihrem Leben hatte sie ihn gesehen, aber sie hielt ihr Versprechen mit Aufopferung und Gewissenhaftigkeit. Mir war das schwer verständlich, und trotzdem imponierte mir diese Charakterstärke.

Wir sprachen fast nur von den Kindern und was mit ihnen geschehen würde. Beate Halama war damals eine große, kräftige Frau. Monate später traf ich sie in einem anderen Gefängnis wieder, dünn und durchsichtig. Die Halamas kamen mit dem Leben davon. In der Zelle half sie mir, mit ihren Sorgen die meinen wenigstens tagsüber zu vergessen. Diese Wohltat währte nicht lange. Einige Tage nach Beate Halamas Einlieferung ging die Türe plötzlich auf: »Schütte, packen S' Ihnare Sachen und kommen S' aussa!« Mit allen Sachen? Abtransport? Wohin? Als Gestapohäftling? Alle Schrecken von Verhören, Prügeln, Folterungen und Hinrichtung rasen in solchen Momenten durchs Hirn, alles Blut schießt aus dem Kopf, das Herz stockt.

Ich kam in eine sehr große Zelle, die bereits mit 14 Gefangenen belegt war. Alle waren Politische, alle Kommunistinnen. Freundlich eilten sie auf mich zu und nahmen mir meine Sachen ab. Eine Welle von Sympathie und Kameradschaft schlug mir entgegen. Minutenlang konnte ich kein Wort herausbringen – ich muß wohl einen elenden, verstörten Eindruck gemacht haben. Alle waren schon seit Monaten eingesperrt, aber durchweg leichtere Fälle. Wir saßen gemütlich um einen großen Tisch herum. Sie trösteten mich – ich könne unmöglich ein so schwerer Fall sein, wenn ich in eine Gemeinschaftszelle käme. Welche Wärme, welche Fürsorge und auch welche Zuversicht umgab mich plötzlich! Hier war sie wieder, die Solidarität, das große positive Erlebnis jener Jahre. Ich saß nicht einmal eine halbe Stunde dort, als die Türe aufflog. Wieder: »Schütte, nehmen S' Ihnare Sachen und kommen S' aussa.« An allen Gliedern zitternd, brachte man mich zurück in meine vorherige Zelle – sie war leer, Beate Halama weg. Daß ich in die Gemeinschaftszelle kam, war ein Irrtum, und auch, daß ich vorher die Zelle mit einer Politischen geteilt hatte. Wieder einmal saß ich allein. Es war die Zeit der schärfsten Gestapoverhöre. Damals erfuhr ich erst, daß ich nicht mit einer Politischen in einer Zelle sein durfte, und es begann wieder das Leben mit Diebinnen, Süchtigen, Prostituierten.

Eines Tages überreichte mir eine Aufseherin einen scharlachroten Zettel: den Haftbefehl, unterzeichnet vom obersten Chef der Gestapo, Heydrich. Alles mußte geregelt vor sich gehen, und jeder, den der Tod erwartete, mußte eine schriftliche Bestätigung darüber haben. Heydrich wurde am 26. Mai 1942 Reichsprotektor für die Tschechei. In Prag töteten ihn tschechische Patrioten durch ein Attentat. Nach fast drei Monaten kam ich schließlich für kurze Zeit in eine andere Zelle zu zwei Gefangenen. Die ältere, Inhaberin eines Pelzgeschäfts, saß wegen irgendwelcher tatsächlicher oder angeblicher Schiebereien. Im Gefängnis war sie ein guter Kamerad, haßerfüllt gegen die Nazis. Die zweite Gefangene, eine junge intelligente Studentin, trug ihre plötzliche Verhaftung voll Kraft und Energie. Mit einem ungarischen Offizier verlobt, kam sie von einem Besuch aus Budapest nach Wien. Bei der Ankunft wurden beide sofort festgenommen. Ihr Bräutigam wäre angeblich ein Spion und sie selbst in diese Sache verwickelt. Sie beteuerte, sie hätte absolut nichts mit Spionage zu tun. Mit ihrem starken Willen, die Gefängniszeit gut zu überstehen, hat mir diese Studentin manches, vor allem das Essen, erleichtert. So wie ich mich zwang auch sie sich selbst, das Schlimmste hinunterzuwürgen. Das Verhalten in der Zelle wirkt bei dem eng gedrängten und ständigen Beisammensein ansteckend, im Positiven wie Negativen.

»Schütte, packen S' Ihnare Sachen und kommen S' aussa«, hieß es wieder am 22. April 1941, auf den Tag genau drei Monate nach meiner Einlieferung in die »Liesl«.

Der »Grüne Heinrich« stand bereit. Der Transport im Gefangenenwagen war immer ein großes Ereignis. Stehend konnte man durch das vergitterte Fenster die Straßen von Wien sehen, konnte Menschen in Freiheit beobachten, wie sie sich kleideten, wie sie sich bewegten und gingen, konnte Häuser, Automobile, die ganze Atmosphäre der Stadt empfinden und sie wenigstens während kurzer Zeit in sich aufnehmen.

Als ich einstieg, waren schon fünf Frauen im Wagen – unter ihnen »Wera«. Wir hatten keine Ahnung, wohin man uns brachte. Wir sechs, alle Kommunistinnen, sollten jahrelang Leidensgenossinnen werden. Es waren Hella Puschmann, die Frau Erwin Puschmanns, Anni Haider, mit der ich zusammen später bei der Verhandlung vor dem Berliner Volksgericht stehen sollte, Risa Srch und Marie Tomaschek, deren Männer unter dem Beil sterben sollten. Ich zwängte mich neben »Wera«, und wir besprachen leise und rasch das Wichtigste über Aussagen. Der Wachbeamte Steiner hörte absichtlich weg! »Weras« und meine Aussagen über Istanbul, die dortigen Mitarbeiter und über uns selbst deckten sich. Was über »Bobby« zu sagen wäre, falls er verhaftet würde, vereinbarten wir bei dieser Gelegenheit. Unsere Fahrt dauerte nur Minuten, doch war, als wir ankamen, alles Wichtige besprochen.

Das große Gebäude des Wiener Landesgerichts war überfüllt. Deshalb kamen wir in ein Bezirksgefängnis im zweiten Wiener Gemeindebezirk, in der Schiffamtsgasse, nahe dem Donaukanal. Dort begann eine völlig andere Art der Gefangenschaft. Wir kamen in Einzelhaft in das vierte, oberste Stockwerk des Hauses zu neun Kommunistinnen. 15 Genossinnen in Einzelzellen belegten nun das ganze Geschoß, das zwischen Stiegenhaus und den zu den Zellen führenden Gängen noch durch ein Extragitter abgesichert war. Hier saßen die »Schweren«, die man von den anderen vollkommen abgetrennt haben wollte.

Eineinhalb Jahre im Bezirksgefängnis Schiffamtsgasse in Wien

Was soll ich nun mein Leben rechten?

... Ich wußt, wozu ich es verwende,
Bedachte, was mein Glaube wiegt,
Und wenn ich's auf der Richtstatt ende,
Ich hab am Ende doch gesiegt!

Richard Zach
Österreichischer Dichter, hingerichtet im Jänner 1943

Aus einem aus dem Gefängnis herausgeschmuggelten Gedicht

Eineinhalb Jahre meines Lebens sollte ich nun zwischen den vier Wänden dieser Zelle verbringen. Nach all dem inneren und äußeren Wirbel der letzten Monate war ich plötzlich allein. Ich hörte das leise Schnappen der Zellenschlösser der fünf anderen »Neuen« und das Rasseln der Schlüssel der Aufseherin. Dann wurde es still. Im ersten Moment schien es grauenhaft. Aber: Die Verwaltung denkt, und der Häftling lenkt! Der eingesperrte Mensch ist immer schlauer als der, der ihn einsperrt. Und das ist natürlich. Der Häftling hat unendlich viel Zeit, darüber nachzudenken, wie er sein unmenschliches Dasein menschlicher machen kann. Er wird immer der phantasievollere, der einfallsreichere sein, verglichen mit dem vollziehenden Beamten. Beim Eingesperrten geht es um sein ganzes, sein ureigenes Dasein, beim Einsperrer nur um die Erfüllung von Vorschriften, nicht um ihn selbst. Deshalb ist er trotz seiner Macht im täglichen Gefängnisleben immer der Unterlegene. Der Häftling aber fühlt sich als der Überlegene. Bald hörte ich leise rufen: »Hallo, Neue, komm zum Fenster!« Ich sprang auf die Bettstatt, aber das reichte nicht zum Hinaussehen. »Du mußt das Brettl zum Bodenreiben auf den Strohsack stellen«, hörte ich. Jetzt konnte ich, die Nasenspitze ein Stück über dem Fensterbrett, ins

Freie sehen. Das Gefängnis war ums Eck gebaut. Ich befand mich in der zweiten Zelle des kürzeren Flügels mit sechs Zellen. Im rechten Winkel zu diesem Bauteil stand der andere Flügel mit neun Zellen, an dessen zweitem Fenster hinter dem Gitter ein blonder Kopf zu sehen war, nicht weiter als fünf Meter von mir entfernt. »Wie viele seid ihr? Wo kommt ihr her? Alles Politische? Alle KP?« hörte ich. »Ja, alle KP.« – »Ich auch«, sagte die Blonde. »Komm nach vier Uhr ans Fenster, dann sind die Aufseher weg, jetzt ist's zu gefährlich. Dann zeig ich dir die Stummerlsprache, damit man uns nicht reden hört.« Das war Mia Meyer. Kaum war ich vom Fenster gesprungen, rief es leise von der Tür her: »Brauchst was?« Das war Betty Wenz, eine unserer ganz Jungen, die als sogenannte »Fazi« am Gang arbeiten durfte. Kurze Zeit danach ging die Essenklappe auf. Hereingereicht wurde die Menageschale mit Essen. Gleichzeitig flog, sorgsam in Papier eingewickelt, eine Nadel mit Nähfaden herein. Dann: »Nimm schnell«, und eine Hand schob eine Flasche Lebertran durch die Klappe. Das war echt Betty. Schleierhaft, wo sie das so rasch aufgetrieben hatte. Mir wurde warm ums Herz.

Trotz acht Monaten Einzelhaft in der Schiffamtsgasse fühlte ich mich von diesem Augenblick an niemals mehr allein oder vereinsamt.

Ein tiefes Gemeinschaftsgefühl verband uns Politische. Aber es gab in den Gefängnissen ein natürliches Zusammengehörigkeitsgefühl, auch mit den anderen Häftlingen und vor allem mit jenen, die mit den Nazigesetzen in Konflikt geraten waren: Hörerinnen ausländischer Radiostationen oder Menschen, die durch die Wirtschaftsgesetze des Dritten Reiches in die Netze der Justiz geraten waren, oder »Franzosenliebchen«, meist Frauen vom Land, deren Männer eingerückt waren. Auf die Bauernhöfe kamen französische Gefangene zur Arbeit und lebten mit den Frauen zusammen. Oft wurden sie von mißgünstigen Nachbarn oder eifrigen Nazis angezeigt. Für einmaligen zugegebenen Geschlechtsverkehr erhielten die Frauen ein Jahr Zuchthaus! Unter dem Druck der Gestapo und nichtsahnend, was sie erwartete, gaben die Frauen fast immer ihre Schuld zu, während die französischen Soldaten hartnäckig leugneten. Damit halfen sie sich selbst und den Frauen, die ihre Freunde oft schwer hineinrissen. Bei widersprüchlichen Aussagen wurden die Frauen den Männern gegenübergestellt. Die Männer leugneten weiter, und die Frauen verzweifelten, daß sie ihren Jules, Jean oder Michel verraten hatten. Alle diese Frauen liebten ihren Freund heiß, alle waren überzeugt, daß sie nach dem Kriege als Ehefrauen in Frankreich glücklich leben würden.

Wir halfen uns gegenseitig, wo wir nur konnten, aber Helfen ohne Kommunikation, ohne Verbindung durch Wort und Schrift kann es nicht geben. Von der Erfindungsgabe der Gefangenen auf diesem Gebiet kann sich ein »Außenstehender« kaum eine Vorstellung machen. Verständigung untereinander und Informationen über die politische und militärische Lage waren für uns wichtiger als ein Stück Brot. Die Gefangenen erfanden nicht weniger als sieben Verbindungsmöglichkeiten, sechs für die Gefangenen untereinander und eine nach außen.

Zuerst einmal das gesprochene Wort. Das wurde in der Schiffamtsgasse erleichtert durch den Bau ums Eck. Ich konnte mit den Insassinnen der am nächsten gelegenen vier Zellen direkt sprechen und ihre Köpfe hinter den Gittern erkennen. Auch mit den Nebenzellen konnte man sich per Ruf durchs Fenster verständlich machen. Zu meiner Linken saßen nacheinander zuerst Bisa Srch (erhielt 15 Jahre Zuchthaus), dann Hedy Urach (hingerichtet), zu meiner Rechten erst Antonie Mück (hingerichtet), nach ihr Gretl Jost (hingerichtet). Mit den Entfernteren verständigte man sich mittels der Taubstummensprache, der »Stummerlsprache«, die wir alle meisterhaft beherrschten. Wir hatten Decknamen. So konnte die Verwaltung, falls jemand mithörte, nur schwer herausbekommen, wer wen rief oder wer mit wem sprach. Nach 16 Uhr hatte im Haus nur noch ein Aufseher, in der Gefängnissprache »Wastl« genannt, Dienst. Er kam selten in den vierten Stock. Mit leisen Schritten, in Filzschuhen, schlich er dann in den Gängen herum, um durch den »Spion« in die Zellen zu blicken. Es gab einen außerordentlich bösartigen Aufseher, der den Spitznamen »Dreizehner« hatte. Er hatte nur jeden vierten Tag Dienst. An allen anderen Tagen konnte man oft von vier Uhr nachmittags bis in die Nacht hinein mit den anderen Gefangenen sprechen. Einmal kam für einige Tage eine Gefangene mit herrlicher Stimme in den vierten Stock. Es waren gerade wunderschöne Mondnächte. Alle standen auf Bett und Brettl und genossen den Gesang,

Ein gut ausgebautes Warnsystem war organisiert. Diejenigen, die ihre Zellen in der Nähe des Stiegengitters hatten, machten abwechselnd »Dienst«. Sie hörten, wenn der Aufseher das Gitter zwischen Stiegenhaus und Gang, wenn auch noch so leise, aufsperrte, und gaben durch bestimmte Klopfzeichen Alarm in die Nebenzelle. Von dort wurde dieser weitergegeben in die nächste Zelle und so fort. Das ging blitzschnell, wir sprangen sofort von Brettl und Bett hinunter und konnten beim Sprechen kaum erwischt werden. Manches Mal rief die Aufpasserin nur die Ziffer »Dreizehn« durchs Gitterfenster, und alle waren gewarnt.

Oft streckten wir die Hände durchs Fenstergitter und verständigten uns mittels der Stummerlsprache. Auf diese Weise teilten wir uns alles Wichtige mit, Aussagen bei Verhören, aber auch viele persönliche Dinge. Ganze Vorträge haben wir in der Stummerlsprache gehalten, Nachrichten weitergegeben und diskutiert. Einmal habe ich einen Vortrag über die Türkei in der Stummerlsprache gehalten. Auch unser Verhalten vor Gericht wurde beraten und gemeinsam beschlossen. »Wera«, die weit von mir entfernt war, hatte sich irgendwie weiße Handschuhe beschafft, damit ich ihre Fingerbewegungen besser lesen konnte. Einmal in der Woche konnten wir uns den »Völkischen Beobachter« kaufen. Wenn man die »Wehrmachtsberichte« richtig zu lesen verstand, konnte man sich ein Bild über die militärische Lage machen, die wir analysierten und mittels Stummerlsprache diskutierten.

Dann gab's das Klopfen, das typische, unheimliche Geräusch in allen Haftanstalten. Man klopfte mit den Fingern an die Wand zu den beiden Nebenzellen oder mit dem Besenstiel auf den Fußboden in die untere Zelle. Beim Klopfen an die Wand gab es drei verschiedene Systeme. Erstens Morsezeichen – das war umständlich. Dann für jeden Buchstaben die Ziffer, die er im Alphabet einnimmt, durchzuklopfen – das war zeitraubend. Das Beste war, sich zuerst in den Wandputz der Zelle ein Quadrat mit vier horizontalen und vier vertikalen Teilungslinien einzuritzen. In die so entstandenen fünfundzwanzig kleineren Quadrate schrieb man die Buchstaben, in der Reihenfolge des Alphabets. Man klopfte zuerst die Zahl der Reihe und dann die Zahl des Quadrats in dieser Reihe, das den gewünschten Buchstaben enthielt. Das ging sehr rasch und funktionierte ausgezeichnet.

Eine weitere Verständigungsart bildete das »Gsiberl«, ein beschriebenes Stück Papier oder heller Stoff. Papier mußte irgendwie beschafft werden, Stoffreste hatten wir in der Zelle, weil wir sie zur Herstellung von Fleckerlteppichen zerschneiden und aneinandernähen mußten.

Beim Arzt, beim Spaziergang, im Bad, durch »Schnürln« und vor allem aber durch die »Fazi« gaben wir die »Gsiberln« weiter.

Schwieriger war es mit der Beschaffung von Bleistiften. Aber in den zwei Stockwerken mit Frauenzellen hatte immer eine Gefangene Schreibarbeiten durchzuführen, nämlich die Verrechnung der »Ausspeisung«, die man sich als Untersuchungshäftling einmal wöchentlich für zwei Mark kaufen durfte: die Zeitung, einen Gabelbissen, Sauerkraut oder ähnliches. Eine Zeitlang war ich diese Schreibkraft. Ich wurde einmal in der Woche aus der Zelle herausgelassen, nahm die Bestellung für die »Ausspeisung« bei den Mitgefangenen auf, kassierte das Geld und führte darüber Buch. Für die zwei Stunden wöchentliche Arbeit brauchte ich natürlich einen Bleistift und auch ein Messer, um ihn zu spitzen. Ich entfernte das Holz von der Mine, teilte diese in ganz kleine Stückchen und warf sie beim Aufnehmen der »Aufträge« rasch in die Zellen. Man mußte sie gut verstecken wegen der häufigen Zellendurchsuchungen. Dabei wurden auch die Strohsäcke geöffnet. Ein gutes Versteck war das Brot. Wie oft habe ich mit meinem Brot ein Stück Mine aufgegessen!

Das »Schnürln« bot ungeahnte Möglichkeiten. In meinem Bauflügel gab es zwei Stockwerke für Männer, zwei für Frauen. In jedem Stockwerk lagen sechs Zellen nebeneinander, also 24 Fenster an einer Fassade. Durch das »Schnürln« konnten diese 24 Zellen miteinander in Verbindung treten. Erst erfolgte eine Benachrichtigung durch Klopfzeichen, dann ließ man das an das »Schnürl« angebundene und beschwerte »Gsiberl« in die unteren Stockwerke hinunter oder, warf es in die Nebenzelle, von wo es zur Seite oder nach unten weiterbefördert wurde. Die Empfängerin fing das hinübergeworfene »Gsiberl« mit dem Stil des kleinen Kehrbesens, den jede Zelle hatte, auf.

Besondere Bedeutung hatte das »Schnürln« für die Gefangenen, die im Keller saßen. Wurde man bei irgendeinem »Vergehen« erwischt, ganz besonders, wenn der »Dreizehner« Dienst hatte, dann wurde man mit Arrest bestraft – tagelang oder auch wochenlang lag man dann ohne Strohsack auf dem Holzboden bei Wasser und Brot. Die Arrestzellen lagen im Keller und hatten vergitterte Lichtluken. Mittels »Schnürln« konnte man den Arrestanten etwas zum Essen hinunterlassen. Abwechselnd gab jede Zelle etwas von ihrem Essen her, hauptsächlich Brot oder Käse.

Das war so gut organisiert, daß jeder Gefangene im Arrest täglich zusätzliche Nahrung erhielt. Das verhinderte bei den ohnedies schon unterernährten Häftlingen Herzschwächen. Poldi Morawetz saß seinerzeit volle zwei Wochen in der Schiffamtsgasse in der »Kuri« – das war der Spitzname unter den Gefangenen für Korrektion, wie der Arrest dort hieß – und bekam jeden Tag eine volle Menageschale hinunter»geschnürlt«.

Natürlich gab es beim »Schnürln« auch Pannen. Hedy Urach, die über ein Jahr lang in der Zelle neben mir saß, verständigte mich eines Tages sehr beunruhigt mittels Klopfzeichen. Ein »Schnürl« war gerissen, ein »Gsiberl« mit Nachrichten und Aussagen bei der Gestapo war von ihrer Zelle aus in den Hof gefallen. Was tun? Es war am hellen Vormittag. Wir wußten, daß Kriminelle den Hof kehrten. Über die »Fazi« fand sich rasch ein Weg zu ihnen. Unter irgendeinem Vorwand konnten sie früher als sonst in den Hof gelangen, und schon beim Austeilen des Mittagessens flog das »Gsiberl« in die Zelle, für die es bestimmt war. Das ist ein Beispiel von vielen, wie Kriminelle und Politische zusammenhielten und wie Kriminelle auch riskante Dinge, mit denen sie sich selbst in Gefahr brachten, auf sich nahmen, um uns Politischen zu helfen.

Eines der wichtigsten Verbindungsmittel in der Schiffamtsgasse war das Klosettrohr, ganz besonders für uns in Einzelhaft. Acht Zellen, auf vier Stockwerke verteilt, waren an ein Rohr angeschlossen. Wenn man das Wasser aus dem Syphon entfernte und den Kopf in die Muschel steckte, konnte man hören, was jemand in einer der anderen Zellen in das Rohr sprach. Bei unserem Strang waren 20 Gefangene auf diese Weise miteinander verbunden, teils Männer aus den unteren zwei, teils Frauen aus den oberen zwei Stockwerken. Viele von ihnen haben sich nie zu Gesicht bekommen, doch teilten wir oft ein Jahr hindurch Freud und Leid. Wir besprachen jeden Brief von zu Hause, jedes kleinste Erlebnis. Was ahnte schon jener »Dreizehner« von dem, was uns bewegte, wenn er schrie: »Was steckts denn schon wieder den Kopf in das stinkerte Häusl?« und der Ertappten eine Woche Arrest im Keller zudiktierte. Über den Klosettstrang feierten wir auch den Ersten Mai 1942, zwölf Männer und acht Frauen, alle Kommunisten. Hintereinander wurde an jedem Strang eine Maifeier abgehalten. Hintereinander, damit immer genügend Wachposten warnen konnten, wenn Gefahr drohte. Wir standen kurz vor den Verhandlungen, und fast alle von uns im vierten Stock mußten an jenem Ersten Mai damit rechnen, daß es ihr letzter wäre. Wir eröffneten die Feier mit einem Gedicht, Hedy Urach hielt eine ermutigende Festansprache. Ich selbst hielt eine kurze Rede über die Stellung der Frau in der Sowjetunion. Zum Schluß sangen wir alle die Internationale. Nur im Gefängnis konnte in Österreich am Ersten Mai 1942 noch die Internationale gesungen werden. Eine unvergeßliche Feier.

Dann hatten wir in der Schiffamtsgasse noch eine illegale Verbindung mit der Außenwelt, »die Liebe«. Dieser Weg ging über die Wäschepakete zu den Verwandten. Als Untersuchungsgefangene trugen wir noch eigene Kleidung. Jede Woche konnten wir Wäsche an die Angehörigen schicken. Die »Fazi«, unsere Genossinnen, holten die Pakete aus den Zellen und lieferten sie in einer Sammelstelle ab, wo sie kontrolliert wurden. Nach der Kontrolle kamen sie in Säcke. Diese trugen die »Fazi« in die Verwaltung. Hier hatte aber das Kontrollsystem eine Lücke, denn die »Fazi« konnten nach der Kontrolle noch rasch »Gsiberl« in die Wäsche tun, ja sogar auf weichen Stoff geschriebene »Gsiberln« in Blusenmanschetten einnähen. Durch »die Liebe« konnten manche Genossen draußen gewarnt werden und noch rechtzeitig untertauchen. Auch zu meiner eigenen Lebensrettung trug später ein solches in die Manschette eingenähtes »Gsiberl« wesentlich bei.

Viele werden fragen: Wie kann man in Einzelhaft, hinter Gittern und scharf beobachtet, Lieder, und seien sie von der herrlichsten Stimme gesungen, genießen? Ja, das kann man, und zwar nicht nur die eine oder andere Gefangene, sondern alle. Immer wieder ist ein gesellschaftliches Leben entstanden, obwohl so viele dieser Häftlinge den Tod vor Augen hatten, den eigenen oder den Tod jener, die sie am meisten liebten. Das Leben geht weiter, solange es vorhanden ist, weiter mit Liebe und Haß, mit Freuden und Leiden. Die Vorstellung, Menschen hinter Kerkermauern seien begraben, traf für uns in der Schiffamtsgasse keineswegs zu. Trotz aller Schärfe der Haft, trotz aller Kontrollen, trotz ständiger Todesdrohung haben wir die Zeit in diesem Gefängnis – für viele war es weit über ein Jahr – mit regem Geist und starken Empfindungen erlebt.

Das dankten wir den sieben Arten der Verständigung. Jede von uns »Neuen« war in eine der Einzelzellen gekommen und hatte einige Wo-

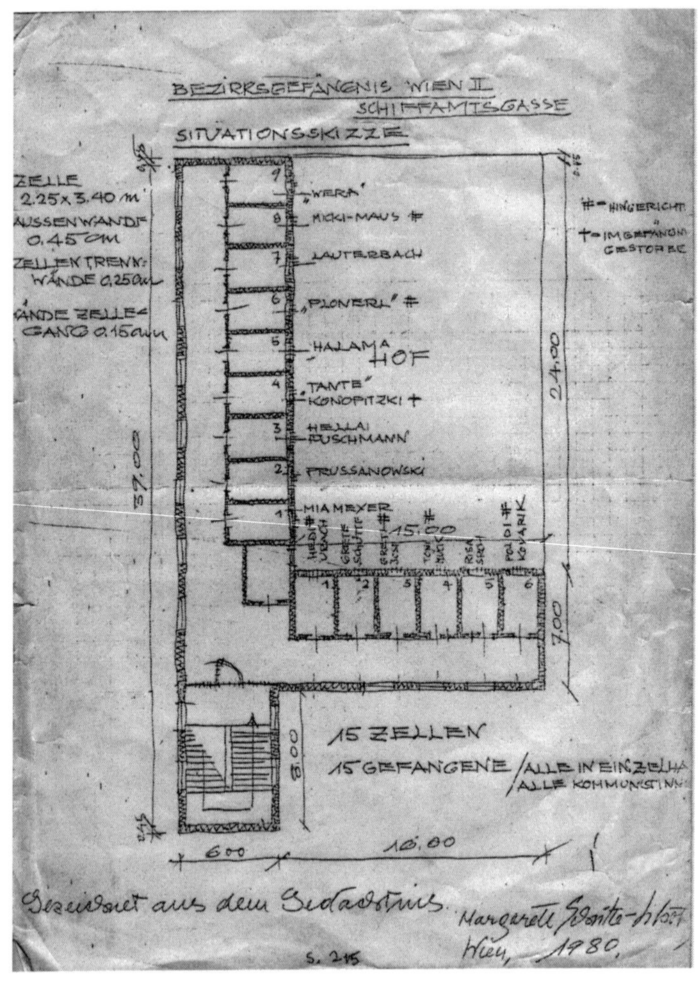

Grundriß des 4. Stockes des Gefängnisses in der Schiffamtsgasse mit Namen der Gefangenen, Zeichnung von Margarete Schütte-Lihotzky

chen verschärfte Haft: keine Arbeit, nichts zu lesen, kein Spaziergang, keine Post, keine »Ausspeisung« und damit auch kein »Völkischer Beobachter« und keine Zubesserung wie Brot oder ein Stück Obst wie wöchentlich in der »Liesl«. Besuche durften wir erst ein Jahr nach der Verhaftung bekommen. Viele Wochen hindurch kamen wir nicht aus der Zelle. Ein Tag verlief wie der andere. Um nicht jeden Zeitbegriff zu verlieren, ritzte ich mir auch hier von Anfang an einen Kalender in den Wandputz: jeder Wochentag ein kleiner Strich, Sonntag ein größerer. Der »Kalender« wuchs erstaunlich schnell. Durch das ewige Einerlei veränderte sich offenbar auch das Zeitgefühl. Es geht mit der Zeit genau wie mit dem Raum: Ist eine geradlinige Allee beiderseits dicht mit Bäumen bepflanzt, erscheint sie dem Auge wesentlich länger, als wenn die Bäume in größeren Abständen voneinander gesetzt sind. Genauso ist es mit der Zeit. Auf einer Reise mit vielen neuen Eindrücken erscheint uns die Zeit in der Erinnerung viel länger als in Phasen, in denen wir nichts Bemerkenswertes erleben. Deshalb vergeht die Zeit im Gefängnis verhältnismäßig rasch. Das weiß jeder, der länger in Zellenhaft saß.

Trotz der vielen Tage und Nächte allein dachte ich fast nie an Selbstmord. Einmal rannte ich nach einem Gestapoverhör in Gedanken versunken bei einer Straßenüberquerung direkt in ein Auto. Im letzten Moment riß mich der begleitende Beamte zurück. Ohne Überlegung rief ich: »Na egal, mein Leben ist sowieso schon futsch.« Ich lebte in der allerersten Zeit in der Vorstellung: Sie werden mich töten. Der Gedanke an Selbstmord aber kam mir nur ein einziges Mal in den ersten Wochen in der Schiffamtsgasse. Wie ein Tier im Käfig lief ich in der Zelle auf und ab, und der Gedanke durchzuckte mich: Warum das alles durchstehen, wäre es nicht vernünftiger, selber Schluß zu machen? Aber das dauerte nur ein oder zwei Minuten. Zur Überlegung, wie ich das in meiner damaligen Lage überhaupt hätte bewerkstelligen können, kam es gar nicht mehr. Nie wieder habe ich während meiner ganzen Gefängniszeit an Selbstmord gedacht. Und erst in den allerletzten Tagen vor der Verhandlung dachte ich an den bevorstehenden Tod. Man lebte das Zellendasein wach und intensiv weiter in der Hoffnung, daß doch noch ein Wunder geschehen würde. Aber auch in der Vorstellung: Vielleicht ist der Krieg zu Ende, bevor ich zur Verhandlung komme. Dann kommen wir alle frei. An die Möglichkeit, daß die Nazis den Krieg gewinnen könnten, glaubte niemand von uns. Unter den Politischen im Gefängnis gab es fast keine Selbstmorde. Mutig und ruhig gingen auch die zum Tode Verurteilten zur Hinrichtung, überzeugt von der Größe der Sache, für die sie ihr Leben opferten.

Aber was tat man nur an solchen Tagen, an denen der »Dreizehner« Dienst hatte, was tat man, wenn seinetwegen Schweigen herrschen mußte, ohne Arbeit und ohne Lesen? Zu viel Nachdenken war gefährlich, immer Schlafen oder die Wände anstarren unmöglich. Jede dachte sich, so gut sie konnte, etwas aus. Ich zum Beispiel fabrizierte Kreuzworträtsel, die ich anderen zur Lösung in die Zellen schickte: Ich zeichnete ein Gittertor, in dessen Rechtecke nur Gefängnisausdrücke wie Hefen, Wastl, Fazi usw. eingesetzt werden durften, oder einen Globus mit einem Netz der Längen- und Breitengrade, in das geographische Bezeichnungen einzusetzen waren und ähnliches. Das war schwierig, fesselte die Gedanken und vertrieb auch noch anderen die Zeit.

Viel wurde über das Essen gesprochen. Das ist eine bekannte Hungererscheinung, über die ich mich allerdings wunderte. Vielleicht deshalb, weil ich aus dem Ausland noch so gut ernährt war und bei mir der peinigende Hunger erst nach einem Jahr einsetzte. Vor allem aber, weil ich ununterbrochen an die Verhöre und Verfahren, mein eigenes und die der anderen, dachte, an die Aussagen und ihre Übereinstimmung, obwohl ich selbst nach dem Abtransport aus der »Liesl« kein Gestapoverhör mehr hatte. Ich war leidenschaftlich interessiert an den Zusammenhängen der konspirativen Arbeit, an der Befragungstechnik der Gestapo, an den Antworten und dem Verhalten der Verhafteten. Durch unsere Verbindungen in der Schiffamtsgasse habe ich in den ersten Wochen viel darüber erfahren. So kam es, daß mich damals das Essen so wenig interessierte, daß ich oft erst am Fenster erfuhr, was wir kurz vorher in der Menageschale gehabt hatten, öfter bekamen wir eine Art Körnerfutter, von uns »Vogelfutter« benannt, in dem es vor kleinen Würmern nur so wimmelte. Alle Frauen und Männer in den vier Stockwerken beschlossen, das nächste Mal dieses Wurmfutter zurückzugeben, ohne es anzurühren. Alle befolgten diesen Eßstreik und mit Erfolg: Nie wieder bekamen wir das »Vogelfutter«. Aber nur weil wir geschlossen streikten, hatten wir Erfolg. Einzelhungerstreiks hatten manchmal sogar gegenteilige Wirkung. So trat eine von den sechs »Neuen« in der Schiffamtsgasse vom ersten Tag an in Hungerstreik. Ihr Mann war ins Landesgericht eingeliefert worden, und sie wollte erzwingen, daß auch sie dorthin gebracht werde. Alles, was sie erreichte, war ihre körperliche Schwächung. Sie erkrankte, aber ins Landesgericht kam sie nicht.

Wenn man die verschärfte Haft hinter sich hatte, wurden die Haftbedingungen im Bezirksgefängnis erträglicher als im Polizeigefängnis: schlafen auf Pritsche und Strohsack, keine Polster, aber ein Leintuch von zu Hause. Der Strohsack hielt wenigstens warm. Geheizt wurde nur vormittags.

Früher hatte ich fast nie geträumt; im Gefängnis träumte ich viel und äußerst lebhaft. In einem Brief schrieb ich, etwa ein Jahr nach der Verhaftung: »... Jeden Abend wünsche ich mir, etwas Schönes zu träumen. Das ist dann die einzige Zeit, die man nicht da ist. Und ich träume oft so hübsche Dinge – von schönen Ausflügen und Reisen mit nahen Freunden, viel von Natur, von Blumen ... immer Wunschträume und keine Angstträume, ein Zeichen, daß die Wünsche noch größer sind als die Angst.« Und weiter: »... nun bin ich ein Jahr ganz gesund geblieben, war anfangs überzeugt, daß das unmöglich ist ...« Auch Träume von wunderbar gedeckten Tischen und herrlichen Speisen setzten in dieser Zeit ein, aber immer wenn die besten Gerichte auf dem Tisch standen und ich sie gerade essen wollte, wachte ich auf.

Die ersten sechs Wochen verschärfte Haft in der Schiffamtsgasse verkürzten sich bei mir glücklicherweise. Das Jucken der Haut, das ich infolge der Inanspruchnahme aller Gedanken für die Gestapoverhöre in der »Liesl« kaum bemerkt hatte, verstärkte sich. Ich konnte kaum noch schlafen. Eine Verordnung für das Verhalten der Häftlinge an der Zellentür besagte: »Ausschlag, sofort beim Arzt melden.« Obwohl die bösartigste der Aufseherinnen des ganzen Gefängnisses, Frau Kremser-Schneider, Dienst hatte, meldete ich, ich müsse zum Arzt. Sie fuhr mich an: »Wieso, ma sicht ja gar nix?« Energisch verwies ich auf die Verordnung an der Türe und die Anzeigepflicht und kam schließlich doch zum Arzt, zu einem Dr. Appelt, einem üblen Gesellen und äußerst rohen Menschen. Man überlegte sich's, bevor man zu ihm ging. Er sagte nur ein einziges Wort: »Scabies.« – Und schon kam ich in eine andere Zelle. Was war Scabies?

Die »Fazi« brachten meine Sachen. Ich kam also weg. »Welche schlimme Erkrankung habe ich?« – »Das werden S' schon sehn«, sagte die Aufseherin. Bald saß ich wieder in einem »Grünen Heinrich«, allein mit einem freundlichen Aufseher. Es ging vorbei am Kaffee Viktoria. Durch die vergitterte Fensterluke sah ich Straßen, Menschen, Bäume, den Donaukanal, die Votivkirche. Über vier Monate von engen, kahlen Wänden umgeben, plötzlich wieder einen weiten Raum, die bewegte Atmosphäre einer Stadt zu fühlen – das war ein großes Erlebnis. Man beobachtet nach so langer Abgeschlossenheit schärfer, wird für vieles, das im Trubel des normalen Lebens untergeht, empfänglicher, jede Kleinigkeit löst eine Fülle von Gedanken aus. Ja, waren die Leute auf den Straßen denn wirklich so frei? dachte ich. Ich war ein Feind, mich hatten sie eingesperrt, da ich an der organisierten Arbeit gegen die Nazis aktiv teilgenommen hatte. Deshalb habe ich unter dem Freiheitsentzug nie wirklich gelitten. Niemals empfand ich das Anbrüllen und das oft unflätige Geschimpfe der Aufseherinnen oder Beamten als »Demütigung«. Ich fühlte mich diesen Leuten menschlich überlegen, auch wenn ich hinter verschlossener Türe saß, und ich fühlte mich freier als manche der Menschen, die jetzt da vor mir auf der Straße gingen, während ich in einem Gefangenenwagen saß. Auf dieser Fahrt merkte ich, daß Eingesperrtsein nicht zwangsläufig zu Abgestumpftsein führen muß.

Ich wurde ins Landesgericht gebracht. Was aber war Scabies? In der Verwaltung wurde ich vom Aufseher abgegeben. Eine gutmütig aussehende geistliche Schwester nahm mich in Empfang und führte mich durch lange Gänge ins Inquisitenspital. »Ich habe Scabies«, sagte ich sofort. »O je!« rief sie mitfühlend. »Ja, was ist denn das?« fragte ich erschrocken. »Nichts Schlimmes«, meinte sie beruhigend. »Nur so die Umstände. Sie bleiben einige Tage hier.« Im Gang begrüßte mich Anni Haider, die im Spital Hilfsdienste leistete. Sie umarmte mich mit verdächtig bedauernder Vorsicht. Eine große Zelle mit sechs richtigen Betten wurde aufgeschlossen. Es war die Narrenzelle. Das Bett für scabieskranke Frauen stand in dieser Zelle, daher das allseitige Bedauern. Vier Betten waren mit Geisteskranken belegt, eines mit einer freundlichen Gefangenen, die auf die anderen aufzupassen hatte. Ich wurde von Kopf bis Fuß mit einer schwarzen, stinkenden Teersalbe dick eingeschmiert, samt Armen und Händen in Sackleinen und Decken eingewickelt. Wie eine Mumie sollte ich drei Tage und drei Nächte so liegen. Die normale Gefangene fütterte mich. Endlich erfuhr ich's: Ich hatte ganz gewöhnliche Krätze vom Schmutz in der »Liesl«. Meine liebevolle

Pflegerin war eine Diebin, von Beruf Briefträgerin. Da sie wegen Lebensmittelknappheit ihre Kinder nicht richtig versorgen konnte, hatte sie Eßpakete gestohlen. Sie rechnete mit zwei Jahren Einkerkerung.

Die anderen Insassinnen waren psychisch krank. Direkt neben mir lag eine ehemalige Krankenschwester, die Morphinistin war und Morphium im Spital entwendet hatte. In einem Gitterbett lag eine schwere Melancholikerin, eingesperrt wegen Schwarzschlachten. Mir gegenüber lag eine hübsche zarte Frau, schuldig eines kleinen Diebstahls. Sie hatte sich freiwillig gemeldet, mit Todeskandidatinnen, die auf ihre Hinrichtung warteten, die Zelle zu teilen. Dafür sollte ihre Gefängniszeit um einige Wochen verkürzt werden. Ihre Nerven hatten nicht standgehalten, und jetzt war sie geistesgestört. Die vierte Frau war eine Gewohnheitsdiebin, etwa 30 Jahre alt. Sie war wegen eines Manteldiebstahls im Gefängnis, nach mehr als 20 anderen Straftaten. Sie schrie Tag und Nacht, meistens nach ihrer Mutter. Eines Nachts, nachdem unsere Postpackldiebin eine halbe Stunde um Hilfe an die Türe geschlagen hatte, kam jemand mit einer Zwangsjacke. Wir hatten alle Angst vor der Brüllenden. Einmal setzte sie sich zu mir aufs Bett. Ich bemühte mich, freundlich zu sein, zitterte aber am ganzen Körper, denn in meiner Verpackung hätte ich mich niemals wehren können.

Einmal kam der Chefarzt, betrunken. Er war kein Nazi, man sagte, er sei Monarchist. Er mußte bei den Hinrichtungen anwesend sein. Wahrscheinlich hätte er das nicht ausgehalten, wenn er sich nicht durch Alkohol betäubt hätte. Die geistlichen Schwestern waren sehr menschlich. Eine von ihnen, die Schwester Restituta, wurde Jahre später von den Nazis zum Tode verurteilt und hingerichtet. Nach einigen Tagen wurde ich von meiner Umwicklung befreit und kam ins Bad, das erste nach über vier Monaten! Ich fühlte mich wie neugeboren. Am nächsten Tag durfte ich 20 Minuten im Hof des Landesgerichts mit anderen Gefangenen im Gänsemarsch spazierengehen. Der große Gefängnishof war mit Bäumen und Rasen begrünt. Der erste Spaziergang seit der Verhaftung nach vier Monaten! Wir gingen in einem großen Kreis. In einem anderen daneben gingen die zum Tode verurteilten Frauen. Bis auf zwei Meter kamen wir aneinander heran, und ich schaute in ihre Gesichter. Kaum hatte ich die Augen von den zum Tode Verurteilten abgewendet, sah ich das erstemal wieder eine Blume im Rasen blühen.

Plötzlich brach ich in Tränen aus, schluckte sie, so gut es ging, hinunter. Niemand konnte es bemerken. Noch am selben Tag wurde ich in die Schiffamtsgasse in meine alte Zelle zurückgebracht.

Nach der Zeit der verschärften Einzelhaft begann wieder normales Gefängnisleben. Ab vier Uhr nachmittags stand man am Fenster und sprach mit den Kameradinnen. Einmal in der Woche gab's Spaziergang in einem langen, sehr schmalen Hof, der von hohen, fensterlosen Mauern umgeben war. Man durfte zu zweit nebeneinandergehen und konnte mit der Nachbarin und mit den Frauen, die vor und hinter einem gingen, leise sprechen; Was bedeutete uns dieser Gefängnishof! Nach über drei Monaten völliger Abgeschlossenheit in der »Liesl« und sechs Wochen verschärfter Einzelhaft wurde dieser elende Hof zum Garten, wenn auch zu einem Garten ohne Bäume, ohne Erde, ohne Blumen. Boden und Mauern waren farblos, grau in grau, das einzige Stück Natur war ein Fleck Himmel. Und trotzdem! Die Augenblicke, die der Gefangene aus der Einzelhaft im Gefängnishof verbringt, sind die einzigen in freier Luft und in menschlicher Gesellschaft. Niemals arbeiteten wir in Gemeinschaftsräumen; wir durften ausschließlich in unserer Zelle arbeiten. Alle vier Wochen durften wir baden, wenn man Glück hatte, konnte man mit der Gefangenen in der benachbarten Badenische einige Worte wechseln.

Endlich durfte auch ich arbeiten. Wir bekamen Stoffreste, die wir in Streifen schneiden und aneinandernähen mußten. Daraus wurden »Flekkerlteppiche« gemacht. Mir machte es Spaß, die Streifen in hübschen Farben zu kombinieren, so daß ich mir die fertigen Teppiche, farblich schön zusammengestellt, gut vorstellen konnte. Die bunten Flicken regten die Phantasie der Gefangenen so an, daß sie für sich allerhand Gegenstände daraus fertigten, wie hübsche Andenken für andere Gefangene zu Festtagen. Es wurden reizende kleine Pantöffelchen, das Symbol des »In-die-Freiheit-Gehens«, oder kleine Notizbücher angefertigt als Miniaturstammbücher mit Sprüchen und guten Wünschen. Das Grillparzer-Zitat »Ein Menschenleben ist so wenig, ein Menschenschicksal, ach, es ist so viel« und anderes, für unser Leben Passendes stand da geschrieben. Immer wieder habe ich in der Haft beobachtet, daß die Österreicher vor allem für Kunsthandwerk und Musik begabt sind. Abends wurde viel an den Fenstern gesungen, einzeln und sogar gemeinsam.

Die Fleckerlarbeit hatte jedoch auch ihre Kehrseite. Die Stoffreste, in dreckige Säcke verpackt, erzeugten dichte Staubwolken. Ich bekam einen schweren Bronchialkatarrh und mußte viel husten, auch nachts. Außerdem beutete die Aufseherin Kremser-Schneider die Gefangenen schamlos aus. Sie ließ sich aus Stoffresten Kleider häkeln oder stricken. Die Häftlinge hatten natürlich Angst vor ihr, lehnten diese Arbeit nicht ab und schädigten dadurch ihre Gesundheit. Sie schufteten vom Morgengrauen bis zur Dunkelheit für diese elende Person. Zuerst sammelten sie gleichfarbige, meist dünne Kunstseide-Trikot-Reste, schnitten diese in schmale Streifen und machten sie damit häkel- oder strickfähig. So erhielt Frau Kremser-Schneider ein schönes schwarzes Jackenkleid und andere Kleidungsstücke. Dann mußten wir ein paar Wochen hindurch Brausetabletten einwickeln. Das war eine saubere und sogar hübsche Arbeit, weil die gewickelten Tabletten in bunte Schachteln gepackt wurden, bedruckt mit graphisch hübsch gezeichneten Orangen- und Zitronenzweigen. Aus den Schachteln baute ich mir ganze »Möbel«. Neben meiner Bettstatt stand eines Tages ein fertiges Nachttischchen, verziert mit Orangenzweigen. Die Zelle sah geradezu gemütlich aus.

Als Aufseher hatten wir Männer und Frauen. Den »Dreizehner« traf 1944 eine Bombe, die ein Stiegenhaus im Landesgericht zum Einsturz brachte. Die Kremser-Schneider wurde nach dem Krieg vor Gericht gestellt und aufgrund von Zeugenaussagen ehemaliger Häftlinge zu sieben Jahren Gefängnis verurteilt. Diese Furie hatte sich für einen Lohn von 20 Mark freiwillig dazu gemeldet, zum Tode verurteilte Frauen zur Hinrichtung zu führen. Als ich im Januar 1945 noch einmal ins Landesgericht gebracht wurde, versuchte sie, sich an mich heranzumachen. Nach einem schweren Fliegerangriff erbot sie sich, zu meinen Verwandten zu gehen, um mir Nachricht von ihnen zu überbringen. Kurz vor Kriegsende zog sie in einen anderen Wiener Gemeindebezirk, und drei Wochen bevor die Rote Armee einmarschierte, meldete sie sich dort als Mitglied der Kommunistischen Partei an. Dieser Täuschungsversuch verschärfte ihre Strafe.

Eine einzige, wirklich gute Aufseherin gab es in der Schiffamtsgasse. Frau Wallmüller war eine Beamtin, schon vor den Nazis bei Gericht, eine alte Sozialdemokratin, die alles tat, um uns das Leben zu erleichtern, manchmal mit eigenem großen Risiko. Als ich allein in der Zelle saß, blieb sie öfter einige Minuten bei der Türe stehen, um mit mir zu plaudern. Sie wußte, daß ich ein »schwerer Fall« war, und bei der ersten Gelegenheit, als die »Stelle« der Schreiberin für die Ausspeisung frei wurde, nahm sie mich, ohne daß ich darum ersucht hätte, für diese Tätigkeit, um mir meine schwere Lage zu erleichtern. Und kurz vor meiner Verhandlung beförderte sie Briefe aus dem Gefängnis hinaus an meine Schwester. In diesen Briefen standen wichtige Mitteilungen für den Anwalt. Nach dem Krieg habe ich sie öfter im Landesgericht besucht. Aufgrund unserer Aussagen behielt sie ihre Stellung.

Auf den Tag genau fünf Monate nach meiner Verhaftung, am Sonntag, dem 22. Juni 1941, wurde zeitig am Morgen mein Tarnname gerufen. Ich stürzte ans Fenster. Gestikulierende Hände teilten mir aus mehreren Zellen mit: »Krieg im Osten! – Überfall auf die Sowjetunion! – Die sowjetische Grenze überschritten!« Gesichter an allen Fenstern! Unter den Gefangenen herrschte unbeschreibliche Erregung, vielleicht sogar freudige Erregung. Mir war diese Freude unbegreiflich. Auch ich hatte Vertrauen in die Rote Armee, auch mir schien die Niederlage Deutschlands näher gerückt und gewisser denn je, aber Freude konnte ich nicht empfinden. Wir hatten am Vormittag unsere 20 Minuten Spaziergang im Gefängnishof. Erregt gingen wir nicht im vorgeschriebenen Gänsemarsch. Der Aufseher war günstig gestimmt und ließ uns miteinander sprechen, sogar mit den zwei Jüdinnen, denen sonst der gemeinsame Spaziergang verwehrt war. Sie waren von Polen zu Fuß nach Wien geflüchtet, dann aber hier verhaftet und bei uns eingeliefert worden. Mit ihren wunden Füßen humpelten sie nun neben uns im Hof herum und erzählten, daß in Polen die Hölle los sei. Einzelheiten wagten sie nicht zu schildern. Auch sie waren von den letzten Nachrichten, die wir ihnen mitteilten, freudig erregt und voller Hoffnung. Bald darauf wurden die Bedauernswerten nach Polen zurückgebracht und dort sicherlich vergast.

Es folgten einige der schwersten Monate unserer Gefängniszeit. Gerade weil ich die Sowjetunion, besonders die westlichen Republiken, aus meiner langjährigen beruflichen Arbeit in den 30er Jahren so gut kannte, empfand ich jetzt die Wunden, die dem Land geschlagen wurden, besonders schmerzhaft. In den westlichen Gebieten, in erster Linie in der Ukraine, lebte der qualifizierteste Teil der Arbeiterschaft, waren die hochwertigsten Industrien konzentriert. Ich hatte miterlebt, mit welch ungeheuren Mühen und für uns unvorstellbaren Opfern alles aufgebaut worden war, und nun zermalmten die Panzer Nazi-Deutschlands alles. Ich hatte in Makeewka, inmitten des Eisengebiets, eine Schule gebaut und war oft in Charkow gewesen. Ich kannte den Riesenstaudamm Dnepropetrowsk, der dem Land so viel Strom lieferte. Besser vielleicht als andere, die das Land nur aus Schriften und Schilderungen kannten, begriff ich, was der Verlust der Ukraine für die Armee und deren Belieferung mit Waffen bedeuten mußte. Wie rasch konnte die Sowjetunion Rüstungsbetriebe verlagern und im Hinterland neu aufbauen, während sie gleichzeitig alle Kräfte an der Front brauchte? Ich war zutiefst bedrückt. Als wir erfuhren, daß Brjansk den Deutschen in die Hände gefallen war, krampfte sich mir das Herz zusammen. Ich sah vor mir die Weite der russischen Landschaft und die hübsche, an einem kleinen Flüßchen gelegene, verschneite Stadt, wie ich sie in einer kalten Winternacht im Mondschein das erstemal erblickt hatte. Wie eine Landzunge ragte ein kleiner Berg in die Stadt hinein, auf dessen Plateau ein schöner Park mit uralten Bäumen lag. Dort hatte ich 1933 einen Kindergarten und eine Krippe für die Kinder der Arbeiter eines großen Metallbetriebes gebaut. Alles – Bäume, Kinderbauten und Werk – wurde im Krieg vernichtet.

Einige Wochen waren seit dem Überfall auf die Sowjetunion vergangen. In der Stille meiner Zelle hörte ich plötzlich auf dem Dach einen Spengler hämmern. Ein Ereignis und eine seltene Gelegenheit, mit einem in Freiheit lebenden Menschen einige Worte zu wechseln. Bereitwillig ließ er sich in ein Gespräch ein. Er war 17 Jahre alt. Hoffentlich müsse er nicht bald einrücken, meinte ich. Seelenruhig und zuversichtlich sagte er: »Aber keine Spur. In vier Wochen san ma bis vor Moskau kommen, no amal vier Wochen, und mir san im Ural. Dann ist der Krieg aus. I komm nimmer dran.« Wie konnte er, der von der Welt nur wußte, was ihm die offiziellen Nachrichten vermittelten, anders denken? »So ein Spaziergang bis zum Ural wird es schon nicht werden«, erwiderte ich. Aber die Antwort einer Frau hinter dem Gitterfenster machte auf ihn natürlich nicht den geringsten Eindruck. Die einzige Nachricht, die damals von draußen zu uns hereinkam, war immer nur die vom ständigen Vordringen der deutschen Wehrmacht. Heute wundere ich mich, daß in jener Zeit keine einzige der Frauen, die selbst oder deren nächste Angehörigen Todesurteile erwarteten,

Hedi Urach, zum Tode verurteilt und 1943 durch das Fallbeil im Wiener Landesgericht hingerichtet

Gretl Jost, zum Tode verurteilt und 1943 durch das Fallbeil im Wiener Landesgericht hingerichtet

Poldi Kovarik, zum Tode verurteilt und 1943 durch das Fallbeil im Wiener Landesgericht hingerichtet

Hilda Stampfl, Gefängnishaft wegen Feldpostaktion, die Soldaten von der Sinnlosigkeit des Krieges überzeugen sollte

zusammengebrochen ist. Ganz automatisch unterwarfen sie sich einer außerordentlichen Selbstdisziplin, die gewiß auch zum Teil Selbsterhaltungstrieb war. Jede nahm sich der anderen wegen zusammen und hätte sich geschämt zu versagen. Denn der Zusammenbruch einer einzigen Gefangenen hätte eine Kettenreaktion ausgelöst und den Zusammenbruch anderer verursacht. Die große Gegenoffensive der Roten Armee vor Moskau im Dezember 1941 rettete dann nicht nur die sowjetische Hauptstadt. Sie war auch der erste schwere Schlag gegen die bis dahin in Deutschland als unbesiegbar angesehene deutsche Wehrmacht und bestimmte die ganze weitere Entwicklung des zweiten Weltkrieges. Für uns Gefangene aber waren mit dieser Wende des Krieges jene schweren Wochen und Monate, die mit dem 22. Juni 1941 begonnen hatten, endgültig vorbei.

Einige Wochen nach Ausbruch des Krieges mit der Sowjetunion war eine Zelle neben mir frei geworden. Neugierig horchte ich, wer da kommen würde. Bald knackte das Schloß der Nebenzelle: Eine »Neue«! Es war Hedy Urach, die fünf Tage vor dem Überfall auf die Sowjetunion, nun das viertemal in ihrem Leben, verhaftet worden war. Kaum war die Türe zu, klopfte sie an die Zellenwand, und gleich am Abend ihrer Einlieferung konnten wir miteinander reden. Unsere Zellen waren an dasselbe Klosett angeschlossen. Hedy erzählte viel aus ihrem Leben. Sie stammte aus einer Arbeiterfamilie. Schon ihr Vater war bekannter Kommunist. Als Kind kam sie zur Organisation der »Kinderfreunde«. Sie lernte gut und hätte gern weitergelernt, aber das Geld reichte nicht aus. So wurde sie Schneiderin. Damals trat sie dem Kommunistischen Jugendverband bei. Es kam die Krise – sie wurde arbeitslos. Bald widmete sie sich ganz der Parteiarbeit. In der Schuschniggzeit war es der Polizei nicht gelungen, sie festzunehmen. Schließlich aber wurde sie doch verhaftet und fünf Monate eingesperrt. Kurz vor der Besetzung Österreichs in Freiheit gesetzt, wurde sie am 7. April 1938 wieder festgenommen. Es gelang ihr, freizukommen. Ein Jahr später mußte sie ins Ausland fliehen. Sie ging nach Belgien. Als die Nazis im Mai 1940 Belgien überrannten, kam sie als »politisch gefährlich« in ein belgisches Internierungslager für Ausländer. Im Trubel der Ereignisse liefen die Wachen davon, die Tore standen offen. Wieder hatte sie eine Haft hinter sich. Zusammen mit ihrer Freundin, der Genossin Gusti Baily, die in der Zelle unter mir saß, kehrte sie im Frühjahr 1941 mit in

Zahnpasta-Tuben verstecktem illegalem Material in die »Ostmark« zurück. Sofort fand sie Anschluß an die Widerstandsbewegung, Wochen und Monate konnte sie noch tätig sein. Sie wurde von »Ossi« verraten und mit anderen Genossen bei einer Besprechung am 19. Juni 1941 verhaftet. Sie war erst 30 Jahre alt. Nie sah ich sie traurig, obwohl sie von Anfang an mit dem Todesurteil rechnete. Immer blieb ihre Stimme klar und fest. Nur einmal rief sie mich verzweifelt ans »Telefon«: Soeben hatte sie erfahren, daß Leo Gabler, ihr Freund und Kampfgefährte aus dem Jugendverband, ebenfalls aus dem Ausland zurückgekommen, verhaftet worden war. Einige Zellen von uns entfernt war die Genossin Antonie Lauterbach eingeliefert worden, die Leo Gabler illegal beherbergt hatte. Weil sie acht oder zehn Kinder geboren hatte, dekorierten sie die Nazis mit dem goldenen Ehrenzeichen, und sie kam mit nur einem Jahr Gefängnis davon. Zehn Mann hoch sei die Gestapo in ihre Wohnung gekommen, um Gabler zu holen. So wichtig war er ihnen! Hedy wußte, daß sein Tod sicher war. Die Verhandlungen rückten näher. Hedy sprach weiterhin ruhig und illusionslos über ihr Todesurteil. Sie wußte, wofür sie gelebt hat. Als sie unerwartet aus der Zelle in der Schiffamtsgasse geholt und in das Frauengefängnis in Krems transportiert wurde, brachte sie es noch fertig, schnell zu meiner Tür zu kommen und ein »Mach's gut« zu rufen. Zum letztenmal hatte ich ihre Stimme gehört! Drei Monate später wurde sie zum Tode verurteilt. »Maxi« – Poldi Morawitz – war nach Hedys Verurteilung in der Sammelzelle neben den Todeszellen der Frauen im Wiener Landesgericht. Als sie eines Tages im Mai 1943 über den Gang geführt wurde, rannte sie schnell zu Hedys Zellentür und wechselte mit ihr einige Worte. Als sie zurückkam, lag Hedys Brille mit einigen kleinen Habseligkeiten vor der Türe. »Maxi« weinte bitterlich.

Gretl Jost saß viele Monate in der Nachbarzelle zu meiner Rechten. Sie schickte mir ihre Anklageschrift. Die Verständigung war schwieriger als mit Hedy, weil unsere Zellen nicht an dasselbe Wasserabflußrohr angeschlossen waren. Aber es blieben die Fenster und das Klopfen. Gretl hatte die Stadt Baden bei Wien und Umgebung mit Schriftenmaterial beliefert und die Verbindung zwischen diesem Gebiet und der zentralen Leitung hergestellt. Unter den Aufklärungsschriften befanden sich auch solche für Soldaten, was besonders belastend war. Nach fast zweijähriger Haft wurde Gretl Jost im Alter von 27 Jahren im Januar

1943 enthauptet. In ihrem Abschiedsbrief, geschrieben aus der Todeszelle an ihre Mutter, heißt es: »… Trotz allem Furchtbarem, das um mich vorgeht, brauchst Du nicht zu glauben, daß ich kopfhängerisch werde, nein, solange ich ihn habe, trage ich ihn hoch …« Und noch aus der Schiffamtsgasse schrieb sie einmal: »… Oft stehe ich lange Zeit auf dem Bett beim Fenster und schaue auf das kleine Stückerl Himmel, das ich erblicken kann, und träume. Da denke ich oft an die Worte, die Maria Stuart sagte: ›Eilende Wolken, Segler der Lüfte, wer mit euch wanderte, wer mit euch schiffte …‹ Soll mir das gleiche Los wie einer Maria Stuart beschieden sein? Ich finde das Schicksal zu groß für mich. Sie war eine Königin, ich bin nur ein Arbeitermädel …« Aber dieses Arbeitermädel ist für ein größeres Ziel, für Österreichs Befreiung, zum Schaffott gegangen als jene Königin, deren Leben durch dynastische Intrigen verwirkt war.

In der Zelle unter mir saß lange Zeit Marie Fischer, von uns »Mitzi« genannt. Sie wurde zusammen mit ihrem Mann Rudolf Fischer im April 1941 verhaftet. Im März 1943 traf sie dasselbe Fallbeil im Wiener Landesgericht, das zwei Monate zuvor ihren Mann getötet hatte. Als Mutter und beste Freundin ihrer zehnjährigen Tochter, bereitete sie ihr Kind schon während ihrer politischen Arbeit darauf vor, daß eines Tages Mutter und Vater von der Gestapo geholt werden könnten, weil sie dafür kämpften, daß sie und alle Kinder glücklichere Menschen werden könnten. Sie erzählte viel von ihrem Töchterchen durch das Rohr. Sie schloß den Abschiedsbrief an ihren Mann, der zu dieser Zeit wie sie in der Todeszelle saß, mit den Worten: »Es küßt Dich und drückt Dich innig ans Herz, in unerschütterlicher Liebe und im Glauben an die Zukunft, Deine Mitzi.«

Nach Monaten der Einzelhaft kam »Wera« mit zwei anderen Gefangenen in die Zelle unter mir. Endlich konnten wir durch das »Rohr« direkt miteinander sprechen. Schon ein ganzes Jahr waren wir in Haft. Ich hatte es immer für möglich gehalten, daß »Wera« trotz ihrer schweren Belastung, als Staatsbürgerin eines neutralen Landes, vor der Verhandlung freikommen könnte. Die Deutschen legten Wert darauf, daß Länder, die sie ihrer geographischen Lage wegen nicht überfallen und besetzen konnten, neutral blieben und sich nicht den Alliierten anschlossen. Das einzige, was uns helfen konnte, waren außenpolitische Rücksichten der Nazis. »Weras« Familie tat alles, um sie über die diplomatische Vertretung ihres nichtfaschistischen Landes zu befreien. Die Chancen waren deshalb günstig. Immer wieder, in der alten Zelle durch die Stummerlsprache und in der neuen durch das »Rohr«, habe ich »Wera« das alles vor Augen geführt. Sie wollte sich aber keinen Illusionen hingeben und glaubte nicht daran. Im Januar 1942 klopfte es von Wand zu Wand, rannten die »Fazis« von Tür zu Tür. Wie ein Lauffeuer ging es durch die Zellen: »Wera« wird vom Konsul abgeholt; er ist schon unten im Büro. Aufgeregt sprangen alle an die Fenster und beschlossen: Wenn wir hören, daß die Türe in den Hausflur geöffnet wird, schreien wir, so laut wir können, in den Hof: »Auf Wiedersehen in der Freiheit!« – Und wir schrien das, befreiend, freudig, aus voller Kehle, ohne zu wissen, ob »Wera« es hören konnte. Im Frühjahr 1966 arbeitete ich in Berlin an der Bauakademie. Es läutete an meiner Wohnungstür. Vor der Tür stand »Wera«! Sie glaubte mich tot und erfuhr in der Akademie, die sie aus beruflichen Gründen aufsuchte, daß ich am Leben geblieben war. Welch ein Wiedersehen! Nach der Entlassung aus dem Gefängnis war sie aus Wien ins »Altreich« abgeschoben worden, mußte dort bei ständiger polizeilicher Meldung eine Zeitlang arbeiten und wurde schließlich ausgewiesen. Von einem hohen Beamten des deutschen Außenministeriums bis in eine portugiesische Hafenstadt, ja sogar bis zum Schiffsreep ihres Dampfers begleitet, fuhr sie in ihre Heimat zurück. Welche Angst hatten doch die Nazis, daß ein hoher Beamter persönlich eine unbewaffnete Frau bis zum Schiff in einen Atlantikhafen bringen und streng überwachen mußte! »Wera« hatte unser »Auf Wiedersehen in der Freiheit« in der Schiffamtsgasse vernommen. 24 Jahre später fand es statt.

Eines Tages hörte ich in der Schiffamtsgasse Klopfen mit dem Besenstiel, ich solle zum »Sprachrohr« kommen. Der Anruf kam vom ersten Stock. Ich hörte eine Männerstimme: »Ich komme aus dem Militärgefängnis im zehnten Bezirk und war dort mit Herbert Eichholzer zusammen in einer Zelle. Er läßt dich herzlich grüßen, es geht ihm gut. Wir müssen eben jetzt alle gut durchhalten!« Es mag für andere heute schwer sein, zu verstehen, was so ein Gruß bedeutete. Seit Herbert Eichholzers Abreise aus Istanbul im Frühjahr 1940 hatte ich mit ihm keinerlei Verbindung. Solchen Abbruch menschlicher Beziehungen erfordern leider die strengen Regeln der Konspiration. Am Tage meiner Verhaftung schrie mir ein hoher Gestapobeamter ins Gesicht: »Den Eichholzer werden Sie hier wiedersehen!« Daher wußte ich, daß auch Herbert den Klauen der Gestapo nicht entronnen war. Und dann – Jahre nachdem wir uns das letztemal begegnet waren –, im Sommer 1942, wurde ich angerufen und bekam Grüße von ihm! Alles wollte ich natürlich über Herbert wissen. Er war vier Wochen nach uns in Frankreich verhaftet worden. Er hatte sich, nachdem er einige Zeit illegal in der »Ostmark« gearbeitet hatte, als Dolmetscher zum Militär gemeldet, weil politische Arbeit bei der deutschen Wehrmacht notwendig war. Der Genosse berichtete, Herbert sei physisch und psychisch in sehr guter Verfassung, rechne aber mit dem Todesurteil. Ob er vor ein Militärgericht oder vor das Berliner Volksgericht kommen würde, wisse er noch nicht. Wir sandten uns danach noch öfter Grüße und erfuhren auch voneinander, was wir bei den Verhören der Gestapo ausgesagt hatten. Eines Tages wurde Gertrude Heinzl aus Graz in der Schiffamtsgasse eingeliefert. Herbert war ebenfalls Grazer. Gertrude Heinzl hatte mit ihm zusammengearbeitet und erzählte mir von seiner politischen Tätigkeit in Österreich. Herbert stand als alleiniger Angeklagter eine Woche vor mir vor demselben Senat des Berliner Volksgerichtshofes, vor denselben Richtern wie ich. Genossin Heinzl war Zeugin in seinem Prozeß. Am Nachmittag des Verhandlungstages kam die Nachricht in die Schiffamtsgasse, Herbert sei nicht zum Tode verurteilt worden. Unfaßbar! Aber am Abend schon kehrte Gertrude Heinzl zurück und mit ihr die Sicherheit dieser Falschmeldung. Es hatte doch ein Todesurteil gegeben. Als ich eine Woche nach Herberts Verhandlung ins Landesgericht transportiert wurde, bewachte mich der Aufseher Steiner. Allein mit ihm im »Grünen Heinrich«, erzählte er mir über Herberts mutige Haltung bei der Verhandlung. Herbert begann nach der vereinbarten Devise: »Rette sich, wer kann, für die Zukunft.« Zuerst versuchte er zu erklären, warum er emigriert sei. Im Laufe der Entwicklung in Deutschland sei er jedoch zur Einsicht gelangt, daß es innerhalb des Nationalsozialismus auch sozialistische Tendenzen gäbe. Deshalb sei er zurückgekehrt und habe loyal in der deutschen Wehrmacht mitgearbeitet. Als Herbert aber während seiner Verhandlung erkannte, daß das Gericht ihm nicht glaubte, erklärte er sich voll und ganz als Marxist, führte eine sehr interessante Analyse der politischen Lage durch und legte großartig seine Überzeugung dar. Voll Bewunderung sprach dieser Gerichtsaufseher vom Kommunisten Eichholzer. Ungebrochen, ja fast heiter, sei Herbert nach der Verhandlung in eine Zelle zurückgekehrt. Steiner selbst hatte ihn dahin gebracht. Herbert wurde am 7. Januar 1943 enthauptet.

Nach elf Monaten Haft durfte ich endlich die Zelle mit zwei kommunistischen Widerstandskämpferinnen teilen, mit Poldi Starek und Resi Kimlicek. Ein dreiviertel Jahr, bis zu meinem Abtransport aus der Schiffamtsgasse, blieben wir drei in derselben Zelle zusammen. Poldi war früher in der Kommunistischen Jugend gewesen. Über ihre Arbeit im Widerstand war der Gestapo wenig bekannt geworden. Deshalb erhielt sie »nur« sechs Jahre Zuchthaus. Auch mir hat sie nichts Näheres darüber erzählt. Es war die Regel, über illegale Tätigkeiten zu schweigen, oft selbst über das, was die Gestapo wußte, da man doch unmöglich künftige Reaktionen bei nochmaligem Verhör oder eventueller Mißhandlung voraussehen konnte. Poldi hat überlebt, holte sich jedoch im Gefängnis ein Lungenleiden. Resi war Österreicherin slowakischer Nationalität. Ihr Mann war kurz vor ihr verhaftet worden. Sie hatten einen halbwüchsigen Sohn allein zurücklassen müssen, um den Resi sich große Sorgen machte. Sie und ihr Mann haben ihre jahrelange Zuchthausstrafe lebend überstanden. Resi war eine aufrechte und warmherzige Zellengenossin. Niemals in den neun Monaten unseres Zusammenlebens in der Zelle gab es einen Streit. Nicht die kleinste Mißstimmung ist mir in Erinnerung geblieben.

Das Leben zu dritt brachte für mich eine völlige Umstellung. Statt sich in sich selbst zu verkriechen, konnte man sich plötzlich aussprechen. Über das Wochenende erhielten wir Bücher aus der Gefängnisbibliothek. Von Samstag mittags bis Montag morgens wurde gelesen, solange es hell war. Künstliches Licht gab es wegen Verdunkelung nicht. Gemeinsam besprachen wir die Lektüre eingehend, auch mit Hedy Urach nebenan. Hedy war hingerissen von Schiller, von seinem Freiheitsdrang und seinen großen historischen Kenntnissen. Wir fanden ihn zeitgemäßer als Goethe. Ich hatte zu jener Zeit niemals das Gefühl, aus der menschlichen Gesellschaft ausgeschlossen zu sein, trotz der verschlossenen Türe, trotz des Eisengitters zwischen Himmel und Zelle. Nur das physische Leben war eingeengt, das geistige beweglicher denn je und weitgespannt, weit über den Alltag des Gefängnislebens hinaus. Natürlich führten wir auch politische Gespräche. Hatten die

Nazigegner Fehler gemacht, und welche? Wir sprachen über die Ursachen des Nationalsozialismus, über die militärische Lage, ihre Auswirkungen auf die Bevölkerung und über das Ende des Krieges. Zweifel am Sieg der Alliierten gab es nicht, aber die Dauer des Krieges war für uns lebenswichtig. Jede hoffte, daß der Krieg noch vor ihrer Gerichtsverhandlung zu Ende sein würde. Man zitterte davor, den Verhandlungstermin mit der Anklage zu bekommen. Dann hatte man höchstens noch zwei Wochen vor sich bis zur Entscheidung: Leben oder Tod. Niemals, auch später im Zuchthaus nicht, zerbrachen wir uns den Kopf darüber, wie es nach der Befreiung konkret in Österreich aussehen würde. Wir wußten nur eines: Es muß nach dem Krieg wieder ein selbständiges demokratisches Österreich geben.

Weihnachten kam heran. Am 24. Dezember 1941 fanden Resi und ich ein Stück Zucker, fein säuberlich verpackt, auf unserem Strohsack. Ein Weihnachtsgeschenk! Fast ein Jahr hatten wir keinen Zucker gesehen oder gar geschmeckt. Woher kam die Gabe? Poldi hatte bei ihrer Verhaftung einige Stück Zucker bei sich, die dank ihrer Geschicklichkeit der Leibesvisitation in der »Liesl« entgangen waren. Und sie, die sehr unter dem Hunger litt, hatte diese zwei Stück Zucker viele Monate aufgespart, um uns zu Weihnachten damit zu beschenken!

Bei uns im vierten Stock wurde von den 15 Zellen für Frauen in Einzelhaft wieder eine frei. Wir waren gespannt auf die »Neue«, auf den »Zugang«. Ich hörte das Schloß der Gittertüre knacken, die die Zellen vom Stiegenhaus zum Gang noch zusätzlich absicherte. Bald darauf drang herzzerbrechendes Weinen aus jener Zelle. Die Frau weinte Tag und Nacht, manchmal rief sie laut: »I hab' do nix g'macht – warum bi i da – i muaß nach Haus.« Zuerst tat sie uns allen leid, aber schließlich irritierte uns die Undiszipliniertheit, mit der die »Neue« ihre Verzweiflung tagelang hemmungslos hinausschrie. Wir empfanden das als Rücksichtslosigkeit, denn so zu heulen ist ansteckend, und Unglückliche werden dadurch nur noch unglücklicher. Sie hieß Apollonia – »Plonerl« –, ein Bauernmädel aus Niederösterreich. Sie heiratete einen Wiener Hilfsarbeiter. Das Paar wohnte in einem Schrebergarten in der Umgebung Wiens und hatte einen Untermieter. Der Zufall wollte es, daß ich kurz nach ihrer Einlieferung in der Reihe vor dem Arztzimmer hinter »Plonerl« stand. Wir konnten ungehindert miteinander sprechen. Unter ständigem Schluchzen erzählte sie: Ihr Mann und ihr

Untermieter waren einen Tag vor ihr aus der Schrebergartenhütte von der Gestapo geholt worden. Sie hätte überhaupt nichts getan, nur für den Untermieter im Küchenkastl Papiere aufgehoben, und die hatten »sie« mitgenommen. Sie war von ihrer Unschuld überzeugt und völlig ahnungslos über die Maschinerie, in die sie hineingeraten war. Sie grämte sich, daß jetzt niemand in der Hütte war und ihre Hasen nichts zu fressen bekamen und eingehen mußten. Ich wollte wissen, was das für Papiere in ihrem Küchenkasten waren. Darüber wußte sie nichts. Vor mir stand eine verzweifelte Frau. Ich tröstete sie, so gut ich konnte, und sagte, sicherlich würde sie bald freikommen. »Aber die Hasen können nicht so lange hungern«, weinte sie wieder los. Sie war sicher, man müsse sie nach ein paar Tagen freilassen, denn sie habe ja nichts Unerlaubtes getan. Sie fragte, ob ich ihr ein Enthaftungsgesuch aufsetzen würde. Natürlich, nur müsse sie mir die wichtigsten Tatsachen aufschreiben. Ich würde dafür sorgen, daß eine der »Fazi« ihr Papier und ein Stück Bleistiftmine in die Zelle werfe. Sie müsse nur alles gut verstecken. Ich teilte ihr meinen Gefängnisnamen »Paula« mit und daß sie mir einen Zettel mit den Angaben in die zweite Zelle, vom Gitter weg, durch die »Fazi« schicken solle. Dann fing ich vorsichtig an, ihr klarzumachen, daß sie kein Recht habe, ihr Unglück herauszuschreien, denn Schmerz sei ansteckend und sie erschwere den anderen damit ihr Schicksal. Sie war entsetzt zu hören, daß in anderen Zellen Frauen waren, die vor dem Todesurteil standen oder solche, deren Männer oder Söhne mit Sicherheit geköpft würden. Von da an beteiligte sie sich an unserem »gesellschaftlichen« Leben, stieg auf die Pritsche, Strohsack und Brettl, um zu dem hochgelegenen Fenster zu gelangen, oder sprach durchs Klosettrohr mit Gefangenen anderer Zellen. Schon am Tage nach unserem Gespräch kam bei meiner Essensklappe ein Zettel hereingeflogen. Darauf stand in unbeholfener Schrift der einzige, mir unvergeßliche Satz: »Ich bitte um frei zu gehen, indem ich Hasen habe.« Ich schusterte ein Enthaftungsgesuch zusammen und schickte es an »Plonerl«. Bald danach hatte ich meine Verhandlung und kam weg. Etwa ein Jahr später erfuhr ich: »Plonerl« war hingerichtet worden! Grausam würgte mir die Kehle. Einerlei, auf welche Art diese Frau, die kaum lesen und schreiben konnte, in ein Verfahren verwickelt worden war, ich weiß nur, daß sie Mitleid hatte mit den Hasen wie mit jeder Kreatur. Die Hasen sollten nicht verhungern. Ihr aber hat man als

»Staatsfeindin« den Kopf abgeschlagen. Welch panische Angst hatten doch die Nazi-Machthaber vor dem Widerstand des österreichischen Volkes!

Ende Januar 1942 kam ich zum Verhör vor den Untersuchungsrichter, einen freundlichen Herrn, der gewiß kein Nazi war. Offen sprach er über den Ernst meiner Lage. Das Gespräch mit diesem Untersuchungsrichter dauerte höchstens 20 Minuten und war völlig belanglos für meine Anklage. Um mir zu helfen, schlug er vor, ich solle sagen, ich hätte mit Puschmann eine Liebesaffäre gehabt und wäre dadurch in die Sache hineingeschlittert. Ein unmöglicher Vorschlag, da der Spitzel »Ossi« bereits alles an die Gestapo verraten hatte.

Nachdem wir, die »Vierzigergruppe«, dem Gericht überstellt worden waren, gab es einige Erleichterungen für uns. Die wichtigste: endlich alle drei Wochen Besuch, und in regelmäßigen Intervallen konnte man schreiben und Post erhalten. Über den Untersuchungsrichter konnten die Verwandten manches erreichen. Ich wünschte mir zwei Bücher, die meine Schwester mir über das Gericht zukommen lassen durfte: Jacob Burckhardts »Die Kultur der Renaissance in Italien« und ein Lehrbuch der französischen Sprache. Zudem wurde ich endlich zu einer Augenuntersuchung geführt, denn in der engen Zelle mit ihren grellweißen Wänden hatten sich meine Augen rapide verschlechtert. Unterwegs fragte mich der Gestapomann unvermittelt: »Hab'n Sie a Katz?« Diese Frage war nicht zufällig. Wir hatten in Istanbul wirklich eine Katze, und alles Wichtige, das mein Mann und ich uns zu sagen hatten und das die Gestapo nicht verstehen durfte, verpackten wir in den Briefen in lange Katzengeschichten. Ich erschrak. Ist ihnen etwas aufgefallen? Ich beeilte mich, Aussehen und Wesen unserer Katze ausführlich zu schildern. Daraufhin erfolgte glücklicherweise nichts.

Alle drei Wochen bekam ich Gefängnisbriefpapier, Tinte und Feder in die Zelle. Die Briefe, die ich meinem Mann nach Istanbul schrieb, gingen durch drei Zensuren. Umgekehrt ebenso. Gericht, Gestapo und die Auslandszensur kontrollierten. Da laut Gestapobefehl meine Verhaftung in der Türkei nicht bekannt werden durfte, mußten alle meine Briefe harmlos, wie von einem freien Menschen klingen und obendrein noch von meiner Schwester auf normales Briefpapier umgeschrieben werden. Was konnte man sich unter solchen Umständen noch mitteilen? Und doch gelang es uns, manche wichtigen Nachrichten, getarnt durch Katzengeschichten, Architektur- und Bauprobleme, einander zu übermitteln.

Der Frühling kam, ich stand noch öfter beim Fenster als vorher. Die Tage wurden länger, ich beobachtete Himmel, Wolken, Gestirne, genoß besonders die Dämmerstunden und freute mich, wenn eine Katze im Hof miaute oder eine Amsel ihr Lied in die Luft trällerte. Alles Lebende vervielfältigte die Sehnsucht nach der weiten, offenen Natur. Oft sangen wir am Fenster gemeinsam unsere Freiheitslieder. Ich erinnere mich, wie wir eines Abends das Lied »Drum links, zwei, drei …« von Hanns Eisler sangen. Ich hatte dieses Lied zum erstenmal 1932 in Moskau im großen Saal des Gewerkschaftshauses gehört, wo Ernst Busch mit seiner großartigen Stimme Brecht-Eisler-Lieder sang, die mir bis dahin völlig unbekannt waren. Im Saal gab es fast nur Leute, die kein Deutsch verstanden, Busch aber sprach kein Wort Russisch. Und doch lauschten die Menschen stundenlang mäuschenstill diesem faszinierenden, mitreißenden Gesang!

In dieser Zeit fing auch ich, die über ein Jahr von der guten Ernährung im Ausland gezehrt hatte, erbärmlich an zu hungern. Der leere Magen krampfte sich zusammen, und mir wurde übel. Das wiederholte sich immer öfter. Nachts konnte ich nicht schlafen, die Krämpfe weckten mich. Wir bekamen um elf Uhr vormittags unsere Brotration – ein Viertel Laib Brot für 24 Stunden. Hella und viele andere litten derart am Hunger, daß sie sofort nach Erhalt das ganze Brot auf einmal aufaßen, dann aber hatten sie bis zum nächsten Tag keine Reserve. Morgens gab es eine halbe Schale schwarzes Wasser, »Kaffee« genannt, mittags und abends eine halbe Menageschale vollkommen fettlose Kost. Zum Brotschneiden bekamen wir für kurze Zeit ein Messer in die Zelle. Damit zerschnitt ich das Viertel Brot in 20 hauchdünne Scheiben, eine wahre Kunst. Ich war deshalb nicht weniger hungrig, hatte aber nachts immer noch etwas in den Mund zu stecken. Die Krämpfe verringerten sich, und ich konnte schlafen. Wir lernten auch, Luft zu schlucken. Das nannten wir »Luftnockerl schnappen«. Für einige Minuten half es. Bei vielen begannen die Haare büschelweise auszufallen und die Beine anzuschwellen. Ich habe nie mehr mein volles Haar noch meine schlanken Beine wiederbekommen. Bei vielen Frauen blieb vom ersten Tag an durch den Verhaftungsschock die Menstruation aus. Jahrelang mußten sie dieses unnatürliche Dasein hinnehmen.

Endlich erhielt ich Besuch, nach einem Jahr Trennung – drei Minuten! Meine Schwester stand in einem Zimmer, ich in einem anderen, in der Zwischenwand eine mit einem dichten Gitter versehene Öffnung von etwa einem halben Quadratmeter. Darunter zu beiden Seiten ein Tisch. Wir sprachen in drei Metern Entfernung miteinander. Neben mir stand ein Aufpasser. Worüber konnte man sprechen? Über nichts. Es war etwa wie bei einem Abschied am Bahnhof vor einer langen Trennung. Man wußte sich kaum etwas zu sagen, eben weil so viel zu sagen war. Das wiederholte sich nun alle drei Wochen bis zur Verhandlung. Alle Häftlinge erwarteten den Besuch sehnlichst. Ich war vorher immer sehr aufgeregt und überlegte genau, was ich sagen wollte. Und dann nichts oder fast nichts. Drei Minuten lang.

Unaufhaltsam rückten die Verhandlungen näher, und die Hoffnung auf das Kriegsende noch vor den Verurteilungen schmolz, die allgemeine Erregung nahm zu. Immer mehr Nachrichten über die Prozesse im Landesgericht mit ihren vielen Todesurteilen drangen auch zu uns in die Schiffamtsgasse. Im August kam die Nachricht von einer Verhandlung gegen elf Kommunisten, die sämtlich zum Tode verurteilt wurden. Die Internationale singend, zogen sie aus dem Gerichtssaal, unter ihnen unsere Antonie Mück, die so lange neben mir in der Zelle saß, tapfer und fast immer heiter. Oft sprach sie von ihrem Kind, das sie zurücklassen mußte, eine Arbeiterin und Bezirksfunktionärin, die nicht so schwer belastet war wie viele andere von uns. Es gab zwei Senate des Berliner Volksgerichts, die fast nur Todesurteile fällten – den zweiten und den fünften Senat. Wir nannten sie »Köpflersenate«. Wer vor einen Wiener Senat kam, hatte wesentlich höhere Überlebenschancen. Über Todesurteile und Hinrichtungen sprachen wir ganz nüchtern, offen und ruhig. Die Redensart: »In drei Monaten gehst sowieso schon mit dem Kopf unterm Arm« war durchaus gebräuchlich. Drei Monate, weil zwischen Urteil und Hinrichtung üblicherweise 99 Tage lagen. Dieser scheinbare Zynismus war notwendiger Selbstschutz gegen ein Schicksal, das so viele von uns ereilen mußte. Ohne diesen Selbstschutz hätte man das Leben kurz vor den Verhandlungen kaum so gefaßt ertragen. Er half, ruhig und diszipliniert zu bleiben. Bei uns in der Schiffamtsgasse gab es vor den zu erwartenden Todesurteilen keinen einzigen Zusammenbruch.

Jetzt kamen nacheinander die Vorladungszettel mit den Verhandlungsterminen und den Anklageschriften aus Berlin. Diese Papiere durfte man nicht weitergeben und mußte sie später endgültig abgeben. Trotzdem habe ich einige gelesen, da manche Gefangene sich mit mir darüber beraten wollten. Das ging über die »Fazi« und war sehr gefährlich. Aber keine dachte an Gefahr, denn was hatten wir noch zu riskieren? Ein Haar war ein Strick gegenüber jenem Fädchen, an dem unsere Leben noch hingen. So bekam ich die Anklage gegen Steffi Engler in die Hand, die vor einen der beiden »Köpflersenate« kommen sollte. Steffi, eine ruhige, feinfühlige Frau, blaß, etwas schüchtern, stammte, wie fast alle, aus einer Arbeiterfamilie. Sie war zusammen mit dem Genossen Fritsch angeklagt, dem Hauptverantwortlichen für die Arbeit in den Bundesländern. Steffi hatte ihm geholfen. Beide hatten einen Tag vor mir Verhandlung. Was konnte ich Steffi raten? Nur die beschlossene Verteidigungsdevise, die ihr offenbar noch unbekannt war, konnte ich ihr mitteilen: »Keine Zurschaustellung von Heldentum. Rette sich, wer kann, für künftige politische Arbeit.« Steffi konnte sich nicht retten. Das Fädchen riß. Sie wurde am 7. Januar 1943 hingerichtet, am selben Tage wie der Genosse Fritsch.

Viele der ganz jungen Frauen, denen ich im Gefängnis Schiffamtsgasse begegnet bin, gehörten dem Kommunistischen Jugendverband an und hatten innerhalb dieser Organisation illegal gearbeitet. An erster Stelle gedenke ich der hübschen, schlanken Poldi Kovarik. Sie hatte die Idee, junge Menschen müßten an junge Menschen, an Soldaten schreiben und ihnen die Sinnlosigkeit des Mordens erklären. Es müsse ihnen zu Bewußtsein kommen, daß sie bloß Werkzeuge in einem verbrecherischen Eroberungskrieg waren. Poldi verfaßte zusammen mit einem anderen Genossen solche Briefe. Die Widerstandsbewegung hatte zu diesem Zeitpunkt bereits eine Reihe gut organisierter Soldatengruppen an der Front und in den Kasernen. Die »Soldatenbriefe« gingen an diese Gruppen zur Verteilung und an einzelne Feldpostnummern, von denen sich die Jugend größere Listen beschafft hatte. Poldi wurde verhaftet. Sie kam im frühen Herbst 1941 zu uns in Einzelhaft. Diese jungen Menschen wollten ihren Teil dazu beitragen, daß der Krieg rasch verlorengehe, damit noch möglichst viele Menschenleben gerettet werden und ein selbständiges Österreich wiedererstehen könne. Poldi wurde im Wiener Landesgericht, 23 Jahre alt, enthauptet.

Die Briefaktion ging auch nach Poldis Verhaftung weiter, die Soldatenarbeit konnte nie ganz abgewürgt werden.

Auch Edith Gadawitz arbeitete in der illegalen kommunistischen Jugendorganisation. Sie hatte vor allem mit der Verteilung politischer Schriften zu tun, auch mit Soldatenbriefen, die sie vervielfältigte. Im Februar 1942 wurde sie verhaftet. 17½ Jahre alt. 18 Monate später hatte sie zusammen mit anderen Jugendlichen Verhandlung. Der fünfte Senat des Berliner Volksgerichtshofes war für einige Tage nach Österreich gekommen und fällte in vier Tagen für neun von elf Angeklagten Todesurteile! Alles Jugendliche zwischen 17 und 23 Jahren. Acht Monate saß die wegen »Wehrmachtszersetzung« verurteilte Edith in einer Todeszelle im Wiener Landesgericht und wartete auf die Hinrichtung. Sogar der Staatsanwalt hatte für sie »nur« 12 Jahre Zuchthaus beantragt. Trotzdem verurteilte sie der Blutrichter Albrecht zum Tode. Als einzige dieser neun jungen Menschen wurde sie schließlich zu den beantragten zwölf Jahren begnadigt.

Unsere drei »Fazi«, die Haushelferinnen Betty Wenz, Hilda Stampfl und Hannerl Vogl, hatten innerhalb der Partei und der »Roten Hilfe« gearbeitet, an Schulungen teilgenommen und Aufklärungsschriften verteilt. Sie, immer hungernd, mußten das Essen austeilen, schwere Kessel schleppen, die Wäschepakete einsammeln oder verteilen und die Fußböden der langen, breiten Gänge reiben. Sie machten ihre Arbeit so gut, daß ihnen die Aufseher nichts anhaben konnten. Geschickt beförderten sie alles von Zelle zu Zelle. Sie überbrachten Anklageschriften, mir gaben sie den Brief von »Plonerl« für das Enthaftungsgesuch, sie steckten heimlich »die Liebe« in die Wäschepakete. Oft riefen sie durch die blitzschnell geöffnete Essensklappe in die Zelle Mitteilungen über neue Verhaftungen, Verhöre oder Aussagen, Nachrichten von draußen, Frontberichte. Sofort erfuhren wir, wenn eine Gefangene in den Arrest kam, damit Eßbares organisiert und in die Kellerzellen »geschnürlt« werden konnte. Auch meine Kreuzworträtsel wurden zur Sonntagsbeschäftigung auf diese Weise zu den anderen Gefangenen befördert. Sie schoben in die Zelle der Jüdinnen, was nötig war, denn den Jüdinnen war der Kauf der wöchentlichen »Ausspeisung« und des »Völkischen Beobachters« verboten. Immer, wenn die Essensklappe aufging, sahen wir ein freundliches Lächeln, hörten wir hilfsbereite, aufmunternde Worte. Alle drei waren von solch selbstverständlicher Solidarität beseelt, daß man sich nie belastet fühlte, ihre überaus riskante Hilfe in Anspruch zu nehmen. Sie machten alles so geschickt und intelligent, daß in den anderthalb Jahren, die ich dort war, keine von ihnen bei einer »unerlaubten« Handlung erwischt wurde. Alle drei hatten gerade ihre Lehrzeit beendet, als sie verhaftet wurden. Betty Wenz, heute Hirsch, erhielt zwei Jahre Zuchthaus. Als sie diese in Aichach abgesessen hatte, mußte sie die zweieinhalb Jahre bis zum Kriegsende noch zusätzlich im Konzentrationslager Ravensbrück verbringen. Hilda Stampfl und Hannerl Vogl sah ich im Zuchthaus Aichach wieder. Als der Krieg zu Ende ging, fuhren wir an einem herrlichen Frühlingstag singend zusammen in die Freiheit. Alle drei konnten später den von ihnen erwünschten Beruf erlernen. Betty wurde Buchhalterin, ist verheiratet und hat drei erwachsene Kinder. Hilda wurde Magistratsbeamtin, und Hannerl, ebenfalls Mutter einer bereits erwachsenen Tochter, ist Kindergärtnerin geworden.

Am 7. September 1942 erhielt ich meinen Verhandlungstermin für den 22. September vor dem zweiten Senat des Berliner Volksgerichtshofes, einem »Köpflersenat«. Richter, Staatsanwalt, alle Mitglieder des Berliner Volksgerichtshofes kamen in regelmäßigen Abständen für ein bis zwei Wochen in die »Ostmark«, um Todesurteile am laufenden Band zu fällen. In der Woche meiner Verhandlung sah das so aus:

Montag: Zwei Angeklagte, Steffi Engler und Genosse Fritsch – zwei Todesurteile. Dienstag: Sechs Angeklagte (darunter ich), drei Todesurteile. Mittwoch: Acht Angeklagte (darunter Gretl Jost), sechs Todesurteile. Donnerstag: Vier angeklagte Frauen, drei Todesurteile. Freitag: Fünf Angeklagte, fünf Todesurteile. Samstag konnten die Herren spazierengehen. Von 25 Angeklagten, 16 Männern und 9 Frauen, alles österreichische Kommunisten, wurden in einer einzigen Woche 19 zum Tode verurteilt. Alle diese Urteile wurden im Januar 1943 im Wiener Landesgericht vollstreckt. Mitten in unserer Stadt rollten unter dem Fallbeil die Köpfe. Und das ging jahrelang so. Todesurteile über Todesurteile. Bis heute weiß der größte Teil der Bevölkerung so gut wie nichts davon, glaubt es nicht oder will es nicht glauben. Manche meinen, nur Männer wurden justifiziert. Im Wiener Landesgericht gab es manchmal bis zu 70 Hinrichtungen an einem Tag. Anfangs gaben die Nazibehörden die Todesurteile, sofern sie an Politischen vollzogen wurden, in den Arbeiterbezirken durch grellrote Plakate bekannt.

Name des Briefschreibers: Margarete Schütte

Wien, VIII/65, den 13. IX. 1942
Landesgerichtsstr. 11

Gelesen:

Abschrift

Gesch.-Abt. .... Aktz. ....
(Die Geschäftsabteilung und das Aktenzeichen hat der Gefangene anzugeben.)

Gef.-B.-Nr.: ....
(Bei allen Sendungen anzugeben)

Meine liebe, liebe Schwester! Nun schreibe ich Dir das letzte mal vor der Entscheidung über mein weiteres Schicksal. Bitte, sei nur weiter so fest u. tapfer wie bisher, ich wünsche so von ganzem Herzen, daß Du Dich weiter des Lebens freuen sollst, trotz meines schweren Schicksals soll Dir Dein Leben nicht auch noch verdorben sein, auch nicht für Hilzelein. Du warst die ganze Zeit der Haft wie eine Mutter zu mir, voller Liebe u. Fürsorge u. hast es mir dadurch ungeheuer erleichtert und ich danke Dir und auch Hans für alles. Das Leben hier in der Haft war nicht umsonst, ich habe manchem leidenden Menschen helfen können, viel gelesen und sehr viel dazugelernt. Nur momentan ist es halt sehr schwer, das sind wohl eine der größten seelischen Leiden, die ein Mensch erleben kann, man muß es eben ganz durchhalten. Meine Umgebung, meine Zellengenossin ist eben gerade jetzt voller Fürsorge

Auszug aus einem Brief von Margarete Schütte-Lihotzky an ihre Schwester vom 13. September 1942 aus dem Wiener Landesgericht kurz vor der Hauptverhandlung

Sie hofften auf eine abschreckende Wirkung, erreichten damit aber nur, daß die Empörung wuchs. Daraufhin geschah alles unter strengster Geheimhaltung. Nicht einmal die nächsten Angehörigen wurden im Sommer 1942 zu den Prozessen zugelassen. Im Herbst 1943 entschlossen sich die Behörden wieder anders. Plötzlich erschienen in Krems zur Abschreckung Plakate, die die Todesurteile Jugendlicher bekanntmachten. So lavierten die Nazis hin und her. Es half nichts. Der organisierte Kampf unter Führung der österreichischen Kommunisten ging von 1938 bis 1945 trotz grausamsten Terrors ununterbrochen weiter.

Wir waren sechs Angeklagte: Erwin Puschmann, Franz Sebek, Anni Haider, Franz Haider, Genosse Lisetz und ich. Von meinen fünf Mitangeklagten hatte ich drei nie in der Freiheit gesehen, ich wußte nicht einmal etwas von ihrer Existenz. Die Anklageschrift war politisch außerordentlich interessant. So dumm die Gestapobeamten bei den Verhören waren, so durchdacht war diese Anklage. Erwin Puschmann war der Hauptangeklagte. Auf der ersten Seite der Anklageschrift standen die Paragraphen, nach denen unsere »Straftaten« gerichtet wurden, unter anderem der Hochverratsparagraph, der von einem Jahr Gefängnis bis zum Todesurteil reichte. Nach diesem Paragraphen richteten sie jeden Kommunisten, dem sie eine »organisierte« Verfehlung nachweisen konnten. Schon eine Spende von zwei Mark für die »Rote Hilfe« galt als Hochverrat. Selbst nicht erwiesene Taten konnten durch Annahme unter den Hochverratsparagraphen fallen. In der zusammenfassenden Vorbemerkung unserer Anklageschrift hieß es: Erwin Puschmann hat versucht, die illegale KPÖ in der Ostmark wiederaufzubauen. Die übrigen Angeklagten haben ihm dabei geholfen, insbesondere die Angeklagte Schütte, die versucht hat, eine Verbindung zwischen ihm und dem Ausland herzustellen. Eine eingehende Schilderung der Tätigkeit der illegalen Kommunistischen Partei Österreichs seit der Nazibesetzung im Jahre 1938 folgte. Puschmann hatte bereits die dritte Leitung der Organisation aufgebaut. Sebek war daran wesentlich mitbeteiligt. Allein der allgemeine Teil über die illegale Arbeit der KPÖ umfaßte mehrere Seiten. Ausdrücklich stand darin, daß alle Angeklagten für das hochverräterische Unternehmen arbeiteten, »… mit Gewalt ein zum Reiche gehöriges Gebiet vom Reiche loszureißen«. Dann kam die Aufzählung der »Straftaten« jedes einzelnen Angeklagten. An Details kann ich mich nicht mehr erinnern, nicht einmal an diejenigen, die mich betrafen. Weitaus den breitesten Raum nahm die Tätigkeit des Genossen Puschmann ein, meine Verfehlungen nahmen nicht mehr als eine halbe Seite in Anspruch. Bei mir war lediglich die Rolle, die ich spielte, wichtig, und die genügte für das härteste Urteil.

Kaum hatte ich die Anklageschrift erhalten, wurde ich ins Anwaltszimmer geholt. In Wien hatte meines Wissens nur ein Anwalt Einblick in die Gestapo-Akten: Dr. Erich Führer, den meine Schwester zu meiner Verteidigung engagierte. Dr. Führer hatte seinerzeit den Dollfuß-Mörder, den Nazi Planetta, verteidigt. Dies gestattete ihm, nach der Okkupation Österreichs rasch Karriere zu machen und den Ruf des besten Anwalts in Wien zu erwerben. Sicher waren alle bei den Prozessen zugelassenen Anwälte verläßlich NS-Leute, Dr. Führer aber außerdem noch Mitglied des Sicherheitsdienstes. Anwälte gab es bei diesen Prozessen aus Formgründen, im wesentlichen wurde in Berlin entschieden. Die Anwälte hielten durch die Bank schöne Reden vor Gericht und wußten selbst am besten, daß sie gar keinen Einfluß hatten. Ihre Auftritte gehörten zur Inszenierung des Prozeßtheaters. Vor mir saß nun ein großer, eleganter Herr Kalt und unumwunden erklärte er mir, es könne nur ein Todesurteil für mich geben, also Hinrichtung durch das Beil. Ich hatte nichts anderes erwartet. Die ganze Atmosphäre, in der wir lebten, war voll von solchen Nachrichten. Der Tod war ein für uns alle mögliches Schicksal geworden, der Preis für die Hingabe an unsere gemeinsame Sache. Poldi Morawetz, eine unserer Jugendlichen, erzählte nach dem Krieg, daß ich direkt nach dem Anwaltsbesuch für kurze Zeit mit ihr in eine Zelle gekommen wäre und in aller Ruhe erklärt habe: »So werd' ich halt als Heldin sterben.«

An meinem letzten Abend in der Schiffamtsgasse organisierten alle Genossen, deren Zellen an meinem Klosettrohr lagen, eine Abschiedsfeier. Wieder sangen wir gemeinsam die Internationale. Am nächsten Morgen begleiteten mich die innigsten Wünsche aller zum »Köpflersenat«. Als ich auf den Gang hinaustrat, rief Hedy Urach noch ein »Mach's gut!« durch die Türe. Im Erdgeschoß wurde ich nochmals in eine Zelle gesperrt. Ein Aufseher sagte: »Sie haben Besuch!« Besuch? Wozu das noch in dieser Stunde? Es war meine Schwester. Sie hatte nur mit großer Mühe diesen Ausnahmebesuch erreicht. Zwei Minuten hinter dem Gitter und eine letzte Minute ohne Gitter, zum Umarmen. Der

Anwalt hatte ihr offen gesagt, wie es um mich stand. Ich war darüber wütend. Meine Schwester hielt sich großartig.

Im »Grünen Heinrich« begleitete mich wieder der Aufseher Steiner. Es entspann sich folgendes, mir unvergeßliches Gespräch:

Er: Fahren Sie zur Verhandlung?

Ich: Ja, morgen wird sie sein.

Er: Welches Gericht?

Ich: Berliner Volksgericht, zweiter Senat.

Er: O je!

Ich: Ich weiß. Ich bin ein schwerer Fall, aus dem Ausland gekommen.

Er: O je! Von wo denn?

Ich: Aus der Türkei.

Er: O je! Ich war vor einigen Tagen mit Herbert Eichholzer bei seiner Verhandlung. Der ist auch aus der Türkei gekommen.

Ich: Ja, das ist ein Freund von mir. Wir haben zusammen illegal gearbeitet.

Er: O je!

Auch er, der schon so viele Verhandlungen miterlebt hatte, glaubte, daß es für mich nur ein Todesurteil geben könne. Um mich auf seine Weise zu trösten, schilderte er, wie die Hinrichtungen vor sich gingen. »Schauen Sie«, sagte er mitfühlend. »Sie sind ein zarter Mensch, lang können Sie dieses Leben doch nicht mehr aushalten. Da ist es anders schon besser. Das Ganze dauert nur sieben Sekunden. Nach dem Krieg kriegen Sie dann ein Denkmal.« Wir verabschiedeten uns freundschaftlich.

Der Prozess

**… Die Wirklichkeit schafft in ihrer Verwegenheit Situationen,
die der Kunst untersagt sind,
denn sie wären allzu unwahrscheinlich.**

Honoré de Balzac

Im Landesgericht kam ich in eine Zelle mit zwei Kriminellen, denen ich erzählte, was mich erwartete. Beide waren freundlich und mitfühlend. Am Abend vor der Verhandlung drehte ich mir mit Papierröllchen die Haare ein. Das war üblich und kam mir damals ganz natürlich vor, keineswegs grotesk. Wir waren stolz auf unseren Kampf und wollten vor diesen Mord-Richtern nicht als die Geschlagenen dastehen, auch nicht in unserem Äußeren. In der Schiffamtsgasse hatten wir unser Verhalten vor Gericht beraten und beschlossen: Rette sich, wer kann. Jede muß alles tun, um für den Wiederaufbau Österreichs und für die Parteiarbeit nach dem Kriege am Leben zu bleiben. Wir hatten auch beschlossen, daß jede, die das wollte, das Recht auf ein Schlußwort wahrnehmen sollte. Nach der Rede des Staatsanwalts hatte der Angeklagte nämlich das Recht auf ein Zweiminutenschlußwort. Ich hatte meines sorgfältig vorbereitet und auswendig gelernt. Es war am 22. September 1942. Vier Jahrzehnte sind seitdem vergangen, aber mir ist, als sei es gestern geschehen.

Als erste, den Schupo an meiner Seite, betrat ich den großen Schwurgerichtssaal im Wiener Landesgericht. Der ansteigende Zuschauerraum war leer. Nach mir kam Anni Haider mit ihrem Schupo. Wir saßen uns gegenüber, beide gut gekleidet und vollkommen ruhig. Dann wurden die vier angeklagten Männer hereingeführt. Zuerst Erwin Puschmann, er war nicht wiederzuerkennen. Seit dem Tag vor 18 Monaten, als wir auf der Prunkstiege des Gestapohauses am Morzinplatz auseinandergerissen worden waren, hatte ich ihn nicht gesehen. Damals war er ein kräftiger, sportlicher Mann in den besten Jahren. Und jetzt saß mir gegenüber ein Mensch mit einem ganz schmalen, schönen, vergeistigten Kopf. Neben ihm Franz Sebek, den ich vorher nur ein einziges Mal einige Minuten bei Konopitzkys im Siedlerhaus am Laaerberg gesehen hatte. Rechts von mir, neben meinem Schupo, Franz Haider, Annis Mann, und links Genosse Lisetz, sein Schupo zwischen uns. Endlich betraten die Mitglieder des Volksgerichtshofes den Saal. Es waren sieben Gestalten, wie sie für einen Film nicht hätten typischer ausgewählt werden können. Vier in seidenglänzenden scharlachroten Talaren, drei in Uniform. Der Vorsitzende war ein Sachse mit scharfgeschnittenem Gesicht. Der Beisitzer war ein Wiener, dick und schwammig, kriecherisch-schleimig wie eine Qualle. Der Staatsanwalt, bei den Nazis hieß er Oberreichsanwalt, ein jüngerer Mensch mit bleicher Stirn, bleichen Wangen, schmalen Lippen und Händen wie Spinnen. Der Sekretär: das Haar so schwarz wie die kleinen Schuhknöpfe seiner Augen, das Gesicht wie das einer lauernden Spitzmaus. Und alles das glänzte in den roten Roben. Anwesend war ferner ein hoher Militär, ich glaube ein General, der Prototyp des alten, hageren, preußischen Junkers. Das glatte, weiße Haar in der Mitte gescheitelt, im Auge ein Monokel, das er unaufhörlich abnahm und wieder aufsetzte. Neben ihm ein brutal aussehender Wehrmachtsoffizier, der in Anwesenheit seines Vorgesetzten schwieg. Der dritte Uniformierte war, seiner braunen Uniform nach, ein SA-Mann. Hinter diesen sieben gespenstischen Gestalten prangte ein großes Hitlerbild. Links vom Gericht saßen die vier Anwälte in schwarzen Talaren, rechts zwei Gestapobeobachter. Einer von ihnen führte ein Dienstbuch, das nach dem Krieg in Berlin gefunden wurde. »Am 22. September verhandelte der Volksgerichtshof über eine Gruppe führender Funktionäre der illegalen KPÖ mit Erwin Puschmann an der Spitze … Puschmann habe in seiner Tätigkeit sich auf Herbert Eichholzer und andere Parteifreunde gestützt, so auf die gleichzeitig vor Gericht stehende Architektin Margarete Schütte, deren Mann sich in Konstantinopel befand …«

Erwin Puschmann und ich wurden als erste an die Barriere gerufen. Die meisten und wichtigsten Fragen galten natürlich ihm. Er sprach so leise, daß sogar ich, die ich dicht neben ihm stand, ihn nur mit Mühe hören konnte. Wiederholt brüllte ihn der Richter an, er solle lauter reden. Ich selbst dachte verzweifelt: »Warum redet er nur so leise?« Später erfuhr ich es: Puschmann konnte nicht lauter sprechen, die Gestapo hatte ihm die Geschlechtsteile zusammengeschlagen.

Eine Begebenheit beleuchtet die ganze Tragik um die Spitzelaffäre »Ossi«. Es war von einer Aufklärungsschrift für das Militär die Rede, eine jener Flugschriften, die auch ich im Hause Konopitzky gelesen hatte. Der Richter warf Erwin vor, diese an die Front geschickte Schrift verfaßt zu haben. Erwin antwortete, nicht er, sondern »Ossi« wäre der Verfasser gewesen. Der Richter schrie: »Warum haben Sie bei der Gestapo anders ausgesagt und zugegeben, daß Sie der Verfasser sind?« – »Weil ich ›Ossi‹ schonen wollte.« Erwin hatte es auf sich genommen, den Gestapospitzel, den er für einen guten Genossen hielt, vor Verhaftung und Tod zu bewahren.

Was mich betrifft, so erinnere ich mich nur noch an zwei Fragen. Der Richter behauptete, bei dem Architekten Professor Clemens Holzmeister, den ich gut kannte, sei in Istanbul eine Parteikasse deponiert gewesen. Ich wußte nun wirklich nichts von einer Parteikasse in Istanbul. Sollte es eine solche gegeben haben, auf keinen Fall wäre sie bei Professor Holzmeister untergebracht worden. Wütend rief der Richter, Holzmeister sei ein Feind des Staates und obendrein beziehe er eine Pension von Deutschland. Selbst den Anwälten schien das zuviel. Sie standen alle auf und erklärten: »Holzmeister ist zwar kein Mann von uns, aber er ist alles, nur kein Kommunist.« Die zweite eigenartig drohend geschriene Frage völlig außerhalb meiner illegalen politischen Tätigkeit kam ganz plötzlich: »Was halten Sie von Le Corbusier?« Ich dachte: Jetzt kommen sie mir auch noch mit ihrem Kulturbolschewismus! Als ich Jahre später Le Corbusier diesen Zwischenfall erzählte, bezeichnete er sich selbst wörtlich als einen »politischen Idioten«. Das sollte wohl eine Art Rechtfertigung sein, denn er war während der deutschen Besetzung Frankreichs der Regierung Pétain gegenüber schon etwas mehr als nur loyal gewesen.

Die Verteidigungslinie aller sechs Angeklagten war, möglichst viel von »Ossi« zu sprechen. Einem Gestapobeamten, der als Zeuge hereingerufen wurde, stellte Erwins Anwalt die Frage, wer und wo dieser vielbesprochene »Ossi« eigentlich war. Der Gestapobeamte verweigerte die Antwort. »Aus staatspolizeilichen Gründen?« wollte der Richter wissen. »Ja, aus staatspolizeilichen Gründen.« Jetzt war auch offiziell bestätigt, daß »Ossi« der Spitzel war. Die Frage des Anwalts war durch Erwin veranlaßt worden. Er wußte, falls jemand von uns überleben würde, könnte die Rolle, die »Ossi« spielte, der Nachwelt übermittelt werden.

Starken Eindruck machte auf mich Genosse Fritsch. Er war am Tage vorher zum Tode verurteilt und als Zeuge in den Saal gebracht worden. Da stand er nun völlig ungebrochen, bereits im groben Zwilchanzug der Todgeweihten. Ruhig und sicher setzte er seine Worte. Umso mehr schrie der Blutrichter. Schließlich hielt der spinnenfingrige Staatsanwalt seine lange Anklagerede. Wie bedeutend dieser Prozeß sei, führte er aus, und Erwin Puschmann sei der höchste Funktionär der KPÖ, der je vor einem deutschen Volksgerichtshof gestanden habe.

Von mir sagte er: »… sie hat zweifellos den Umfang der Arbeit gekannt und Puschmann geholfen, konnte nur durch Verhaftung nicht voll tätig werden, ist aber in vollem Umfang der Anklage schuldig …« Für alle sechs verlangte der Staatsanwalt den Tod. Die Verteidigungsreden der Anwälte waren Seifenblasen. Jetzt stand uns ein Zweiminutenschlußwort zu. Wer davon Gebrauch machte, sprach im Sinne des vereinbarten »Rette sich, wer kann«. Von Franz Haiders wirklicher politischer Tätigkeit wußte die Gestapo offenbar nur wenig. Am wenigsten belastet, verteidigte er sich sehr geschickt. Er schilderte sich als begeisterten Sportsmann und schob alles auf harmlose Sportkontakte, ohne Namen zu nennen. Ich stellte mich als bürgerliche, unpolitische Architektin hin, die in Istanbul zufällig in diese Sache hineingerissen worden sei. Kaum jemals habe ich eine Ansprache so ruhig und fließend heruntergesagt, überzeugt, daß mir meine Worte sowieso niemand glaubt und alles bereits entschieden sei. In der Mittagspause wurde ich in meine Zelle gebracht und habe dort mit dem größten Appetit gegessen. Und heute kann ich nichts essen, wenn ich mich über irgendetwas errege. In einer so außerordentlichen Situation ist der Verstand unbeschreiblich wach – heute noch sehe ich alle Gesichter, Bewegungen, den Saal, die scharlachroten und schwarzen Roben und die blassen Antlitze meiner Genossen ganz deutlich vor mir. Daß es darum ging, ob man mir den Kopf abschlagen werde oder nicht, diese Vorstellung war so unglaubhaft, daß sie nie wirklich Besitz von mir ergriffen hat. Intensiv habe ich die Verhandlung miterlebt, wie ein Schauspiel, nicht als zutiefst Beteiligte, sondern als Zuschauerin. Ab einem bestimmten Augenblick schlägt der Wille zur Ruhe und Selbstbeherrschung offenbar um in einen automatisch funktionierenden

Selbstschutz, zu außergewöhnlicher Wachheit des Verstandes und zur Versteinerung aller Empfindungen, zu bezeichnender Unbeteiligtheit. Dieselbe Erscheinung konnte ich auch bei den anderen Angeklagten beobachten. Um fünf Uhr nachmittags zog sich das Gericht zur Beratung zurück, um sechs Uhr sollte das Urteil verkündet werden.

Anni und ich saßen mit unserem Schupo in einem kleinen Raum. Es verging eine Stunde, und wir wurden nicht in den Saal gerufen. Normalerweise dauerte die Beratung zwischen Verhandlung und Urteilsverkündung nicht lange, wenn alle zum Tode verurteilt wurden, ging es ganz schnell. Zwei Stunden waren schon vergangen, und wir warteten immer noch. Hoffnung stieg auf. Unser Schupo meinte, zu Anni gewendet: »Vielleicht kommen Sie doch mit dem Leben davon«. Dann zu mir: »Ihnen glaubt das ja doch kein Mensch« – eine Anspielung auf mein Schlußwort. Endlich, nach drei Stunden, wurden wir in den Saal geführt. Durch Blicke und Handzeichen verständigte ich mich mit dem mir gegenübersitzenden Erwin. Er deutete viermal mit dem Daumen nach unten, das Zeichen der alten Römer für Tod. Tod für ihn selbst, für Sebek, für Lisetz, für mich. Was die beiden Haiders betraf, zuckte er zweifelnd mit den Achseln. Plötzlich erstarrte ich. Völlig unerwartet wurden Angehörige in die oberste Reihe des Amphitheaters gelassen. Ich suchte meine Schwester. Sie war nicht dabei, ich atmete auf. Endlich betritt das Gericht den Saal. Wieder die Kulisse von scharlachroten Talaren und von Uniformen vor dem Hitlerbild. Der Vorsitzende mit seiner Teufelsfratze erhebt sich und verliest betonungslos:

Der Hauptangeklagte, Erwin Puschmann, verurteilt zum Tode, 20 Jahren Ehrverlust und Bezahlung der Prozeßkosten.

Der Angeklagte Franz Sebek, verurteilt zum Tode, 20 Jahren Ehrverlust und Bezahlung der Prozeßkosten.

Der Angeklagte Lisetz, verurteilt zum Tode, 20 Jahren Ehrverlust und Bezahlung der Prozeßkosten.

Die Angeklagte Margarete Schütte, verurteilt zu 15 Jahren Zuchthaus, zwanzig Jahren Ehrverlust und Bezahlung der Prozeßkosten.

Die Angeklagten Anni Haider zu 15 Jahren und Franz Haider zu 30 Jahren Zuchthaus, 15 Jahren Ehrverlust und Zahlung der Prozeßkosten.

Dann noch für jeden Angeklagten eine kurze Urteilsbegründung. Die in der letzten Reihe des Amphitheaters sitzenden Verwandten

Begl. Abschrift.

7 J 381/42
2 H 158/42

Jm Namen des Deutschen Volkes

In der Strafsache gegen

1.) den Bau- und Maschinenschlosser Erwin P u s c h m a n n aus Wien, geboren am 8. Februar 1905 daselbst,
2.) den Hilfsarbeiter Franz S c h e k aus Wien, geboren am 30. April 1901 in Schlüsselburg bei Blatna (Böhmen),
3.) die Hilfsarbeiterin Anna H o l d e r aus Linz, geboren am 22. März 1902 in Wien,
4.) den Angestellten Franz H o l d e r aus Linz, geboren am 11. September 1907 in Linz,
5.) die Architektin Margarete S c h ü t t e geborene Lihotzky aus Istambul, geboren am 23. Januar 1897 in Wien,
6.) den Zimmermalergehilfen Karl L i s e t z aus Wien, geboren dort am 31. März 1913,

sämtlich zur Zeit in dieser Sache in gerichtlicher Untersuchungshaft,

wegen Vorbereitung zum Hochverrat

hat der Volksgerichtshof, 2. Senat, auf Grund der Hauptverhandlung vom 22. September 1942, an welcher teilgenommen haben

als Richter:

Volksgerichtsrat Hartmann, Vorsitzer,
Oberlandesgerichtsrat Fikeis,
SS-Brigadeführer Goetze,
SS-Oberführer Tondock,
Generalarbeitsführer von Wenckstern,

als Vertreter des Oberreichsanwalts:

Erster Staatsanwalt Bischoff,

als Urkundsbeamter der Geschäftsstelle:

Justizassistent Becker,

für Recht erkannt:

2.

4408

Urteil des Volksgerichtshofes Berlin über Margarete Schütte-Lihotzky und andere kommunistische Widerstandskämpfer

Die Angeklagten Erwin Puschmann, Franz Sebek, Anna Haider, Franz Haider, Margarethe Schütte und Karl Lisetz werden verurteilt, und zwar:

a.) Puschmann, Sebek, die Schütte und Lisetz
wegen Vorbereitung zum Hochverrat, von Puschmann in Verbindung mit landesverräterischer Begünstigung des Feindes begangen,
Puschmann, Sebek und Lisetz
ein jeder zum T o d e und zum Verlust der bürgerlichen Ehrenrechte auf Lebenszeit
und die Schütte zu einer Zuchthausstrafe von 15 - fünfzehn - Jahren und zum Verlust der bürgerlichen Ehrenrechte auf die Dauer von 10 - zehn - Jahren,

b.) die Angeklagten Anna Haider und Franz Haider wegen Nichtanzeige des Vorhabens eines hochverräterischen Unternehmens und zwar:
Anna Haider zu 15 - fünfzehn - Jahren Zuchthaus
und Franz Haider zu 13 - dreizehn - Jahren Zuchthaus.

Die bürgerlichen Ehrenrechte werden diesen beiden Angeklagten auf die Dauer von je 10 - zehn - Jahren aberkannt.
Auf die erkannten Freiheitsstrafen werden der
Angeklagten Schütte 1 - ein - Jahr acht Monate,
den Angeklagten Anna und Franz Haider je 1 - ein - Jahr und 7 - sieben - Monate der erlittenen Haft angerechnet.
Der bei Puschmann sichergestellte Geldbetrag in der Höhe von 370 RM wird eingezogen.

Die Angeklagten haben die Kosten des Verfahrens zu tragen.

Von Rechts wegen.

Die Richtigkeit der vorstehenden Abschrift wird beglaubigt und die Vollstreckbarkeit des Urteils bescheinigt.

Berlin, den 28. September 1942
gez. Jahnke, Amtsrat
als Urkundsbeamter der Geschäftsstelle.
Beglaubigt:
[signature], Sekretär
als Urkundsbeamter der Geschäftsstelle.

Kundmachung.

Die am 22. September 1942 vom Volksgerichtshof wegen Vorbereitung zum Hochverrat zum Tode und zum dauernden Verlust der bürgerlichen Ehrenrechte Verurteilten

Erwin Puschmann,

37 Jahre alt, und

Franz Sebek,

31 Jahre alt,

beide aus Wien, sind heute hingerichtet worden.

Berlin, den 7. Jänner 1943.

Der Oberreichsanwalt beim Volksgerichtshof.

Solche Hinrichtungskundmachungen waren öffentlich plakatiert

durften nicht mehr erfahren, Puschmanns Familie, Sebeks Familie gingen aus dem Saal. Ganz still und ganz weit weg von uns. Langsam drang mir ins Bewußtsein: Man wird dir nicht den Kopf vom Rumpfe trennen. Der Schupo neben mir sagte: »San S' jetzt zufrieden?« Die Angeklagten, alle sehr ruhig, wurden in einen kleinen Vorraum gebracht. Die Anwälte erwarteten uns. Ich sagte zu meinem: »Das ist ein Wunder.« Und er: »Jetzt rufe ich Ihre Schwester an.«

Ich drehte mich um, vor mir stand Erwin Puschmann. Schweigend umarmte er mich und gab mir einen Kuß. Es war sein Abschied – sein Abschied vom Leben, sein Abschied von den Genossen, sein Abschied von der Partei, für die er gelebt hat. Dieser Kuß war erschütternder als alles Vorangegangene, er wurde zum ersten aufwühlenden Gefühl meines wiedererwachenden Lebens. Die Tränen konnte ich meistern, aber ich zitterte am ganzen Körper. Die sechs Angeklagten drückten sich die Hände. Dann wurden sie abgeführt.

Sofort hörte aller unnatürliche Zwang auf. Der Lebenswille kehrte zurück wie Wasser in eine ausgetrocknete Quelle, die physische und psychische Spannung fiel ab. Von sechs Angeklagten nur drei zum Tode Verurteilte. Es war wie ein Glückstag. Gelöst und fast fröhlich hängten Anni und ich uns in den freundlichen, dicken »Wastl« ein, der uns in die Zellen zurückbrachte. Die drei zum Tode Verurteilten hätten uns verstanden. Der »Wastl« erzählte, die katholischen Schwestern hätten tagsüber für uns gebetet, abends aber hätte man für Anni und mich in der Frauenabteilung bereits eine Todeszelle vorbereitet. Ich wurde von Anni getrennt. Meiner Aufseherin, der ich auf der Treppe zur Zelle begegnete, rief ich schon von weitem zu: »Frau Fischer, ich habe nur fünfzehn Jahre!« Sehnlich von meinen beiden Mitgefangenen erwartet, betrat ich die Zelle mit dem Ausruf: »Kinder, ich hab' nur 15 Jahre!« Andere Gefangene hatten schon wiederholt durchs Fenster rufend nach mir gefragt. Ich sprang aufs Bett und schrie die Urteile zur hohen grauen Mauer in die dunkle Nacht. Keiner der Aufseher verhinderte es, keiner verbot das Rufen, das an allen Fenstern einsetzte. Für Gretl Jost, die am nächsten Tag vor demselben Gericht stand, faßten wir alle neue Hoffnung. Es kam leider anders.

Mein Leben habe ich einer Kette unvorhersehbarer und unvorstellbarer Zufälle zu verdanken, deren Zusammenhang ich selbst erst nach dem Ende des Krieges erfuhr. Ich wußte, daß eine harmlose Gefangene, die eine Zelluloidpuppe für eine Sammlung gespendet hatte, von deren Nazifeindlichkeit sie nichts ahnte, den Kopf aufs Schafott legen mußte. Und ich, die bewußt und organisiert gegen die Nazis gearbeitet hatte, kam mit 15 Jahren Zuchthaus davon. Etwas mußte während der drei Stunden, zwischen dem Antrag des Staatsanwalts auf Tod und dem Urteilsspruch, vor sich gegangen sein. Die Wendung grenzte an ein Wunder. Sofort nach der Verhandlung war ich sicher: Die Ursache dieser Wendung konnte nur »der Brief« sein.

In den vielen Monaten, die ich vor der Verhandlung im Bezirksgefängnis in der Schiffamtsgasse verbracht hatte, waren mir die Todesurteile, die wie am laufenden Band an KP-Genossinnen vollzogen wurden, nicht verborgen geblieben. Mein Fall schien hoffnungslos. In solcher Lage zermartert man sich natürlich das Gehirn, ob nicht doch noch irgendetwas zu unternehmen wäre, das helfen könnte. Und meine beiden Zellengenossinnen überlegten mit mir. »Das einzige, das den Nazis Eindruck macht«, sagte Poldi, »ist noch das Ausland. Du hast in Istanbul an der Akademie der schönen Künste gearbeitet, die der türkischen Regierung untersteht. Dein Mann arbeitet heute noch an der Akademie, und ihr seid angesehene Leute dort. Vielleicht könnte das Urteil über die Türkei beeinflußt werden. Denk einmal darüber nach.« Nun, ich dachte Tag und Nacht darüber nach. Dabei kam mir ein Zufall zu Hilfe. Gerade in jenen Tagen erhielt ich einen Brief von meinem Mann, einer jener kostbaren Briefe, die wir nur sehr selten erhalten durften. Es würden jetzt mehr Frauengewerbeschulen in der Türkei gebaut, berichtete er, wie schade, daß ich nicht dort sei, denn das wäre doch mein Ressort im Architektenbüro des Ministeriums gewesen. War das nicht ein Strohhalm, an den ich mich klammern konnte?

Im Herbst 1942 war die Türkei noch neutral. Die Deutschen nahmen an, daß sie schwankte, auf welche Seite der kriegführenden Länder sie sich schlagen sollte, wenn sie sich nicht überhaupt aus dem Krieg heraushalten würde. Erst im Sommer 1944 schloß sie sich den Alliierten an. Die Naziregierung ließ nichts unversucht, um die Neutralen für sich zu gewinnen – und ganz besonders die Türkei. Dieses Land war für Deutschland höchst wichtig mit seinem direkten Zugang zum Schwarzen Meer und seinen unmittelbaren Grenzen zur Sowjetunion, zu den Balkanländern und zum Nahen Osten.

Ich hatte meiner Schwester einen in der Manschette einer Bluse meiner Gefängniskameradin Gusti eingenähten Kassiber geschickt. Gusti befand sich in einer Zelle ein Stockwerk tiefer, genau unter meiner, und wir sprachen miteinander durch das Klosettrohr. So wußte ich, daß sie bald Besuch ihrer Angehörigen erwartete. Da mußte wieder »die Liebe« herhalten. Gusti konnte ihren Verwandten beim Besuch heimlich ganz rasch mitteilen, daß in ihrer Bluse »was drin« ist.

In dem Kassiber fragte ich meinen Mann, ob er nicht beim Ministerium in Ankara einen neuen Arbeitsvertrag für mich erwirken könne, das würde mein Kommen erleichtern. Deutlicher wagte ich mich nicht auszudrücken. Über den Umweg von Gustis Angehörigen erfuhr ich noch, daß der Zettel in die Hände meiner Schwester gelangt war. Dann hörte ich nichts mehr von der Sache. Als mich mein Anwalt kurz vor der Verhandlung aufsuchte, fiel mir mein hinausgeschmuggelter Zettel ein. Obwohl ich gar nicht daran glaubte, stellte ich ihm doch die Frage, ob nicht irgendein Schreiben aus der Türkei an ihn gelangt sei. Meine Schwester, antwortete er, habe ihm einen Brief von dort übergeben, er hätte ihn auch an den Volksgerichtshof in Berlin weitergeleitet, aber das sei völlig bedeutungslos. Und zwölf Tage später lautete das Urteil nur 15 Jahre Zuchthaus! Doch es sollten noch vier Jahre vergehen, bis ich meinen Mann wiedersah; vier Jahre, bis ich die ganze Wahrheit über diesen unwahrscheinlichen Brief erfuhr. Nach Erhalt meiner Nachricht flog mein Mann sofort nach Ankara. Beim zuständigen Sektionschef im türkischen Unterrichtsministerium, der mich und meine Arbeit gut kannte, erkundigte er sich nach der Möglichkeit eines neuen Arbeitsvertrages, damit ich wiederkommen könnte. Der Sektionschef lehnte höflich ab. Damals war es für Deutsche – ich war durch meine Heirat schon vor dem »Anschluß« deutsche Staatsbürgerin geworden – äußerst schwer, in der Türkei einen Regierungsvertrag zu bekommen. Aber kaum hatte er abgelehnt, wurde der Sektionschef zufällig aus dem Zimmer gerufen, und mein Mann blieb allein. Auf dem Schreibtisch lag ein Stoß unbeschriebenes Amtspapier des Ministeriums. Zum Greifen nahe. Zum Vergreifen nahe. Und mein Mann griff zu. In seiner Tasche verschwanden einige Briefbogen des Unterrichtsministeriums der Türkei. Im Hotel verfaßte er bei gut verriegelter Türe einen Brief. Darin wurde mitgeteilt, daß das Ministerium auf meine Mitarbeit bei der Planung neuer Frauengewerbeschulen Wert legt und einen Arbeitsvertrag mit mir abzuschließen wünschte. Nun mußte der Brief ins Türkische übersetzt und auf das offizielle Briefpapier übertragen werden. Ein weiterer Zufall kam zur Hilfe. Eine Kusine meines Mannes lebte als Emigrantin in Ankara und arbeitete ausgerechnet im Unterrichtsministerium. Es gelang ihr, die Vorlage der Unterschrift des Ministers zu beschaffen und für eine Nacht den Amtsstempel zu stehlen. Und da sie die türkische Sprache vollkommen beherrschte, übersetzte sie den Brief. Eine ganze Nacht wurde Fälschen geübt, und am nächsten Morgen war der Brief, sorgfältig getippt, mit Ministerunterschrift und einem ordnungsgemäßen Stempel versehen, fix und fertig. Mein Mann flog damit sofort nach Istanbul zurück und suchte einen deutschsprachigen Notar auf. Er möge doch die Liebenswürdigkeit haben, den Brief samt deutscher Übersetzung zu beglaubigen. Mit dieser Beglaubigung in der Tasche ging er direkt zum deutschen Generalkonsul. Der sandte den gefälschten Brief mit dem nächsten deutschen Kurier nach Wien an meine Schwester. Das Hakenkreuz auf dem Begleitschreiben gab dem Ganzen einen sehr willkommenen offiziellen Anstrich. Meine Schwester übergab diese Kurierpost dem Anwalt, und der sandte sie an den Volksgerichtshof nach Berlin.

Was konnten die Herren in Berlin nun machen? Sie hatten einen Brief von einem Mitglied der türkischen Regierung bekommen, deren Entschluß, ob sie auf der Seite Deutschlands oder gegen Deutschland kämpfen sollte, für die Naziregierung bedeutsam war. Wenn schon meine bloße Verhaftung auf Befehl der Gestapo von meiner Familie so streng in der Türkei verschwiegen werden mußte, konnten sie dann jemanden, der von der türkischen Regierung als Mitarbeiterin angefordert wurde, um einen Kopf kürzer machen? So viel war ihnen mein Kopf dann doch nicht wert!

Eine Lebensrettung aus lauter glücklichen Umständen und Zufällen. Poldis Anregung, Gustis und ihrer Familie Hilfe, das Durch-die-Finger-Schauen der Aufseherin bei der Wäsche, das Aus-dem-Zimmer-Gehen des türkischen Sektionschefs im richtigen Augenblick, die zufällige Arbeitsstelle meiner angeheirateten Kusine und die mutige Tat meines Mannes. Wäre ein einziger dieser Umstände ausgefallen, ich wäre seit vier Jahrzehnten tot.

Ab ins Zuchthaus

**Sie werden bis ans Ende meines Lebens
vor meinem inneren Gesichte wandern,
die Schatten, einer stumm hinter dem andern.**

Richard Zach

Noch einen Monat blieb ich in meiner alten »Behausung«, dann wurde ich wieder ins Landesgericht transportiert, in die Sammelzelle der Verurteilten für den Abtransport ins Zuchthaus Aichach. Da saß ich nun wieder im »Grauen Haus«, wie das Landesgericht im Wiener Volksmund heißt, in diesem Monumentalbau mit seiner endlos langen Fassade und seinen aus Quadersteinen gefügten dicken Mauern. Die Sammelzelle lag im Erdgeschoß an einem schmalen Lichthof, gegenüber erhob sich eine hohe, fensterlose Mauer. Unmittelbar neben der Zelle lagen die Todeszellen der Frauen. Die Sammelzelle war ein Massenlager, zwei Reihen Strohsäcke lagen auf dem Fußboden fugenlos nebeneinander. Darauf mußten wir wie die Heringe Tag und Nacht dicht beisammen liegen; denn es gab keinen Tisch, keine Sitzgelegenheit und keinen Spaziergang. Immer mehr Verurteilte kamen herein, nach zehn Tagen warteten etwa 40 Frauen auf ihren Abtransport. Die meisten hatten große Angst vor der Fahrt, ging es doch für Jahre weg aus der Heimat. Fast alle hatten ihre Familien in Wien, viele den Mann, Söhne oder Brüder im Feld. In Wien hofften sie rascher Nachricht von ihnen zu erhalten. Alle diese Frauen waren so sehr Österreicherinnen, daß sie Bayern als fernes Ausland empfanden. Tiefe Trauer herrschte im Raum. Ich tröstete und heiterte auf, wie und wo ich konnte, da doch für mich die Situation ganz anders war. Ich war gerade dem Beil entronnen, hatte 16 Jahre im Ausland gelebt, mein Mann war 2.000 Kilometer weit weg in einem neutralen, sicheren Land. Für mich war es nicht wichtig, wo ich die Zeit bis zur Befreiung verbringen würde, Hauptsache war, körperlich durchzuhalten, bis der Krieg zu Ende ging.

Zentrale des Frauenzuchthauses Aichach in Bayern

Die Todeszellen der Frauen lagen so nahe, daß wir spätabends, sobald Stille herrschte, durch die Fenster mit den Todeskandidatinnen sprechen konnten. Unter ihnen befanden sich unsere Kameradinnen und Genossinnen, mit denen wir so lange in der Schiffamtsgasse beisammen gewesen waren: Toni Mück, Steffi Engler, Gretl Jost, »Micki Maus« und andere. Hier mußten sie die Qual der 99 Tage bis zur Hinrichtung ertragen. Die Enthauptungen fanden nur einige Zellen von uns entfernt statt. Nachmittags um 17.45 Uhr wurden die Opfer für ihre letzte Nacht in die Armsünderzelle gesperrt. Daneben lag der Hinrichtungsraum. Ein- oder zweimal in der Woche erfolgte das Schreckliche, bis zu 70 Mal an einem Tag! Draußen hastete der Großstadtverkehr, Trambahnen, Automobile, Tausende Menschen kamen am Grauen Haus, diesem Haus des Grauens, täglich vorbei. Ringsum stehen schöne Wohnhäuser. Und niemand ahnte, daß hinter den dicken Mauern einfache Menschen aus dem Volk, Männer und Frauen, hingerichtet wurden, die für die Freiheit ihres Landes, für diese Stadt, ihre Bewohner, ihr Leben hingaben. Im Hof, direkt vor unserem Fenster, wurden nachts die Leichen der Hingerichteten auf Wagen verladen. Das geschah mit einer Brutalität sondergleichen. Wir hörten rufen: »Schmeiß mir noch an Schädel her!« In unserer Zelle saßen Frauen von todgeweihten Männern, und sie wußten nicht, ob nicht ihres Mannes Schädel gemeint war! Es wäre eine Lüge, wollte man alle Schuld auf die »hartherzigen« Deutschen abwälzen, wie das nur zu oft geschieht. Diese Leute im Wiener Landesgericht waren durchweg Österreicher. Bei den österreichischen Nazis herrschte ebensoviel Rohheit und Gemeinheit wie bei den Deutschen. Die Unmenschlichkeit auf nationale Eigenschaften der Deutschen zurückzuführen wäre ungerecht gegenüber dem deutschen Volk und viel zu einfach und bequem.

Eines Tages ging die Zellentür auf, die Aufseherin stieß drei Frauen herein, die direkt aus den Todeszellen kamen. Erst wenige Minuten vorher hatten sie von ihrer Begnadigung erfahren, eine greise tschechische Bäuerin und ihre zwei Töchter, die eine 40 Jahre alt, die andere 20. Nach monatelanger Trennung sahen sich die drei jetzt in unserer Zelle erstmals wieder. Sie hörten nicht auf, sich wortlos schluchzend zu küssen und zu umarmen. Dann warfen sie sich auf die Knie und beteten lange. Eine Gefangene konnte etwas tschechisch und übersetzte ihre Geschichte. Ein Sohn der Alten arbeitete im tschechischen Widerstand und wurde verhaftet. Es gelang ihm, aus dem Gefängnis zu entkommen. Auf der Flucht verbrachte er eine einzige Nacht im Gehöft bei Mutter und Schwestern. Die drei Frauen wurden zum Tode verurteilt. Keine verriet, wohin der Sohn weitergezogen war, wahrscheinlich wußten sie das auch gar nicht. Fünf Monate warteten sie auf ihre Hinrichtung. Schließlich wurden sie zu Zuchthaus begnadigt. Am Tage und oft auch nachts knieten sie stundenlang in der Zelle und murmelten ihre Gebete. Die Mitgefangenen konnten nicht schlafen, doch keine sagte ein Wort darüber.

Einmal meldete ich mich aus der Sammelzelle zum Arzt. Im Gang vor dem Arztzimmer saß die Genossin Käthe Otwody. Sie war bereits zum Tode verurteilt. Ich kannte sie aus dem Gefängnis und setzte mich sofort neben sie. Es war grotesk: Man verurteilt eine Frau zum Tode, sie aber sitzt beim Arzt, um irgendwelche Wehwehchen behandeln zu lassen. Noch grotesker: Auch bei den Gefangenen in den Todeszellen wurde alles getan, um Selbstmord zu verhindern, nur zu dem Zweck, denselben Menschen kurz darauf den Kopf abschlagen zu können! Über die vielen Aktivitäten der Genossin Otwody hatte die Gestapo belastendes Material. Ursprünglich war sie Hilfsarbeiterin. Schon mit 14 Jahren ging sie in die Fabrik. Später wurde sie Arbeiterin und Betriebsrätin in den Ankerbrotwerken. Vom ersten Tag der Besetzung Österreichs an hatte sie illegal im Widerstand gearbeitet, bis sie im April 1941 verhaftet wurde. Die Todeskandidaten bekamen keine Zeitung. Deshalb fragte mich die Genossin Otwody: »Wie ist die Lage? Ist der Krieg bald aus?« Gegen meine Überzeugung log ich mit fester Stimme: »Ja, bald.« Ich habe von keiner Todeskandidatin gehört, die nicht bis zum letzten Moment gehofft hätte, daß der Krieg vielleicht doch noch vor der Hinrichtung aus sein könnte. Für Käthe Otwody ging der Krieg nicht rechtzeitig zu Ende. Einen Monat nach unserem Gespräch mußte sie den Kopf unter das Richtbeil legen.

Es war noch finstere Nacht, als am 31. Oktober 1942 um vier Uhr früh die Internationale erklang, gesungen von einer hellen, klaren Frauenstimme, uns zum Abschied. Hansi Eibensteiner aus dem Kommunistischen Jugendverband sang jedesmal, wenn ein Transport aus dem Landesgericht ins Zuchthaus abging, mutig und laut die Internationale. Einigen von uns, auch mir, gelang es, im Vorbeigehen noch schnell zu den Todeszellen zu laufen und leise ein Abschiedswort hineinzusprechen. Was sagt man zu Menschen, die bald auf so grauenhafte Weise ermordet werden? Leb wohl? Mach's gut? Ich weiß es heute wirklich nicht mehr, soviel ich auch darüber nachdenke. Damals fanden wir sicher die richtigen Worte. »Grüße an alle.« – »Kommt gesund hinaus«, antworteten sie leise.

Es war grimmig kalt, und ein klarer Mond leuchtete gespenstisch, als wir schweigend durch den größten Hof im Wiener Landesgericht gingen, vorbei an seinen hohen Mauern mit Hunderten vergitterten Fenstern nebeneinander, übereinander, überall diese kleinen rechteckigen Öffnungen mit den Eisenstangen. Ganz oben lagen die Todeszellen der Männer. Risa Srch, wie ich zu 15 Jahren Zuchthaus verurteilt, flüsterte mir zu: »Da oben ist jetzt mein armer Mann.« Ja, und Erwin Puschmann und Herbert Eichholzer und alle die anderen waren auch da oben. Uns schauderte. In einem Raum beim Ausgangstor bekamen wir das übliche schwarze Wasser und zusätzlich Brot und Marmelade als Tagesration für die Reise. Ein Gerichtsdiener kam mit einem blauen, schillernden, unbeschreiblichen Etwas in der Hand und fragte: »G'hört das jemand?« Es war mein elegantes, blaues Federhütchen, das ich, gekleidet als vornehme Dame aus Istanbul, in Wien getragen hatte. Meine Schwester vergaß es beim Abholen der Kleider. Die Situation war so komisch, daß die verzweifelte Stimmung blitzartig in Heiterkeit umschlug. Das Hütchen war eine wahre Erlösung, wurde nur noch das »g'rupfte Hendel« genannt und belustigte uns auf der ganzen Fahrt. Tragik und Komik dicht beieinander. Wir fuhren in Waggons mit vergitterten Fenstern, je acht Gefangene in einem Abteil. Vor jedem der zwei Abteile der Politischen stand ein Schupo. Beide waren Hamburger, überzeugte Sozialisten und Nazigegner. Leiter des Transports war ein brutaler Kerl, der sich bereits am Bahnhof ausgezeichnet hatte, ein Wiener. Unsere Schupos mußten vor ihm sehr auf der Hut sein.

In unserem Abteil ging es zeitweise fröhlich zu. Anni Haider setzte mein »g'rupftes Hendel« auf und sang heitere Lieder. Und alle sangen mit, sogar Wilma Tessarek, die sonst immer so traurig dreinschaute. Der Schupo warnte uns rechtzeitig, wenn der Transportleiter in die Nähe kam. Er fragte nach unseren Urteilen. Erstaunt und erschüttert hörte er die Antworten: Anni Haider, 15 Jahre; Risa Srch, 15 Jahre; Grete Schütte, 15 Jahre; Cilli, 15 Jahre; Wilma Tessarek, lebenslänglich, und so fort. Das gnädigste Urteil lautete zehn Jahre Zuchthaus. Der

Schupo war ein gebildeter Sozialist und hatte Bebel und Mehring gelesen. Diese acht Kommunistinnen, die fast heiter ins Zuchthaus fuhren, imponierten ihm sehr. Auch er war überzeugt, daß Nazideutschland den Krieg nicht gewinnen konnte. In Salzburg stand er in der finsteren Ecke beim Waggonausgang und drückte jeder von uns einen Apfel in die Hand. Die beiden Schupos mußten von Salzburg aus nach Hamburg zurück, um strafweise in einem »Himmelfahrtskommando« an die Front abzugehen. Ob sie es überlebt haben? Beim Zwischenaufenthalt im Salzburger Polizeigefängnis nahm man mir das Federhütchen weg. Am nächsten Morgen, als wir die Stiege hinuntergingen, lagen auf jeder Stufe blaue Federn meines Hütchens aus Istanbul. Wir mußten herzerfrischend lachen. Über München und Augsburg kamen wir gegen Abend in Aichach an, das, 25 km von Augsburg entfernt, an der Strecke Augsburg–Ingolstadt liegt. Ein dicht verschlossener Gefangenenwagen brachte uns zum Zuchthaus.

Als Zuchthäuslerin in Aichach

Wenn du erfahren willst, wie ein Staat und seine Regierung beschaffen sind und wie es um ihre Zukunft steht, dann mußt du trachten zu erfahren, wie viele anständige und unschuldige Menschen in diesem Land in Gefängnissen sitzen und wie viele Mörder und Verbrecher herumlaufen.

Ivo Andrić
Jugoslawischer Schriftsteller

In der Zeit des Nationalsozialismus konnte man zu Gefängnis, Kerker oder Zuchthaus verurteilt werden. Zuchthaus war die schwerste Bestrafung. Kommunisten erhielten ausschließlich Zuchthausstrafen oder Todesurteile, einige Jugendliche ausgenommen, die nur Gefängnisstrafen bekamen. Da es in Österreich kein Frauenzuchthaus gab, kamen fast alle Frauen, die zu Zuchthaus verurteilt waren, nach Aichach, einem kleinen bayerischen Städtchen von damals etwa 2.000 Einwohnern. In diesem Frauenzuchthaus für Bayern, Württemberg und die »Ostmark« saßen genauso viele Gefangene, wie das Städtchen Einwohner hatte.

Der erste Eindruck beim Betreten des halbdunklen, riesigen Hauses war niederschmetternd. Gleich beim Eingang mußten wir in Viererreihen stehenbleiben, sehr lange. Ich stand in der vordersten Reihe und hatte den ungehinderten Blick in einen tiefen Raum. Ich sah nichts als Gitter, Gitter und nochmals Gitter, manchmal dahinter kaum hörbar bösartig schleichende Aufseherinnen. Hie und da leises Schlüsselknacken, sonst Grabesstille. In den dicken Mauern hinter den vergitterten Gängen schwere, eisenbeschlagene Türen, hinter denen Menschen in Zellen lebten, ständig durch winzige Gucklöcher, »Spione«, beobachtet. Kaltes Grauen rieselte über den Rücken. Wie konnte man hier jahrelang leben? Die ersten Tage als »Zugang« gab es für uns nichts als stehen, stehen und wieder stehen, mit dem Gesicht zur Wand, weit getrennt von den Mitgefangenen zur Rechten und zur Linken, neben mir ein dumpfes Geräusch. Wilma Tessarek war ohnmächtig geworden. Ich verließ meinen Platz, wollte ihr helfen. Untersagt! Eine der Aufseherinnen brüllte mich an. Allein wurde ich dem Direktor vorgeführt. Noch trug ich Zivilkleidung. Vom Stehen müde, griff ich nach einer Stuhllehne. Untersagt. Der Direktor brüllte mich an. Die Zuchthäuslerin wird mir eingebleut. Bei der Leibesvisitation: stehen. Beim Arzt: stehen. Zum Bad: stehen. Zur Einkleidung: stehen. Warten und stehen, schweigend, stundenlang.

Die Zuchthauskleidung bestand aus schwarzem Rock, blauer Schürze, schwarzer Bluse. Am Ärmel ein breiter, gelber Streifen, fest eingearbeitet, Kennzeichen der Zuchthäuslerin. Nie hätte man mit diesem Mal gezeichnet fliehen können. Kein Mantel, keine Überkleidung, auch nicht im Winter. Derbe Wäsche. Der Rock hatte rechts eine Tasche, die wir jedesmal, wenn wir die Zelle verließen, zur Kontrolle umdrehen mußten. Aber die Gefangenen waren schlauer als die Verwaltung. Die meisten nähten in die linke Rocknaht eine zweite, illegale Tasche ein aus der für das Stricken von Soldatensocken bestimmten Wolle. In dieser Tasche beförderten wir Kassiber. Merkwürdigerweise entdeckte nie eine Aufsichtsperson diese heimlichen Rocktaschen. In der Zelle ging man mit Strümpfen, im Hof mit Holzpantinen, vielfach so schlecht, daß man wunde Füße bekam.

Die Kontrolle bei der Aufnahmeprozedur hatte eine Lücke, über die Nachrichten von außen ins Zuchthaus hereinkamen. Die Leibesvisitation fand gleich beim Eintritt ins Haus statt. Es folgte die Antrittsvisite beim Direktor, nachher kam man ins Bad, ein großer Raum mit einzelnen Kojen, vorne nur durch einen Vorhang abtrennbar. In der Koje eine Wanne, daneben ein Hocker, darauf Zuchthauskleider. Erst nach dem Bad, bereits eingekleidet, kam man zum Arzt, der auch gynäkologisch untersuchte. Und hier lag die Lücke, von der findigen Gefangenen längst entdeckt. Daß Frauen in den weiblichen Organen etwas schmuggeln können, ist bekannt. In der Badebox war gerade so viel Zeit, einen Kassiber herauszunehmen und im Rocksaum der neuen Kleidung zu verstecken. Der Arzt fand nichts mehr vor.

Neugierig betrat ich die mir zugewiesene Zelle. Zwei Frauen empfingen mich freundlich. Eine der beiden arbeitete an einer Nähmaschine. Drei Bettgestelle mit Strohmatratzen, blaugewürfelte Leintücher, angenehme Beleuchtung und ein spiegelblanker Holzboden.

Ganz hoch gelegen das kleine vergitterte Fenster. Nach all den äußeren Scheußlichkeiten der vorangegangenen eineinhalb Jahre war meine erste Empfindung: »Hier ist's ja ganz wohnlich!«

Doch bald sah ich den »Kübel« in der hinteren Raumecke. Bisher hatte ich immer Klosetts mit Wasserspülung in der Zelle, unhygienisch zwar, aber immerhin Spülung. Die Kübel im Zuchthaus gehörten zum Strafvollzug: Die Verurteilten müssen ihren Dreck selbst hinaustragen. Zweimal täglich, nur bei großer Hitze dreimal, mußte man den Kübel in einer Spülzelle leeren und reinigen, zellenweise, damit man nicht mit den anderen sprechen konnte. Der Kübel war schwer, die Spülstelle oft weit entfernt. Woher kam der spiegelnde Holzboden? Jeden Morgen wurde »gespult«. Zentimeter für Zentimeter rutschten die Gefangenen auf den Knien über den Fußboden, eine Zwirnspule mit scharfer Holzkante in der Hand, und polierten einen schmalen Streifen nach dem anderen blank. Jahrelang, täglich, und das Holz glänzte wie Parkett. Eine Zuchthausgeneration erbte diese Technik von der anderen. Kamen Spritzer beim Waschen in der kleinen Metallschüssel auf den Fußboden, raste man sofort, eine Spule in der Hand, dahin und putzte sie weg. In manchen Zellen gab es eine wahre Spulwut, mochte sie das Abreagieren physischer und psychischer Spannungen sein oder widersinniger Hausfrauendrang, Erinnerung an frühere Tätigkeit.

Wer waren die beiden Frauen, mit denen ich das Leben hier teilen sollte? Frau Laible, eine Schwäbin, wurde bereits 1934 verhaftet und zu acht Jahren Zuchthaus verurteilt. Nach sieben Jahren wurde ihr Näharbeit in der Zelle gestattet, eine einmalige Vergünstigung. Sie hatte in Württemberg, nahe der Schweizer Grenze, mit ihrem Mann gelebt. Der Mann war in irgendeine Spionagegeschichte verwickelt. Sie wußte davon und wurde wegen Nichtanzeigen verurteilt. Im Gefängnis war sie zu einer Nazigegnerin geworden. Sie erzählte, daß bis 1939 alle Frauen in Aichach in strengste Einzelhaft kamen. Sie selbst mußte das vier Jahre durchhalten. Vier Jahre keinerlei Kommunikation, kein Sprechen – nichts. Beim Spaziergang im Gänsemarsch mußten die Gefangenen so weit voneinander entfernt gehen, daß sie kein Wort wechseln konnten. Die Überwachung war unvorstellbar streng. Viele trugen schwere Nervenschädigungen davon, manche verloren den Verstand. Nach vier Jahren mußte Frau Laible das Sprechen neu erlernen. Einige Wochen, nachdem ich in die Zelle gekommen war, hatte sie ihre acht Jahre abgesessen. Sie wurde freigelassen. Und schrecklich: Sie hatte Angst vor der Freiheit, umso mehr, da sie wußte, daß sie ihren Mann zu Hause nicht vorfinden würde. Ich erbte von ihr ein warmes Zuchthausgewand und einen einigermaßen glatten Löffel. Um zu so guten Dingen zu kommen, mußte man sich oft jahrelang in die Höhe arbeiten. Ich hatte bei der Einlieferung eine elende, dünne Bluse bekommen, in der ich beim Spaziergang scheußlich fror, außerdem einen so schartigen Blechlöffel, daß es eine Kunst war, zu essen, ohne sich sie Lippen aufzureißen. Meine zweite Zellenkameradin stammte aus Bayern und war nach dem Volksverrat-Paragraphen zu zehn Jahren Zuchthaus verurteilt. Sie war Witwe und hatte drei Söhne. Ihr Freund, ursprünglich Nazi, war zu den Strasser-Leuten übergewechselt und nach Prag emigriert. Von Beruf Journalist, schrieb er an einem Manuskript gegen den Hitlerfaschismus. Sie hatte das Manuskript übernommen. Es wurde in ihrer Wohnung gefunden. Sie war offenbar von Anfang an eine ehrlich überzeugte Gegnerin des Nationalsozialismus. Fast zwei Jahre lang lebte ich mit ihr in einer Zelle.

Noch am selben Tag, als Frau Laible aus der Zelle ging, kamen zwei österreichische Kommunistinnen zu uns. Man muß sich das vorstellen: Tag und Nacht und Nacht und Tag, Wochen, Monate, Jahre immer dieselben vier Menschen, zusammengepfercht auf kleinstem, kärglichem, nur für einen Menschen bestimmtem Raum, ohne Kontakt mit der Außenwelt!

Zuerst meint man, bei den unglaublich strengen Kontrollen sei jede Kommunikation unmöglich. Die Zelle war von den nebenanliegenden völlig abgetrennt, die Sicht von Fenster zu Fenster war unmöglich, also auch die Stummerlsprache. Es gab keine Klosettrohre, durch die man hätte sprechen können. Und doch: das Bedürfnis nach Verbindung mit anderen, der Wunsch nach menschlicher Gemeinschaft, der Wunsch, sich gegenseitig zu helfen, sich Freude zu bereiten und Leiden zu teilen, ist so zwingend, so elementar, daß sogar hier Wege gefunden wurden, Kontakte herzustellen. Einerlei, woher eine kam, weshalb sie da war, alle waren Opfer desselben Terrors – daher ein tiefes Gefühl der Verbundenheit. Nachrichten und Verbindungen waren für alle gleich lebenswichtig, alle waren daran gleicherweise beteiligt und interessiert. Wie aber ging das praktisch vor sich? Es sprachen die Tische, es sprachen die Bäuche, man sprach in der Kirche, und man sprach beim »Kübeln«.

In jeder Zelle gab es an einer Längswand einen Klapptisch mit zwei Sitzen. Die Klapptische von zwei aneinander grenzenden Zellen waren mittels Bandeisen, durch die Trennwand gesteckt, befestigt. Diese Eisen haben den Schall ausgezeichnet übertragen. Preßte man das Ohr fest an die Tischplatte, konnte man hören und gut verstehen, was die Nachbarinnen, ebenfalls den Kopf an die Platte gelegt, sprachen. Mit den Insassinnen der einen Zelle nebenan konnte man also sprechen. Beim Spaziergang waren wir etwa 60 Frauen aus einem Stockwerk, die in einem großen Gartenhof im Kreise gingen, zellenweise hintereinander, zwei bis vier Gefangene nebeneinander. Die Aufseherinnen hätten an der Bewegung des Mundes das streng verbotene Sprechen bemerkt. Also lernten wir Bauchreden. Das kann man ziemlich laut bewerkstelligen, und die vorne und hinten konnten hören. So wurden Nachrichten von Reihe zu Reihe für das ganze Stockwerk weitergegeben. In der Kirche saß man abgeschlossen wie in einem Beichtstuhl, und trotzdem gelang es uns, Nachrichten weiterzugeben. Schon in Wien hatten wir erfahren, daß sowohl der katholische als auch der evangelische Pfarrer in der Zuchthauskirche sonntags den Wehrmachtsbericht vorlas. Bereits auf der Bahnfahrt beschlossen wir, uns alle zum Kirchgang zu melden. Zum ersten, um einmal wöchentlich längere Zeit aus der Zelle kommen zu können, zum zweiten, um etwas über die Lage zu erfahren. Auf dem langen Weg zur Kirche innerhalb des Hauses konnte man immer einige Worte wechseln, manchmal sogar »Gsiberln« befördern. Und beim »Kübeln«: Nur zellenweise getrennt durfte man den Kübel in einer Spülzelle leeren und reinigen, trotzdem gelang es manchmal, die Zellennachbarin dort noch zu erreichen, ihr etwas zuzuflüstern oder sogar zuzustecken.

Einmal wäre ich um ein Haar beim »Kübeln« erwischt worden. Niemals während meiner ganzen Haftzeit war ich dem Arrest so nahe. Ich hätte ihn nach der jahrlangen Gefängniszeit kaum mehr ausgehalten. Der Arrest in Aichach war viel schlimmer als in der Untersuchungshaft. Zur Pritsche ohne Strohsack, zur Nahrung von nur Wasser und Brot kam dort auch noch körperliche Züchtigung. Der Verwalter, ein unscheinbarer kleiner Mann mit Ziegenbart, hatte sie übernommen. Er riß an den Haaren, er prügelte und anderes mehr. Ein glücklicher Zufall bewahrte mich einmal vor solchem Schicksal. Hella Puschmann, die in einer von mir weit entfernten Zelle saß, hatte durch einen »Zugang«

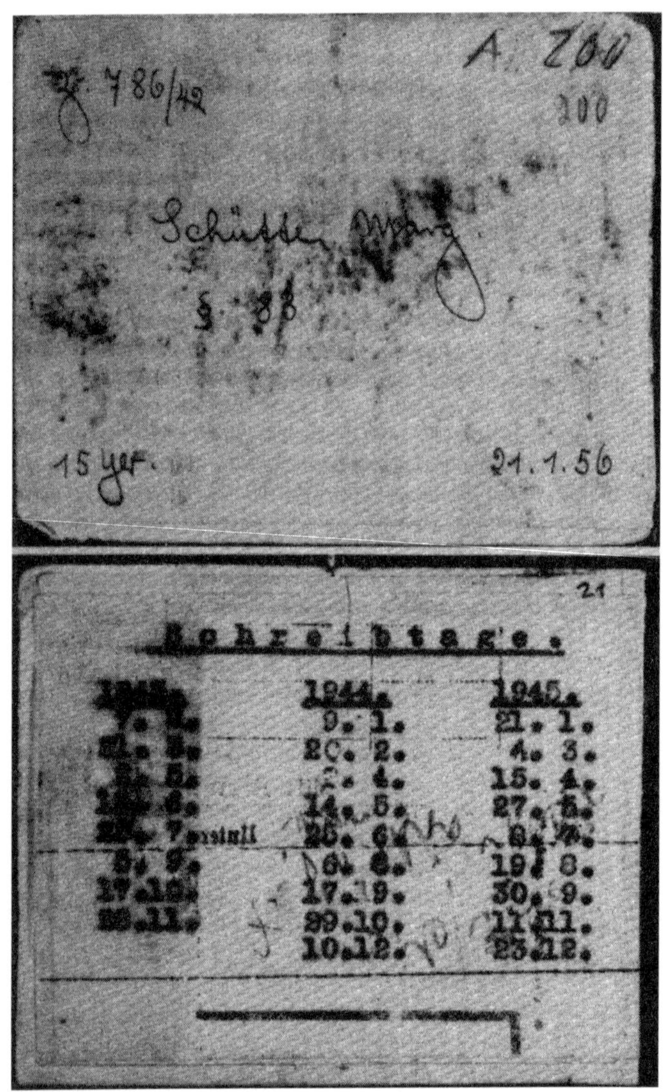

Z. 786/42

A 200

200

§ 88

15 [illegible]

21.1.56

21

Schreibtage.

1943.	1944.	1945.
[illegible]	9. 1.	21. 1.
[illegible]	20. 2.	4. 3.
[illegible]	[illegible] 4.	15. 4.
[illegible]	14. 5.	27. 5.
[illegible] 7.	25. 6.	[illegible]
[illegible]	6. 8.	19. 8.
17.10.	17. 9.	30. 9.
[illegible].11.	29.10.	11.11.
	10.12.	23.12.

Vorder- und Rückseite des »Straftaferls« aus dem Zuchthaus Aichach mit dem Urteilsparagraphen, der Haftdauer und den Tagen, an denen Briefe geschrieben wurden

Nachrichten über die Lage im steirischen Industriegebiet, zusammen mit dem letzten Wehrmachtsbericht, erhalten. Solche Nachrichten waren für uns noch wichtiger als Brot. Für so seltene Informationen riskierte man alles. Hella sandte mir einen Kassiber mit der Bitte, ihn weiterzureichen. Sie hatte alles, was sie erfahren hatte, fein säuberlich auf diesem Kassiber in ihrer Handschrift vermerkt. Das war leichtsinnig. Wir schrieben Kassiber sonst nur in Druckschrift, damit die Absenderin nicht durch ihre Schrift erkennbar sei. Ich verständigte über die Tischplatte die Nebenzelle, daß sie beim Kübeln »etwas« bekämen. Diese Woche hatte ich Kübeldienst. Ich steckte den Zettel in die illegale Rocktasche und ging in die Spülzelle. Unerwartet begegnete ich der Nachbarin schon unterwegs. Es war unmöglich, ihr den Kassiber zuzustecken. Etwas nervös geworden, kontrollierte ich, vor dem Ausguß stehend, bei offener Türe, ob der Zettel noch sicher in meiner Tasche verwahrt sei. Das war ein großer Fehler. Hinter mir stand eine der bösartigen, jungen Naziaufseherinnen. Mit vor Wut rotem Kopf schrie sie, ich solle das Papier hergeben. Ich warf es in den Kloausguß. »Holen Sie's sofort raus«, kreischte sie, aber im selben Moment setzte die automatische Spülung ein. Das Beweisstück war weg. Hella, deren Handschrift bestimmt erkannt worden wäre, und ich waren gerettet. Und man schien mir sogar zu glauben, es sei nur Klosettpapier und kein Kassiber gewesen, denn fest, unbewegt und scheinheilig schaute ich der Aufseherin in die Augen. So gekonnt hatte ich lügen gelernt. Mit schlotternden Knien, im Gesicht weiß wie die Wand, kehrte ich in die Zelle zurück.

Natürlich gab es noch andere Möglichkeiten der Kommunikation, beim Arzt oder im Bad. Aber überall mußte man einzeln, in größeren Abständen voneinander stehen. Trotzdem gelang es immer wieder, einige spärliche Worte von den nächsten Gefangenen zu erhaschen. Waren es Fragen von allgemeinem Interesse oder Nachrichten, so gingen sie wie ein Lauffeuer durchs Haus. Ich weiß nicht, auf welche Weise, aber in jedem Gefängnis, und geht es noch so streng zu, ist es, wie wenn die Worte durch die Luft flögen, wie wenn selbst die Mauern Münder und Ohren hätten.

Niemals hatte ich Socken gestrickt. Mit 45 Jahren habe ich das gelernt. Man brachte uns alte Militärsocken in die Zellen, zerfetzt, kaum gereinigt, manchmal noch blutig. Auftrennen, anstricken, einstricken, dazustricken, feucht am Heizrohr »bügeln«, und aus zwei oder drei zerrissenen Paaren wurde eines, wie neu. Schließlich beherrschte ich diese Kunst wie alle anderen. Solange es Tageslicht gab, sollte man arbeiten, elektrisches Licht wurde nur manchmal während der Arbeitszeit angeschaltet. Nachher saßen wir wegen Verdunkelung bis zum Morgengrauen in tiefer Finsternis. Wir wollten nicht für den Krieg arbeiten. Außerdem war es schlecht für die Gesundheit, den ganzen Tag in gebückter Haltung bei elender Ernährung zu stricken. Deshalb gab es eine Abmachung unter allen Gefangenen: Jede durfte nur neun Paar fertige Socken im Monat abgeben, auf keinen Fall mehr. Unter dieses Minimum konnten wir nicht gehen, ohne der Sabotage bezichtigt zu werden. Nun aber gab es eine gefährliche Bestimmung. Wer 50 Paar Socken im Monat ablieferte, durfte öfter als alle drei Monate schreiben und auch öfter Post empfangen. Alle Gefangenen hielten die Abmachung ein, mit einer Ausnahme – die eine meiner Zellengenossinnen. Einmal im Sommer, als es von fünf Uhr früh bis acht Uhr abends hell war, erreichte sie, schon gespenstisch aussehend, die 50 Paar! Das war ein Bruch der Solidarität! Kein Zureden half. Wir waren damals zu viert in der Zelle. Die zwei anderen österreichischen Kommunistinnen sprachen von da an kein Wort mehr mit der Frau, wochen-, monate-, jahrelang! Ich fand das zu hart. Die Frau hatte einen Sohn im Feld, den anderen in einer Anstalt für Geisteskranke. Es war ihr um Nachricht von ihnen zu tun. Ich sprach also mit ihr, allerdings nur das allernötigste. Es war schrecklich. Vier Menschen waren ständig in einem nur sieben Quadratmeter großen Raum beisammen, ohne jede Ausweichmöglichkeit, und zwei davon reden kein Wort mit einem dritten. Dazu kam, daß Peppi, eine der beiden Genossinnen, nach ihrer Verhaftung in nur wenigen Wochen mehr als die Hälfte ihres Körpergewichts verloren hatte und deshalb vor Nervosität fast immer zitterte. Lina, die zweite Genossin, war der aufopferndste Mensch, den man sich denken kann. Sie gab Peppi fast ihr ganzes Essen. Peppi wollte das nicht, aber mit Lina war darüber nicht zu reden, und schließlich magerte sie buchstäblich zum Skelett ab. Bei der Befreiung mußten wir sie auf einer Trage wegbringen. Ein Wunder, daß sie mit dem Leben davonkam.

Sogar in Aichach haben die Gefangenen gebastelt. Man konnte nicht genug staunen, wie mit Phantasie und Begabung buchstäblich aus dem

Nichts heraus hübsche Dinge hergestellt wurden, um anderen eine Freude zu bereiten. Ich war gerührt, als mir zu meinem Geburtstag eine Miniaturtorte hereingeschmuggelt wurde, aus Brot geformt und mit irgendwelchen kleinen Dingen hübsch dekoriert.

Mein guter Schlaf hat viel dazu beigetragen, daß ich die Gefangenschaft physisch und psychisch so gut durchgestanden habe, obwohl ich auch in Aichach oft stundenlang wach lag. Manchmal hörte man in der Stille, weit, weit weg, das Bellen eines Hundes. Plötzlich sah man die Landschaft, fühlte Freiheit, roch Heu, und noch im Halbschlaf rannen die Tränen über die Wangen, plötzlich wurde einem wieder bewußt, wo man war. Nie hatte ich in der Freiheit viel geträumt. In Aichach aber träumte ich jede Nacht. Ich freute mich aufs Schlafengehen. Im Traum lebte ich auf, erlebte nur Schönes – Wunschträume. Die Angstträume kamen viel, viel später, erst in der Freiheit. Heute noch, 40 Jahre danach, träume ich manchmal, ich würde verhaftet, und das in solchen Einzelheiten, die mir das Herz stocken lassen. Im Zuchthaus aber träumte ich von fröhlichem Zusammensein mit Menschen, vom Glücklichsein in Liebe und Freundschaft, von Reisen in ferne Länder, von befriedigender beruflicher Tätigkeit. Ich erwachte, und die Qual des Tages begann. Auch gutes Essen sah ich oft im Traum, aber wenn ich es in den Mund stecken wollte, verschwand es. Im Winter war es nachts bitterkalt in der Zelle. Obwohl verboten, stahlen wir Wollreste, zogen Soldatensocken an, stülpten unter den Kleidern Sockenschäfte über Arme und Beine und retteten so den Schlaf und die Träume. Tagsüber versteckten wir sorgfältig unsere wollenen Puls-, Bein-, Bauch-, Brust- und Kopfwärmer. Und vormittags erzählten wir unsere Träume. Die schönsten verschwieg man. In der Untersuchungshaft, im Zuchthaus, auf den Transporten, immer und überall wurden morgens die Träume der Nacht besprochen. Viele Frauen hatten zu Hause Traumbücher besessen; der Aberglaube trieb die schönsten Blüten, und alle möglichen und unmöglichen Zeichen wurden ständig gut oder schlecht gedeutet. Tagsüber konstruierten wir uns Wunschträume.

Die Gespräche beim Stricken drehten sich häufig um Essen und Kochrezepte. Sehr beliebt waren Spaziergänge durch Wien und Ausflüge in die Umgebung. So zum Beispiel gingen wir durch die Mariahilferstraße, auf der rechten Seite dem Ring zu, auf der linken zum Gürtel. Oft gab es erhitzte Debatten, welches Geschäft da oder dort läge, welches vor oder nach einem anderen käme. Es scheint, als wollten wir die Zeit mit solchem Unsinn totschlagen. In Wirklichkeit sprach daraus nur die Sehnsucht, uns in unserer Heimatstadt frei bewegen zu können. Wichtige politische Gespräche gab es in meiner Zelle in Aichach nicht. Wir hatten keine einschlägigen Bücher, keine Zeitungen, nicht die geringsten Anregungen, und das theoretisch-politische Niveau der gefangenen Frauen war im allgemeinen niedrig. Nur zum Wochenende bekamen wir Bücher aus der Zuchthausbibliothek. Dort gab es außer uralten, gebundenen Zeitschriftenbänden hauptsächlich Naziliteratur, von der ich reichlich Gebrauch machte. Wir waren zu sehr von der Außenwelt abgeschnitten. Besuch durfte man das erstemal sechs Monate nach der Einlieferung erhalten, später alle vier Monate. Meine Schwester und viele Verwandte anderer Gefangener scheuten die weite Fahrt nie, sie kamen regelmäßig. Briefe durften wir auch erst nach sechs Monaten Aufenthalt und danach alle drei Wochen schreiben und empfangen. Die letzten acht Monate vor Kriegsende gab's weder Besuch noch Post. Gleich nach der Befreiung begannen die politischen Debatten.

Auch bei der Beurteilung der Aufseherinnen in Aichach muß man differenzieren. Die Oberaufseherin des Zuchthauses hieß Stahl. Die Härte ihres Charakters entsprach ihrem Namen. Die Hauptaufseherin in unserem Stockwerk hieß Angst. Sie maulte ununterbrochen, zeigte aber niemanden an, jagte uns keine »Angst« ein. Man konnte die Aufseherinnen in drei Kategorien einteilen: Die einen, das waren die alten, die schon vor der Nazizeit diese Tätigkeit ausübten, katholisch-bigott und »gewissenhaft«. Das Zetern war ihnen zur Gewohnheit geworden. Menschliche Regungen, Interesse oder gar Mitleid zeigten sie nie. Dann gab es diejenigen, die sich in der Nazizeit freiwillig zu diesem Beruf gemeldet hatten. Durch und durch bösartig und hartherzig, brüllten sie uns an und suchten besonders die Politischen, wo und wie sie nur konnten, zu erniedrigen. Daß uns ihr Verhalten völlig ungerührt ließ, verstärkte nur ihre Wut. Gefühle schalteten sich automatisch ab, deshalb hegte ich nicht einmal Haß- oder Rachegefühle gegen sie. Die dritte Gruppe waren dienstverpflichtete junge Mädchen. Einige von ihnen waren überzeugte Nationalsozialistinnen, ehrgeizige Streberinnen, die gefährlich werden konnten. Meist aber waren sie selbst Opfer des Regimes, das sie zu einer Arbeit kommandiert hatte, über die sie entsetzt waren. Man hatte sie dazu verdammt, Menschen wie Tiere in Käfige einzuschließen: Menschen, deren Wissen und Bildung und vor allem deren tiefe Überzeugung sie sahen und achteten. Ich erinnere mich eines dienstverpflichteten intelligenten, temperamentvollen Mädchens von etwa 25 Jahren. Entgegen der strengen Vorschrift saß sie manchmal einige Minuten in unserer Zelle, um mit uns zu sprechen. Sie war tief unglücklich über ihre Tätigkeit, und schließlich waren wir es, die sie trösteten.

Unsere Genossin Wilma Tessarek hatte in der Widerstandsbewegung gearbeitet. Sie war Kommunistin und hatte einen Abziehapparat im Keller versteckt. Dafür bekam sie lebenslänglich. Wilma war eine hübsche Frau, ein stiller Mensch. Sie fuhr im Oktober 1942 mit mir zusammen im Abteil von Wien nach Aichach. Ihr Mann hatte ihr in Wien erklärt, sich scheiden zu lassen. Still saß sie in ihrer Ecke, als wir im Zug unsere Lieder sangen. Wilma war in Aichach zusammen mit zwei anderen Politischen untergebracht. Im Winter 1944 erfuhren wir durch ihre Zellenkameradinnen, daß sie immer depressiver würde und öfter irre redete. Ihr Zustand verschlimmerte sich zusehends. Wenn die Verwaltung auch nur das Geringste von ihrem Zustand erfahren hätte, wäre Wilma als Lebenslängliche und Depressive sofort zur Vernichtung weggebracht worden. Ihre beiden Zellenkameradinnen taten heroisch – denn das ständige Zusammensein mit einem depressiven Menschen in einer Zuchthauszelle war keine kleine Bürde –, was sie konnten, damit die Aufseherinnen nichts merkten. Sie meldeten sich lange Zeit nicht zum Kirchgang, um Wilma nie allein zu lassen. Schließlich schien ihr Zustand sich zu bessern. Es war an einem Sonntag im Frühling. Alle Katholikinnen waren in der Kirche, das erstemal auch Wilmas Zellenkameradinnen. Ich blieb allein in der Zelle, kletterte auf Bettstatt und Tisch, um durchs Fenster zu blicken. Weit weg bellte ein Hund, hie und da zwitscherte ein Vogel im Baum des Gefängnishofes. Ich sah die sonnige Landschaft, genoß das Alleinsein und die Natur. Die Trennung durch das Eisengitter drang nicht mehr ins Bewußtsein. In dieser harmonischen Stille hörte ich einen kurzen dumpfen Laut. Ich dachte nicht weiter darüber nach. Der Gottesdienst war zu Ende, ich sprang rasch auf den Boden, das Schloß knarrte, die Aufseherin öffnete die Türe. Meine Zellenkameradinnen kamen herein und riefen entsetzt: »Wilma hat sich erhängt.« Mit Handtüchern am Gitter. Die Handtücher trugen den Körper gerade so lange, bis er tot war. Dann hatten sie sich gelöst, der Körper schlug am Boden auf. Das war der dumpfe Laut, den ich gehört hatte.

Eines Tages stand ich am Gang vor dem Arztzimmer. Ich spürte, daß sich von hinten jemand langsam an mich heranschlich. Umdrehen durfte man sich nicht. Eine Stimme wisperte mir ins Ohr: »Bist du die Grete Schütte?« So lernte ich Anny Neumann kennen. Sie trug dieselbe Frisur wie ich. Ponyfransen. Herbert Eichholzer hatte mir das in Istanbul erzählt. Nun hatte sie mich an den Ponyfransen erkannt. Anny war viele Jahre Herberts Freundin. Statt seiner war sie zweimal zu einem Treff gegangen, um dem Genossen auszurichten, daß Herbert nicht kommen könnte. Dafür bekam sie sechs Jahre Zuchthaus. Anny stammte aus einer wohlhabenden Familie und war nie berufstätig gewesen. Das trennte sie in Aichach etwas von den anderen. Sie litt darunter, daß es in ihrer Zelle nicht so harmonisch zuging, wie sie es sich wünschte. Anny war überzeugte und leidenschaftliche Gegnerin des Naziregimes. Seit langem war sie durch ihren Mann und später durch Herbert in linke, in kommunistische Kreise gekommen. Aus Herberts Erzählungen kannten wir uns schon gut. Wir wußten voneinander, daß wir in Aichach waren, hatten uns aber bisher nie zu Gesicht bekommen. Anny wollte, daß ich zu ihr in die Zelle komme. Auf alle mögliche Weise versuchte sie monatelang ohne Erfolg, ihren Wunsch beim Direktor durchzusetzen. Ich hielt das für ein hoffnungsloses Bemühen. Anny jedoch ließ nicht locker. Geistesgegenwärtig und blitzschnell sprudelte sie bei einem Verwandtenbesuch ihren Wunsch heraus. Der Besuch wurde sofort abgebrochen, doch gesagt, war gesagt. Annys Mutter, eine liebenswürdige, feine Dame, ging zum Direktor, und ich wurde in Annys Zelle verlegt. Das war im Frühjahr 1944. Herbert war zu dieser Zeit schon längst nicht mehr am Leben. Anny und ich waren zu zweit in der Zelle, wir haben uns innig befreundet. War ich doch der einzige Mensch im Gefängnis, der Herbert gut gekannt hatte, der einzige Mensch, mit dem sie über sein Schicksal sprechen konnte. Für mich gab es allerdings dabei ein schwieriges Problem. Anny wußte nicht, daß Herbert zum Tode verurteilt und hingerichtet worden war. Ihre Familie wollte sie schonen, verheimlichte ihr seinen Tod und log ihr etwas vor. Ich fand solches Verschweigen falsch. So lebte Anny in ständigem Zweifel, und ich konnte ihr nicht die Wahrheit sagen. Um uns gab es Frauen, die ihre Männer oder Söhne durch das Beil verloren hatten. Mir schien es wesentlich menschlicher, Anny den unvermeidlichen Schlag in der Atmosphäre unserer Gemeinschaft zu versetzen, als sofort, nachdem sie die so ersehnte Freiheit wiedererlangt hatte. Doch mußte ich mich der Haltung der Familie beugen. Anny schrie eines Sonntags, vom Kirchgang zurückkommend, rot vor Erregung beim Eintritt in die Zelle: »Die zweite Front ist da, die Alliierten sind in Frankreich gelandet.« Unbändige Freude darüber! Fast drei Jahre hatten wir auf dieses Ereignis gewartet, ohne zu begreifen, wieso es so lange dauerte. Kurz danach kamen alle, die zu weniger als zehn Jahren Zuchthaus verurteilt waren, auf Außenarbeit. Anny kam aus der Zelle. Sie mußte bis Kriegsende irgendwo in Bayern Kohlen schaufeln.

Beim Aufwaschen der Gänge half eine alte Frau, eine Bäuerin aus Österreich. Nur Kriminelle durften damals außerhalb der Zellen arbeiten. Des Mordes an ihrem Mann bezichtigt, war sie in Wien zu 20 Jahren verurteilt worden. Als sie davon 18 Jahre in Wien abgesessen hatte, wurde sie noch ins Zuchthaus Aichach transportiert. Verzweifelt hatte sie sich gegen die Verschickung gewehrt, ohne Erfolg. Die 20 Jahre waren nun in Aichach um, und sie sollte freigelassen werden. Sie hatte schreckliche Angst davor. Wohin sollte sie gehen? Ihr Schicksal war besonders tragisch. Ihr Mann war ein Vieh gewesen: ständig besoffen, mißhandelte er seine Frau und prügelte sie bis zur Bewußtlosigkeit. Schließlich konnte der halbwüchsige Sohn die Leiden der Mutter nicht mehr mit ansehen und erschlug den Vater. Die Mutter nahm die Schuld auf sich und rettete so den Sohn. Der Krieg kam, der Sohn fiel. Das Nichts erwartete die Frau in der Freiheit.

In meiner Nebenzelle saßen zwei Bibelforscherinnen aus Kärnten, gemeinsam mit unserer Genossin Mia Meyer. Die Bibelforscher, auch Zeugen Jehovas genannt, haben mutig gegen die Nazis und gegen den Krieg gekämpft. Die Frauen weigerten sich konsequent, irgendwelche Arbeit für die deutsche Wehrmacht zu leisten. Beide Nachbarinnen hatten eine zweijährige Zuchthausstrafe wegen Sabotage erhalten. Beide waren freundliche, solidarisch und kameradschaftlich empfindende Menschen. Trotzdem hatte Mia es nicht leicht mit ihnen. Sie waren fanatische Anhängerinnen ihrer Lehre und dozierten ständig. Dabei kamen sie zu einem groteskesten Schluß. Über das Tischchen konnten wir direkt mit ihnen sprechen. Ich entsinne mich einer Diskussion über die Schlacht von Hamargedon. Aus der Bibelstelle, die davon handelt, deuteten sie beispielsweise, an welchem Tag der Krieg zu Ende gehen würde. Der betreffende Tag kam, aber der Krieg ging weiter. Wir fragten: »Nun?« Sie antworteten unerschüttert: »Das war ein Irrtum in der Deutung.« Und es kam eine neue Deutung und ein neuer Termin. Wir hielten sie für freundliche Spinner.

Als ich Anfang November 1942 nach Aichach kam, gab es noch eine Judenzelle und eine Zelle für Zigeunerinnen. Frau Birkmeyer war Jüdin, ihr Mann nicht. Ihre halbwüchsige Tochter galt nach den Nazigesetzen als Halbjüdin. Um diesen Makel von sich zu schütteln, zeigte die Tochter ihre Mutter bei der Gestapo wegen Abhörens ausländischer Sender an, und Frau Birkmeyer wurde zu Zuchthaus verurteilt. Schon eine Woche nach meiner Ankunft wurden alle Jüdinnen und Zigeunerinnen nach Polen transportiert. Auch die zu Zuchthaus Verurteilten sind der Vernichtung nicht entgangen. Als Frau eines »Ariers« wäre sie vielleicht mit dem Leben davongekommen, hätte sie nicht die gemeine Denunziation ihrer eigenen Tochter in den Tod getrieben.

Abtreibung war unter den Nazis generell streng verboten. Frauen mußten dem Staat viele »deutsche« Kinder schenken, selbst wenn sie dann Glubocnik, Pribram, Navratil, Hrdlicka oder Lihotzky hießen. Die Hebammen waren im allgemeinen arm. Manche machten für 20 Mark eine Abtreibung. Dafür bekamen sie von den Nazis jahrelange Zuchthausstrafen, auch wenn der Eingriff sachgemäß durchgeführt worden war und die Schwangere keinerlei körperlichen Schaden davontrug.

Die Politischen waren in Aichach streng von den anderen Gefangenen getrennt. Die einzigen, denen wir oft begegneten, waren Kindesmörderinnen. Sie arbeiteten manchmal als Aufwäscherinnen am Gang, so konnten wir einige Worte mit ihnen wechseln. Es waren meist Bauernmädchen, die von irgendwelchen Männern geschwängert worden waren, die längst über alle Berge davongelaufen waren. Aus Angst vor der »Schande« in ihrem Dorf wußten sie nicht aus noch ein und hatten sich der Kinder entledigt. Später bereuten sie bitter, was sie in ihren gräßlichen Ängsten getan hatten. Eine grausige Tat, und doch taten sie mir leid. In einem Frauenzuchthaus mit 2.000 Gefangenen kommen auch Kinder zur Welt, da Frauen oft in schwangerem Zustand verhaftet werden. Zur Betreuung der Babys, die ihren Müttern sofort nach der Geburt weggenommen wurden, setzte die Verwaltung in Aichach Kindesmörderinnen ein. Sie waren rührende Pflegerinnen.

Im März 1943, zu ungewohnter Stunde, öffnete sich die Zellentür. Eine Aufseherin rief: »Schütte, nehmen Sie Ihre Sachen und kommen Sie mit!« Ich zitterte am ganzen Körper. Was hat man mit mir vor? Wohin bringt man mich? Nur im Alltagstrott war dieses Zuchthausleben zu ertragen. Bei der geringsten Abweichung erschrak man bis ins Mark. Plötzlich fühlte ich mich wieder als willenloses Wesen, das wie ein Postpaket verschickt werden konnte. Ich wurde nach Wien transportiert. Erst dort erfuhr ich nach drei Tagen den Grund. Genosse Konopitzky hatte vor dem sechsten Senat des Volksgerichtshofes Verhandlung. Und ich war als einzige Zeugin vorgelassen. Was sollte ich aussagen? Ich hatte Konopitzky in meinem ganzen Leben kaum zehn Minuten in seinem Hause am Laaerberg gesehen, nachdem ich dort illegales Material gelesen hatte. Wir hatten kaum einige Worte miteinander gewechselt, und jetzt sollte ich Kronzeugin sein bei einem Prozeß, in dem es immerhin um jahrelange Freiheitsberaubung ging?

Wieder saß ich in der Sammelzelle im Landesgericht, dicht neben den Todeszellen der Frauen, und wartete. Ich kannte keine Menschenseele. Nach mehreren Tagen knarrte das Schloß. Vor der Türe stand ein Schupo, ein zwangsweise rekrutierter Schutzpolizist, der freundlich meinen Namen rief. Verlegen hielt er eine lange, vernickelte Kette in den Händen, mit der er mich fesselte. Er schämte sich, daß er eine zarte, schwächliche Frau in Ketten legen mußte. Als er das Schloß der Kette einschnappen ließ, fragte er besorgt, ob das nicht weh täte, damit er es noch lockern könne. Mir tat nichts weh, und ich tröstete ihn lachend und versicherte ihm, daß die Nazis uns politische Gefangene nicht erniedrigen könnten. Es war ein schöner, sonniger Vorfrühlingstag, und zu Fuß zog ich mit meinem Schupo an der Seite etwa 15 Minuten lang über die Lastenstraße, eine der belebtesten Straßen Wiens. Erstaunt und voll Mitleid blickten die Passanten auf die Frau, die da in Gefangenenkleidung, den grellgelben Zuchthausstreifen am Ärmel, mit langer glitzernder Kette gefesselt einherging. Ich ließ lachend die Kette klirren. »Da seht ihr, welche Angst die Nazis vor ihren Gegnern haben! Wir werden doch die Sieger sein.« Mir machte das richtig Spaß, und ich genoß Luft und Sonne, Straße und Stadt in vollen Zügen. Im Justizpalast am Podest der größten Treppe stand meine Schwester, mit Augen voll Grauen über die Fesselung. Lange konnte ich diese Augen nicht vergessen. Ich wußte nicht, durch wen sie erfahren hatte, daß ich in Wien und an diesem Tag im Justizpalast war. Sie war jedenfalls gekommen, um mich wenigstens eine einzige Minute aus der Entfernung zu sehen. Und nun diese Kette! Ich versuchte, ihr durch eine lächerlich machende Bewegung der gefesselten Hände klarzumachen, wie unwichtig die Fessel für mich war.

Lang, blaß und hager stand Genosse Konopitzky allein vor Gericht. Ich wußte über seine illegale Arbeit nichts und konnte deshalb auch nichts über ihn aussagen. Genosse Konopitzky bekam sechs Jahre Zuchthaus. Er schien damit ganz zufrieden zu sein, und ich war es auch. Im März 1943, zwei Monate nach der Rückeroberung Stalingrads durch die Rote Armee, hatten wir allen Grund, zuversichtlich zu sein. Nach der Verhandlung geschah etwas Eigenartiges: Ich wurde in ein Zimmer geführt, in dem sich Konopitzky allein aufhielt. Ruhig und ohne Aufseher konnten wir etwa eine Stunde lang miteinander sprechen. Wir waren Genossen, beide schon über zwei Jahre eingesperrt, und ich war eineinhalb Jahre mit seiner Frau im selben Gefängnis gewesen. Wir kannten dieselben Menschen, die bei der katastrophalen Verhaftungswelle 1941 von der Gestapo gefangengesetzt, vielfach gefoltert und hingerichtet wurden. Beide kannten wir die Zusammenhänge der verschiedensten Verfahren, er bei den Männern, ich bei den Frauen. Wir sprachen über die politische und militärische Lage, über Verhandlungen, Schicksale und Genossen und viel von seiner Frau. Von ihrem Tod im Gefängnis wußten wir beide noch nichts. Er war voller Zuversicht für den Sieg über Hitlerdeutschland und voller Hoffnung für unser aller Zukunft. Der Gerichtsdiener kam, bewegt sagten wir »auf Wiedersehen«. Jemand, der nie im Gefängnis, nie in der Absperrung von jeglicher Außenwelt gelebt hat, kann sich unmöglich vorstellen, was solch ungestörtes, unbeobachtetes Sichaussprechen für ein märchenhaftes Ereignis ist. Nach der Verhandlung kam Konopitzky in die Strafanstalt Stein, wie fast alle zu Zuchthaus verurteilten Männer. Als die Rote Armee im April 1945 bereits in der Nähe war, wollte der Gefängnisdirektor die Gefangenen freilassen.

Schon hatten sie ihre Zivilkleider erhalten, schon zogen sie sich im Gefängnishof um. Da stürmte SS herein. Der Gefängnisdirektor, vier Angestellte und 40 Gefangene wurden niedergemetzelt, darunter auch unser Genosse Konopitzky. Nur Stunden trennten ihn von der Befreiung.

Für die Rückfahrt nach Aichach wurde ich als einzige Gefangene in Zuchthauskleidung in einen allgemeinen Transport eingereiht. Im abteillosen vollgestopften Waggon befanden sich Frauen und Kinder, erschöpft, verhungert, weinend. Kein Aufseher war zu sehen. Der Waggon mit seiner Ladung des Grauens war verriegelt. Mir gegenüber saß eine etwa 35-jährige Frau mit großen, traurigen dunklen Augen, neben ihr ein fünfjähriges, stilles Kind. Die Frau sprach französisch, so konnten wir uns verständigen. Alle waren griechische Jüdinnen. Man hatte ihnen gesagt, sie kämen nach Spanien. So wurden Tausende, ja Zehntausende kreuz und quer durch Europa gejagt, ohne daß die Bevölkerung im Lande etwas davon erfuhr. Ich wußte damals noch nichts von Vergasungen, doch glaubte ich nicht recht an die Verschickung nach Spanien. Sicher sind diese griechischen Frauen und ihre Kinder schließlich in Gaskammern ermordet worden.

Der Zug hielt in Mauthausen. Unbeschreibliche Gerippe menschlicher Wesen in gestreiften KZ-Anzügen wankten über den Bahnsteig. In München wurde ich aus dem Zug geholt und unter strenger Bewachung ins Polizeigefängnis in der Eppstraße gebracht. Kaum hatte man mich in eine finstere Zelle geschoben, heulten die Sirenen. Fliegeralarm! Neben mir murmelte eine angstvolle junge Stimme, fast eine Kinderstimme, in russischer Sprache. Ich setzte mich neben das unsichtbare Wesen. Das Mädchen schien erleichtert, als ich es russisch ansprach. Wir verbrachten die Nacht nebeneinander, und das14-jährige Kind erzählte mir seine Geschichte, zuerst zögernd, dann, Vertrauen fassend, flüssig und offenbar froh, sich in der Muttersprache ausdrücken zu können. Das Mädchen stammte aus der Ukraine. Vater, Mutter, Bruder und sie selbst wurden von den Deutschen gefaßt, auseinandergerissen und einzeln verschickt. Jetzt stand sie allein und wußte nicht, ob die Ihren noch lebten. Die Nazis stellten sie in München einer Familie für Hausarbeit zur Verfügung. Sie fand Anschluß an andere verschickte Landsleute. Zusammen mit einer russischen Freundin verschaffte sie sowjetischen gefangenen Soldaten Lebensmittel und Kleider und wurde deshalb verhaftet. Einen Tag nach unserem nächtlichen Gespräch fällte die Gestapo das Urteil, ohne Verhandlung, ohne Verhör, ohne Zeugen, ohne Anwalt, mit absoluter Willkür. Früh am Morgen wurde sie geholt. Voll Unruhe wartete ich auf das vereinsamte Kind, das in einem feindlichen Lande, dessen Sprache sie nicht beherrschte, ins Gefängnis kommen würde. Ruhig, tränenlos, unendlich traurig kam sie zurück und sagte: »Dwa goda!« Zwei Jahre! Dann fing sie an zu singen. Mit weicher, leiser Stimme sang sie melancholische slawische Melodien, meine Hand suchend, froh, daß ich sie ihr überließ.

Zurück in Aichach, kam ich wieder in meine alte Zelle.

Die Luftangriffe nahmen rapide zu. Die Stadt Augsburg, nur 25 km von unserem Zuchthaus entfernt, war einige Male schweren Bombardements ausgesetzt. Immer kamen die Flieger nachts. Das Getöse war ohrenbetäubend und schreckerregend. Wir saßen im vierten Stockwerk eines Bauflügels in der äußersten Zelle. Hier oben schwankte der Bau. Wir sprangen aus den Betten, kletterten hinauf zum Fenster und sahen unzählige, vielfarbige Lichtpunkte, die langsam zur Erde sanken. Diese rot, blau, weiß und grün glühenden Lichter waren das einzige, das sich in weitem Umkreis bewegte – ein wunderschöner Anblick! Doch warum diese Leuchtkugeln? Damit sie uns besser treffen und vernichten könnten? Wir ahnten nicht, daß die Leuchtkugeln unserem Schutz dienten, und noch viel weniger dachte ich, daß ich selbst zu diesem Schutz beigetragen hatte. Das war so zugegangen. Vor längerer Zeit hatte ich meinem Mann einen Plan des Zuchthauses geschickt. In einem verklausulierten Brief hatte ich die Lage des Hauses geschildert und auch die Kreuzanlage im Grundriß beschrieben, alles motiviert mit unser beider Architektenkenntnisse. Ich sagte mir: Wenn ich nach Istanbul Nachricht gebe, wo unser Zuchthaus liegt und woran es zu erkennen ist, vielleicht kann mit Rücksicht auf die Gefangenen vermieden werden, daß es bombardiert wird. Wunderlicherweise erreichte dieser Brief sein Ziel. Meine Angaben wurden der britischen Botschaft in der Türkei übermittelt, und man versprach meinem Mann, sie sofort nach England weiterzuleiten, damit die politischen Gefangenen nicht geopfert würden. Erst Jahre später erfuhr ich es durch meinen Mann.

Im August 1944 wurde wieder zu ungewohnter Stunde die Zellentür geöffnet, und wieder rief eine Aufseherin: »Schütte, nehmen Sie Ihre Sachen und kommen Sie mit.« Ich sollte bei der Verhandlung von Franz Öhler aussagen. Ich wurde neu eingekleidet, denn in meinem verschlissenen Zuchthausgewand wollte man mich dem Anblick freier Menschen auf Bahnhöfen und in Straßen nicht aussetzen. Auch die neue Kleidung trug den diskriminierenden gelben Streifen. Man gab mir Schuhe, so groß wie von einem Landser, aus steinhartem Leder mit tiefen, drückenden Falten. Beim Ausgangstor des Zuchthausgeländes stand ein Gestapomann. Er warnte mich: »Wenn Sie am Weg zum Bahnhof davonlaufen, schieße ich.« Laut lachte ich ihm ins Gesicht. »Da müssen Sie mir erst andere Schuhe geben, mit diesen kann ich keine drei Schritte weit laufen.« Eine Hebamme stieß noch zu uns, die bis München mitfahren sollte. Sie hatte gerade ihre zweijährige Strafe wegen eines unerlaubten Eingriffes abgesessen und wußte nicht, ob sie nun frei war oder in ein KZ abgeschoben wurde.

Auf der Fahrt in einem normalen Waggon saß neben mir eine junge Frau. Zutraulich kam ihr Kind zu mir. Ich streichelte es und sprach ein paar freundliche Worte. Drohend flüsterte mir mein Gestaposchatten zu, sprechen mit anderen sei strengstens verboten. Ich schwieg von da an beharrlich, das Kind redete weiter. Umsteigen in Augsburg. Einsteigen in einen Fernzug voller Urlauber. Ein unerhörtes Ereignis. Wir standen im Gang, rechts von mir der Gestaposchatten, links in der Nische des Gangs, den Blicken meines Begleiters entzogen, die Hebamme, heftig gestikulierend. Die Passagiere des nächsten Waggons hatten durch die Seitenfenster mein Zuchthauszeichen entdeckt, und die Hebamme versuchte, ihnen durch Gesten zu erklären, daß ich eine politische Gefangene sei und zu 15 Jahren verurteilt bin. Jetzt wurde ich interessant. Im Nebenwaggon drängte sich eine Schlange von Menschen an das Fenster. Bei der Ankunft in München kam ich kaum durch all die vielen Leute, die mich voll bedauernder Sympathie anblickten. Ein Mann versuchte sogar, mir etwas zum Essen zuzustecken. Der Anblick des Münchner Hauptbahnhofs war niederschmetternd. Starrer Beton, verkrümmter Stahl, darüber der blaue Himmel. Auf dem Weg zum Polizeigefängnis, durch eine der belebtesten Straßen der Stadt, fühlte ich mich trotz des Aufpassers wieder völlig frei. Immer wieder mußte er mich vom verbotenen Gehsteig auf die Fahrbahn jagen, die für eine Zuchthäuslerin gerade gut genug war. In München übernachtete ich im Polizeigefängnis. Am nächsten Morgen mußte ich auf den Abtransport im Hof des Polizeigefängnisses, zusammen mit vielen, zufällig zusammengewürfelten Gefangenen, warten. Ich gesellte mich zu einer Gruppe heftig gestikulierender Leute, offensichtlich Politische. Auf Steinstufen hockend, hörte ich hier, am 13. August, das erstemal vom Attentat auf Hitler am 20. Juli 1944. Über drei Wochen konnte man uns in Aichach dieses Ereignis verheimlichen. Die Menschen um mich herum kamen aus den verschiedensten Gefängnissen und wußten eine Menge über die Geschehnisse der letzten Zeit.

Aus diesen interessanten Gesprächen wurde ich herausgeholt und in einen Frauentransport nach Salzburg eingereiht. Mitten in der Nacht kam ich in einen finsteren, überfüllten Raum im Salzburger Polizeigefängnis. Jemand faßte mich an der Hand und führte mich zu einer Art Podium, wo einige Frauen auseinanderrückten, um mir Platz zu machen. Die Insassinnen waren noch keine zwölf Stunden in Haft. Alle waren Bäuerinnen oder Sennerinnen und stammten aus dem Dorf Weng bei Goldegg im Salzburgischen. Ausgenommen eine Frau aus Essen, die mit ihren beiden Kindern nach Goldegg evakuiert worden war. Die Jüngste, die mich an meinen Platz gebracht hatte, war erst 19 Jahre alt. Die Älteste, eine weißhaarige Frau über 70, mit einem großen Kreuz auf der Brust, saß still in einer Ecke. Die anderen nannten sie Kösserbäuerin. Ihr Sohn war im Frühsommer 1943 von der Ostfront auf Urlaub nach Hause gekommen. Er verabscheute den Krieg und wollte nicht mehr für die Nazis kämpfen. Stalingrad war längst befreit, die Niederlage Deutschlands unvermeidlich, und der Soldat hielt es für Mord, noch weiter auf Menschen zu schießen. Er blieb im Dorf ein Jahr lang versteckt. Niemand verriet ihn, das ganze Dorf hielt zusammen. Dann gingen noch vier andere Urlauber nicht zurück an die Front. Die Dorfbewohner sorgten für ihre Nahrung und Kleidung, bis die Behörden schließlich Wind von der Sache bekamen. SS-Einheiten riegelten das Gebiet um Goldegg ab, umstellten das Dorf und durchsuchten jeden Bauernhof, jede Sennhütte. Es kam zu einer Schießerei, die SS erschoß einen Versteckten. Was mit den anderen vier geschah, wußten die Frauen nicht. Sie und alle Männer aus Weng wurden verhaftet, die Kinder der NS-Frauenschaft übergeben. Alle diese Frauen haßten den Krieg, keine einzige weinte oder jammerte, alle standen für ihre Überzeugung voll und ganz ein. Wer wußte damals in Österreich und wer weiß heute, daß sich in den Salzburger Bergen ein ganzes Dorf gegen den Krieg erhob und dafür das Leben einsetzte?

Im Wiener Landesgericht kam ich in eine Zelle für eine, höchstens zwei Gefangene. Fünf Frauen waren bereits drin und schmorten in der Hitze. Zu allem Überfluß führte durch diese Zelle der Küchenschornstein. Schließlich waren wir neun in dem winzigen Raum. Auf dem Strohsack zu dritt war es vor Hitze und Wanzen nicht auszuhalten. Ich wollte auf den blanken Boden flüchten. Aber wohin? Ich stieg im Finstern über die liegenden Körper, und verkrümmt wie ein Fragezeichen legte ich mich in der Ecke der Zelle unter die Klosettmuschel, den Kopf unter dem Syphon. Das Klosett stand fast immer in Benutzung. So verbrachte ich einige Nächte. Eine Gefangene geisterte die Nächte herum und zerquetschte Wanzen. Jeden Morgen waren die Wände noch unappetitlicher als am Vorabend.

Im September 1944 hatten die Bombardierungen der Alliierten auch in Wien begonnen. In unsere, im Erdgeschoß gelegene Zelle wurden während der Alarme noch etwa 15 Gefangene aus den oberen Stockwerken hineingepreßt. Schwitzend und eingekeilt in eine Enge, in der man nicht einmal den Arm heben konnte, horchten wir auf die Bombeneinschläge. Im Stiegenhaus saß ein Treffer. Dabei hat's den »Dreizehner« erwischt.

Bald nach meiner Ankunft ließ mich Dr. Führer zu den Sprechzimmern der Anwälte holen. Er kam mir erregt entgegen und führte mich in das allerletzte Sprechkabinett der langen Zimmerflucht. »Jetzt gleich«, sagte er triumphierend, »wird Herr Öhler mit einem meiner Anwälte kommen. Dann können Sie alles für die Verhandlung mit ihm vereinbaren.« Ich traute meinen Ohren nicht! Er, der Nazianwalt, brachte den Angeklagten unmittelbar mit der Kronzeugin zusammen, damit sie die Aussagen vor Gericht aufeinander abstimmen konnten! »Gnädige Frau«, sagte er, »bis zu Neujahr sind Sie frei. Die Russen sind schon am Eisernen Tor, die Alliierten in Nancy.« Gnädige Frau! Wie viele Jahre hatte ich diese Anrede der Wiener Bürger nicht gehört. Dr. Führer war sich also im September 1944 über die Niederlage Deutschlands völlig klar. Öhler wurde beschuldigt, seine Wohnung und Adresse in Zagreb als »Anlauf« für Genossen aus dem Ausland und für Korrespondenzen zur Verfügung gestellt zu haben. War ihm diese Tätigkeit nachzuweisen, gab es ein Todesurteil, wenn nicht, bestand die Möglichkeit eines Freispruchs. Das bedeutete Verschickung in ein KZ. In diesem Fall gab es immerhin noch eine Chance zu überleben. Öhler kam ins Sprechzimmer: Begrüßung, Freude, sich nach Jahren noch wohlbehalten wiederzusehen. Handkuß, und plötzlich fühlte ich mich wirklich als »gnädige Frau«, trotz der Zuchthauskleidung. Wir sprachen über das Verhalten vor Gericht. Merkwürdig: Öhler wollte nicht freigesprochen werden. Er war stolz auf seine Hilfe für den Widerstand in Österreich und wollte das auch dokumentiert wissen. Er war sich nicht klar, daß die Alternative bei ihm Freispruch oder Tod hieß. Schließlich sah er ein, daß das Risiko zu groß war.

Der Prozeß kam. Wieder einmal ging ich zu Fuß, zwei Gerichtsdiener an meiner Seite, vom Landesgericht zum Justizpalast. Öhler, mit seinen zwei Bewachern zehn Schritt vor mir, ungebrochen und voll Hoffnung. Kein Wort konnte gewechselt werden, aber es war alles genau vereinbart. Als ich als einzige Zeugin in den großen Saal des Justizpalastes geführt wurde, war die Verhandlung bereits in vollem Gange. Vereidigt durfte ich als Zuchthäuslerin nicht werden. Brüllend drohte mir der Vorsitzende mit Verschärfung meiner Strafe, falls ich nicht die Wahrheit, die reine Wahrheit sagen würde. Ich erklärte die Sachlage, so wie einige Tage vorher verabredet. Kaum zehn Minuten war ich im Saal. Kurz durfte ich noch im Vorraum bleiben. Wieder im Gefängnis, bat ich die wohlwollende Aufseherin Wallmüller, mir so rasch wie möglich mitzuteilen, wie der Prozeß im Justizpalast ausgegangen wäre. Es war noch keine Stunde vergangen, als sie mich aus der Zelle holte: Freispruch! Ich war überglücklich. Es war verfrüht, Öhler kam ins KZ. Er kehrte nie mehr zurück.

Endlich war ich aus der entsetzlichen Wanzenzelle im Landesgericht herausgekommen und in das mir so wohl bekannte Bezirksgefängnis in der Schiffamtsgasse gebracht worden. Die Stimmung im Gefängnis war ausgezeichnet. Die Rote Armee rückte ständig vor und kämpfte schon in Budapest. Paris war bereits befreit. In meiner Zelle führten wir zu sechst ein einträchtiges, angeregtes Leben. Verglichen mit dem mir bekannten Zuchthausbetrieb war das Dasein hier sehr gelockert. Nur die Bombenalarme und das Essen – Brot, Wasser und faulige Erdäpfel – erinnerten an Krieg. Etwa 30 Frauen arbeiteten in einem großen Raum. An einer kleinen Maschine mußte ich Bleche stanzen, bestimmt für Abhörgeräte der Firma Siemens, eine leichte Arbeit. In acht Stunden hätte ich 8.000 bis 10.000 Mal im Dienste des Krieges den Hebel hinunterdrücken können. Ich nahm mir vor, höchstens 2.000 Blechlein täglich zu stanzen, eine schwierige Verpflichtung. Um sie einzuhalten, verbrachte ich möglichst viel Zeit auf dem Klosett, das Alleinsein genießend. Nach vier Jahren zum erstenmal in einem abschließbaren WC. Ich blieb dort immer so lange, daß einmal sogar die Aufseherin voller Angst angerannt kam: Sie dachte, ich hätte mich erhängt. Oder:

ich simulierte Grippe. Ich stahl, im Bett liegend, dem Krieg zwei volle Arbeitswochen. Auch das Gefängnispersonal wartete auf die Befreiung. Begeisterte Nazis gab es unter ihnen nicht mehr, sonst hätte ich mich nicht 14 Tage krank schwindeln können. Später kam ich zu einer noch leichteren Arbeit. In einer kleinen, nicht versperrten Zelle sortierten acht Gefangene Metallstifte in drei tellerartige Schälchen, Stifte für Militär-Abhörgeräte. Wir warfen sie durcheinander und sabotierten, soviel wir konnten. Ein Werkmeister von Siemens, ein bleicher, vom Kriegsdienst befreiter junger Mensch, sagte einmal leise und trostreich zu mir: »Was ihr jetzt macht, das macht ihr sowieso schon für die Russen.« In dieser Werkstatt besuchte mich oft eine junge Polin. Was sie erzählte, war das Grauen. Zum erstenmal erfuhr ich Authentisches von den Judenvergasungen. Bis zum Herbst 1944 hatten wir nur gerüchteweise davon gehört. Eva aber hatte die Vergasungsanstalten mit eigenen Augen gesehen. Sie war die Tochter eines Deutschen und einer Polin. Ihr Vater, ein hoher Gestapobeamter, war in Frankreich mehrere Jahre eingesperrt gewesen, weil er für Nazideutschland spioniert hatte. Evas Mutter arbeitete, wie ihre Tochter, nach der deutschen Besetzung im polnischen Widerstand. Der Vater, nichtsahnend, vertraute Eva völlig. Durch ihn lernte sie Deutsche in wichtigen Stellungen kennen, auch einen aus Majdanek, dem polnischen Vernichtungslager. Der junge Mann machte der bildhübschen Eva den Hof. Offenbar um ihr zu imponieren, schlug er vor, sie in das Lager zu führen. Sie willigte ein, und er zeigte ihr die Vergasungsanlagen und Verbrennungsöfen. Ihr Bericht wanderte an die polnische Widerstandsbewegung und ins Ausland. Nach polnischen Schätzungen wurden in Majdanek eineinhalb Millionen Menschen getötet. Aus den Düsseldorfer Gerichtsakten des Majdanek-Prozesses geht hervor, daß 1942 bis 1944 dort 7.711 kg des Todesgases Zyklon B verbraucht und 730 kg Menschenhaar an eine Verwertungsfirma in Küstrin geliefert wurden. Die jüdischen, polnischen und russischen KZ-Insassen, darunter Kinder, Kranke, Schwangere und Greise, wurden in Majdanek vergast, erwürgt, erschossen, erhängt, von Hunden zerfleischt. Später schickte die polnische Widerstandsbewegung Eva als Studentin der Zahnheilkunde nach Heidelberg. Ihr Vater bürgte für sie. Ihre wirkliche Arbeit waren Aufklärungsdienste für die Alliierten am Westwall. Verhaftet und nach Wien gebracht, erwartete sie ein Todesurteil. Durch das Kriegsende wurde sie gerettet.

Eine meiner Zellenkameradinnen in der Schiffamtsgasse war ein Zirkuskind, 26 Jahre alt, das Gesicht wie eine Maske aus Asche. Ihre Liebe gehörte einem achtjährigen Töchterchen, das bei einer alten Frau in Wien in Pflege war. Selber elternlos, kam sie mit fünf Jahren in einen Wanderzirkus. Man schickte sie nicht zur Schule. Sie wurde Helferin eines Zauberkünstlers, Seiltänzerin, Zirkusreiterin, Akrobatin am schwingenden Trapez. Eines Abends – sie war schon 17 Jahre alt – schwebte sie hoch in den Lüften auf der pendelnden Stange. Der Partner warf ihr das Seil, an dem sie zu Boden gleiten sollte, nicht präzise zu. Sie griff ins Leere, erfaßte schließlich doch noch mit suchender Hand das Seil und kam mit zerfetzten Händen halb bewußtlos unten an. Von dem grauenvollen Schreck wurde sie schwer zuckerkrank. Daher die fahle Blässe. Beim Zirkus konnte man sie nicht mehr gebrauchen. Sie wurde Chansonette. In der Nazizeit kam sie zu einer Kabarettgruppe bei der deutschen Wehrmacht. Witzig, wie sie war, avancierte sie zum Conferencier. Das Kabarett wurde nach Oberitalien verlegt. Sie leistete sich zu viel Frechheit und Ironie gegen die Nazis. Zweimal wurde sie verwarnt. Sie wurde nur noch bissiger. Jetzt saß sie eine sechsmonatige Strafzeit in meiner Zelle ab. Die Kost – Brot und Kartoffeln – nur Kohlehydrate – war für die Zuckerkranke Gift. Gab es Bombenalarm, ängstigte sie sich so um ihr Kind, daß wir sie bewußtlos in den Keller tragen mußten. Sie erzählte, daß es im ersten Halbjahr 1944 in Norditalien schon so viele Partisanen gegeben habe, daß die deutschen Soldaten nur mehr zu zweit auszugehen wagten. Trotzdem waren viele ohne Waffen und Kleidung zurückgekommen. Die Partisanen hatten sie splitternackt ausgezogen. Die Kabarettgruppe kam nach Florenz. Eines Abends spielte sie in einer Baracke vor Hunderten deutschen und italienischen Soldaten. Plötzlich stürmten Partisanen in den Saal und nahmen die Soldaten, die sich nicht wehrten, gefangen. Es fiel kein Schuß. Die neun Kabarettleute wurden höflich in einen Bus verfrachtet. Draußen war finstere Nacht, die Fenster dicht verhangen. Abends bekamen sie in einer Villa gutes Essen vorgesetzt, nicht ohne die Bemerkung, sie sollten später erzählen, wie gut es ihnen bei den Partisanen ergangen sei. Am nächsten Morgen stellten sie erstaunt fest, daß sie sich in einem Renaissancepalast beim Stab der Partisanen befanden, der international zusammengesetzt war: Italiener, Franzosen, Russen, Deutsche und andere. Die Leute vom Kabarett konnten sich in Haus und Park frei bewegen, durften nur das Territorium der Villa nicht verlassen. Nach etwa dreiwöchigem Erholungsaufenthalt wurden sie bei Nacht wieder in einen Bus verfrachtet und nach Norditalien gebracht. Die Partisanen hatten 50 ihrer von den Deutschen gefangenen Leute im Austausch für die Kabarettgruppe verlangt und auch bekommen. Ein guter Tausch und zugleich der Beweis, wie schlecht es schon im Frühjahr 1944 da unten für die deutsche Wehrmacht stand. Unsere Zirkusreiterin bereitete uns die vergnüglichsten Stunden. Abends stellten wir in der Mitte der Zelle zwischen den Strohsäcken am Fußboden einen Hocker auf, sie stieg hinauf, spielte voll Humor Conferencier und sang die hübschesten Chansons. Die Aufseher sahen durch die Finger. In demselben Tempo, in dem die Rote Armee näher rückte, veränderte sich auch unsere Lage. Am 6. Dezember wurden zwei als Nikolo und Krampus verkleidete Gefangene in die Zellen gelassen, die ihre Späße dort trieben. Sie kamen aus Verwaltung und Küche, wo der Krampus mit seiner Rute den Gefängnisdirektor und den Koch wegen schlechten Essens verhauen hatte! Und das ließ sich dieser Gefängnisdirektor, der vorher keineswegs immer freundlich war, lachend gefallen! Wir bereiteten eine Weihnachtsfeier vor. Der große Arbeitsraum wurde ausgeräumt, und etwa 50 ausgezehrte, hungrige Frauen stellten sich auf Tische und Hocker, unser »Conferencier« machte Witze über Zeitläufe und Personal, und die musikalisch und tänzerisch begabten Polinnen führten die hübschesten Reigen auf. Alle erwarteten Todesurteile. Würde sie das Kriegsende retten? An diesem Weihnachtsabend wieder das groteske Nebeneinander von heiterem, intensivem Leben und drohendem Tod!

Alle zwei bis drei Wochen besuchte mich mein Anwalt, ohne daß ihn irgendjemand darum gebeten hätte. Er brachte mir allerhand gute Sachen zu essen, wie Schinkensemmeln und ähnliches. Wertvoller als Diamanten in jenen Tagen. Ein Opportunist reinsten Wassers, bekannter Nazi und Mitglied des NS-Sicherheitsdienstes, wollte er für sich noch retten, was zu retten war. Und war es auch nur durch Schinkensemmeln. Ich will nicht leugnen, daß sie mir trotzdem ausgezeichnet geschmeckt haben. Bei einem dieser Besuche wollte er meinen Rat. Er fragte, ob er fliehen sollte, bevor die Russen nach Wien kämen. Ich lehnte jeden Rat ab.

Ich fiel aus allen Wolken, als wieder einmal zu ungewohnter Stunde die Zellentür geöffnet wurde: »Schütte, Sie gehen auf Transport.« Es war der 19. Februar 1945. Ich war überzeugt gewesen, daß ich bis zum Kriegsende in dem schon so gelockerten Bezirksgefängnis Schiffamtsgasse bleiben würde. Der Transport, es war der letzte nach Aichach, fuhr von einem Bombenalarm in den anderen. Wir waren etwa 50 Frauen in einem uralten Waggon. In Seitenstetten, etwa 80 Kilometer von Wien entfernt, blieb der Zug stehen. Ein Knattern, ein Schrei: »Tiefflieger!« Die Geschosse rollten über unser Dach. Draußen trug man Verwundete vorbei. Die Maschine war durchlöchert worden, der Lokomotivführer und fünf Passagiere waren sofort tot. Es waren nur deshalb so wenige, weil Zivilbevölkerung nicht mehr ohne Genehmigung mit der Bahn fahren durfte. Nur unser Waggon war vollgestopft mit Menschen. Zufällig war er gerade bei der Ausfahrt aus der Station stehengeblieben, auf der einen Seite geschützt durch das Vordach des Bahnsteiges, auf der anderen durch einen dort haltenden Güterzug. Die Tiefflieger konnten nicht an ihn heran, die Geschosse glitten flach über das Dach. Sobald der Angriff abgelaufen war, flogen die Waggontüren auf: »Schnell heraus. Deckung im Stationsgebäude.« Viele Gefangene wollten sich von ihren Habseligkeiten nicht trennen und versperrten mit ihren Kartons die Ausgangstüre. Die Angst um ihr armseliges Eigentum überwog die Angst vor dem Tod! Die Fahrt ging weiter nach St. Valentin, zum nächsten Alarm. Unterwegs kam ich mit einem Aufseher, einem Gerichtsdiener, ins Gespräch. Durch ihn erfuhr ich von der Existenz einer Widerstandsgruppe namens »05«, der er angehörte. Ihre Mitglieder malten »05« an die Straßenwände, um sich zu verständigen. Diese Markierungen waren zahlreich, und ich habe selbst noch im September 1945 solche Zeichen an Wänden in Wien gesehen. Wir warteten das Ende des Alarms in St. Valentin in einem Waggon ab, der ungedeckt auf den Geleisen stand. In Salzburg wurden wir zu Fuß vom Bahnhof zum Felsenkeller unter dem Kapuzinerberg geführt. Im Schutzkeller dachte ich das erstemal seit über vier Jahren an Flucht, aber rasch siegte die Vernunft. Es wäre Wahnsinn gewesen. In meinem Zuchthausgewand wäre ich sofort gefaßt und erschossen worden. Die Chance zu überleben war im Zuchthaus weit größer. Am Bahnhof war neuer Alarm. Der Zug fuhr sofort aus der Halle. In München war das Polizeigefängnis zerstört. Wir verbrachten die Nacht in der Ruine des Bahnhofs. Der Wind wehte in der Unterführung eisigen Schnee auf die Hockenden: Frauen, Kinder, schreiende Säuglinge, Flüchtlinge aus dem zerstörten Dresden. Um fünf Uhr früh Einwaggonierung. In Augsburg kamen wir gerade zurecht zu Alarm und Bombardement. Wieder stand der Waggon mit Gefangenen ungeschützt auf offener Strecke. Weiter ging's von Augsburg nach Aichach. Wie trabten zu Fuß zum Zuchthaus. Gefangenenautos gab es schon längst nicht mehr. Kaum waren wir angelangt, gab es Alarm! Der Bahnhof, den wir soeben verlassen hatten, wurde bombardiert. Ein Bombenalarm löste den anderen ab, und schließlich gab es gar keine Entwarnung mehr.

Ich kam zu zwei Deutschen in die Zelle. Wir Österreicherinnen galten als Deutsche. Die Frauen anderer Nationalitäten saßen weit weg von uns. Bis zur Befreiung bekamen wir sie nicht zu Gesicht. Außer drei erst seit kurzem inhaftierten Münchner Studentinnen gab es nur noch drei deutsche politische Gefangene unter 90 Österreicherinnen. Mit zwei von ihnen saß ich nun in derselben Zelle. Die eine, in eine Spionagegeschichte verwickelt, war zu 13 Jahren verurteilt worden, die sie bis 1945 fast ganz abgesessen hatte. Die andere, eine Kommunistin aus dem Saargebiet, hatte lebenslänglich. In der Nähe der Grenze wohnend, hatte sie Verbindungen zwischen dem deutschen und französischen Widerstand hergestellt. Auch ihr Mann war im Zuchthaus. Lange schaute sie jeden Tag die Fotografie eines großen Jungen an, von dem sie keine Vorstellung mehr hatte. Es war ihr zwölfjähriger Sohn, den sie als einjährigen Säugling verlassen mußte. Trotz ihres nunmehr elfjährigen Lebens hinter Gittern war sie ein nicht verbitterter, ungebrochener, ein prachtvoller Mensch geblieben. Als sich am 29. April die Zellentüren für uns öffneten, kletterte sie als erste über die Zuchthausmauer und rannte nach Hause.

Kurz nach meiner Ankunft in Aichach mußte ich in die Krankenabteilung. Ein neuer Krankheitsherd hatte sich in der Lunge infolge jener elenden Nacht in der Münchner Bahnhofsunterführung gebildet. Ich wurde in die Tbc-Zelle gesteckt. Dort lernte ich die junge Trude Hausner kennen. Wegen ihrer Anti-Kriegsarbeit war sie zu zwölf Jahren Zuchthaus verurteilt worden. Sie hatte innerhalb einer organisierten Aktion Briefe an Soldaten ins Feld geschrieben. Darin war die Sinnlosigkeit des Krieges dargelegt und die Soldaten aufgefordert, Widerstand zu leisten. Trude und ich beschäftigten uns mit Französisch, ohne irgendwelche Bücher, und ich lernte von ihr die Texte vieler unserer Kampflieder, die wir abends gemeinsam sangen. Spaziergang gab es keinen in der Krankenabteilung. So waren wir zwei von den anderen politischen Gefangenen Wochen hindurch vollkommen abgeschnitten. Aichach war bereits ununterbrochen im Alarmzustand. Schließlich hörten wir Schüsse, von weit her, doch deutlich. Gerüchte tauchten auf. Ein General hätte unser Städtchen zur Rote-Kreuz-Stadt erklärt, damit es nicht beschossen würde, wäre aber deshalb selbst erschossen worden, oder die SS hätte noch im letzten Moment unser Zuchthaus in die Luft sprengen wollen und ähnliches mehr. Wir waren glänzender Stimmung, aber völlig erschöpft. Das Essen verdiente nicht mehr diesen Namen, und unsere Mägen knurrten bei Tag und bei Nacht. Aber eines Abends bekam jede von uns ein Eckerl wunderbaren Käse. Wenn sie uns schon so eine Delikatesse geben, dann mußte das Ende nahe sein. Das Schießen kam näher und näher. Das Gewehrfeuer hörte sich an, als würde unmittelbar vor unserem Fenster geschossen. Wir sprangen hinter einen Mauerpfeiler. Nach einer dreiviertel Stunde war alles ruhig. Wir schliefen ausgezeichnet diese Nacht. Es sollte die letzte hinter versperrten Türen sein.

Die Befreiung

... und in diesem Taumel der Freiheit,
der die Straßen besetzt und die Bäume bewegt
und den Rauch der Brände vertreibt,
sollen sie uns begleiten
ruhig
glücklich
immer lebendig
unsere Toten

Gioconda Belli
Nikaraguanische Schriftstellerin

Monatelang, jahrelang hatten wir von diesem Tag geträumt, hatten uns ausgemalt, wie wir fröhlich singend und selig lachend aus diesem Hause des Schreckens hinausziehen würden, hinaus in die Freiheit. Beim Spaziergang im Gefängnishof vereinbarten wir, daß wir uns, falls auseinandergerissen, in einem Gasthaus des Städtchens treffen und gemeinsam nach Hause fahren wollten. Mit einem Zug. Wie naiv hatte uns die Isolierung von der Außenwelt doch gemacht, von einer Welt, die inzwischen in Trümmern lag.

Am frühen Morgen des 29. April kam, wie jeden Tag, eine Spitalwärterin in unsere Tbc-Zelle. Ich wagte die Frage: »Wie lang kann denn das noch dauern?« Direkt nach dem Kriegsende durfte man nicht fragen. »Ein paar Wochen dauert's noch«, war die niederträchtige Antwort. Sie hatte kaum die Zelle verlassen, als ein merkwürdiges Geräusch, ein eigenartiges Gebrumme und Geheule das Haus erfüllte. Wir dachten in der ersten Erregung an Meuterei der Gefangenen. Da knackte der Schlüssel im Schloß. Die Tür sprang auf. Vor uns stand unsere Genossin Hilda Stampfl: »Sie sind schon da, wir sind frei«, rief sie. Wir fielen uns in die Arme. Trude brach in Tränen aus. Ich sagte zur schluchzenden Trude: »Das ist der Moment, auf den wir so viele Jahre gewartet haben, jetzt darfst du nicht zusammenklappen.« – »Ja, aber ich muß an alle denken, die das nicht mehr mit uns erleben können.« Hilda hatte, als ihre Türe aufgeschlossen worden war, einer Aufseherin die Schlüssel aus der Hand gerissen und war ins Erdgeschoß in die Krankenabteilung gerannt. Trude stützend, eilten wir hinauf in den dritten Stock zu den Österreicherinnen. Aus unserer Zelleneinsamkeit gerieten wir plötzlich in ein unvorstellbares Gedränge. Ein Gewühl von Menschen. Frauen wimmelten durcheinander wie Ameisen in ihrem zerstörten Bau und auf einmal auch Männer, die in den letzten Tagen aus westlicher gelegenen Gefängnissen und Lagern hierhergebracht worden waren. Die Gitter zwischen sämtlichen Baukörpern und Stockwerken standen offen. Trude hatte sich rasch gekräftigt. Endlich kamen wir zu unseren Kameradinnen. Lachend und weinend, glückselig umarmten wir uns.

Und dann? Aber dann kam alles ganz, ganz anders als erwartet. Die Aufseherinnen waren über alle Berge entflohen. Nur einige alliierte Soldaten waren ins Haus gedrungen, Kanadier, schöne, große Menschen. Sie hatten gedacht, in Aichach befänden sich nur politische Gefangene, und so hatten sie alle Zellentüren geöffnet. Wenn kein Schlüssel zur Hand war, mit dem Bajonett. Mörderinnen und Diebinnen, Politische, Schwarzschlächterinnen und Kindesmörderinnen, Deutsche, Französinnen, Russinnen, Engländerinnen, Tschechinnen und Österreicherinnen, alle liefen aufgeregt durcheinander. Jemand rief mir zu, ich solle einen Soldaten verständigen, daß Lebensmittel geplündert würden. Mit Mühe kam ich an einen Kanadier heran. Er konnte sich kaum vorwärts bewegen, so viele Frauen umarmten und küßten ihn. Wie Trauben an einem Rebstock hingen sie an ihm. In dem wilden Tumult schrie ich ihm in meinem schlechten Englisch zu, er solle mir helfen, im Keller würde geplündert. »I have no time«, war die Antwort. Ich irrte herum, fand eine Stiege, verlor mich aber in dem Labyrinth des riesigen Gebäudes, das mir, obwohl ich Jahre darin gelebt, völlig unbekannt geblieben war. Schließlich gelangte ich doch zu den Wirtschaftsräumen im Keller. Welch ein Anblick! Lebensmittel bedeckten 20 cm hoch die Fußböden, Milch, Mehl, Nudeln, zerbrochene Eier und anderes mehr. Gefangene lagen mitten drin und schlürften von der rohen Nahrung in sich hinein, soviel sie nur konnten. In einem Kriechkeller unter dem Kirchenboden waren Tausende Konservenbüchsen versteckt, den Gefangenen entzogen. Zwei Tage vorher hatten Aufseherinnen von Gefangenen die Konserven in den Kriechkeller tragen lassen, deshalb war das Versteck sofort gefunden worden. In der Krankenabteilung lag eine Französin, die an diesem ersten Tag neun Dosen Fleischkonserven verschlungen hatte und daran fast starb. Die ausgehungerten Menschen schleppten in ihre Zellen, was zu schleppen war. Es war hoffnungslos, diese verhungerten Frauen von ihrem sinnlosen Tun abzuhalten. Wir Österreicherinnen versuchten Ordnung zu schaffen. Es waren noch rund 1.000 Menschen zu versorgen. Zuerst versuchten wir, der Plünderungen Herr zu werden. Wir machten eine Zelle frei zum Stapeln von Lebensmitteln und postierten zwei Politische vor den Ausgang aus den Wirtschaftsräumen mit dem Auftrag, den wildgewordenen Plünderinnen ihre Beute wieder abzunehmen. Eine sah ich, die Schürze prallvoll mit ungekochten Nudeln. Was konnte sie schon damit anfangen? Die Nudeln wanderten in die Vorratszelle. Unsere Genossin Hilda Delle-Karth, die die undankbare Aufgabe hatte, beim Wirtschaftsausgang Wache zu stehen, kam bald mit einem blauen Auge an. Unsere Maßnahme löste wüste Raufereien aus, so daß wir sie nach zwei Stunden abbrechen mußten. Geplündert wurden auch Kleider. Gefangene hatten sich Schlüssel zu den Kleiderkammern beschafft. Aus einer Gruppe streitender, heftig gestikulierender Frauen stürzte an diesem Tage plötzlich eine Französin auf mich zu. Sie war mit einer Österreicherin wegen ihres Jackenkleides aus Paris, das jene am Leibe trug, in ein Handgemenge geraten. Der Streit wurde geschlichtet, das Kostüm zurückgegeben. Eine Genossin sammelte geplünderte Kleider in einer Zelle, damit sie später an die rechtmäßigen Besitzerinnen zurückgegeben werden konnten.

Es war ein herrlicher, sonniger Apriltag, dieser Befreiungstag. Wir hatten nicht geahnt, welche Schönheiten es auf dem Zuchthausgelände gab. Obstbäume und Fliederbüsche standen in voller Blüte. Trotz aller Schwierigkeiten fanden wir eine Stunde Zeit, um im Grase sitzend von der Zukunft zu träumen. Erna Hedrich wollte über die Mauer türmen, um zu ihren Kindern zu wandern. Ihr Mann war hingerichtet worden. Als die Eltern verhaftet wurden, waren die Kinder ein und drei Jahre alt. Jetzt wollte sie so bald wie möglich die Matura machen und Nationalökonomie studieren, was sie mit bewundernswerter Energie auch durchführte. Hilda Stampfl war Schirmmacherin gewesen, auch sie wollte lernen. Sie wurde später Gemeindeangestellte. Hella Puschmann war gelernte Kürschnerin und wollte Fürsorgerin werden. Sie wurde es auch. Wir waren bei diesem Gespräch von der Überzeugung durchdrungen, daß wir mit ganzer Kraft am Wiederaufbau Österreichs mitarbeiten werden. Von persönlichen Dingen wie Ehe, Liebe, Familie sprachen wir nicht. Das war in all diesen Jahren zu tief vergraben worden, um sofort nach außen zu dringen. Da saßen wir nun, auf einer blühenden Frühlingswiese, alles Kommunistinnen, denen noch der Hunger aus den Augen sah, aber nach jahrelanger Gefängniszeit psychisch ungebrochen, und schmiedeten Zukunftspläne. Die politischen Diskussionen waren ziemlich spekulativer Art. Welche Probleme für den Aufbau Österreichs wirklich zu lösen waren, konnten wir kaum überblicken. Nach einer Stunde gingen alle wieder an die Arbeit. Die einen in den Keller, um zu kochen, die anderen versuchten, Ordnung ins Tohuwabohu des Hauses zu bringen. Einige Gefangene wollten in die Verwaltung, um an ihre Papiere heranzukommen. Nur wenigen gelang es. Wir konnten nur noch für die 90 Politischen aus Österreich im dritten Stock des Bauflügels A sorgen. Unsere anderen Landsleute waren in dem weitverzweigten Gebäudekomplex verstreut, ein Umquartieren zu uns war in dem unvorstellbaren Gewühl unmöglich. Für unsere 90 mußten wir nun in dem unbekannten Haus die Lebensmittelversorgung organisieren.

Zu später Nachtstunde sanken Trude und ich todmüde auf die Betten in unserer Zelle der Krankenabteilung. An Schlafen war nicht zu denken. In dieser überwachten Nacht kreisten meine Gedanken unaufhörlich um die vielen Kameraden und Genossen, die ihr Leben opfern mußten, ich aber hatte unwahrscheinlicherweise meine Zeit hinter Kerkermauern lebend überstanden. Nun war ich frei! Nach 1.527 Tagen und Nächten! Wie aber fehlten und fehlen uns heute noch in der politischen Arbeit all die ermordeten Genossen: Hedy Urach, geköpft; Gretl Jost, geköpft; Toni Mück, geköpft; Poldi Kovarik, geköpft; Steffi Engler, geköpft – um nur jene zu nennen, mit denen ich im Wiener Bezirksgericht Schiffamtsgasse Zelle an Zelle gesessen hatte. Weiter Willi Frank = »Harald«, von der SS erschossen; Erwin Puschmann = »Gerber«, geköpft; M. Kornweitz = »Bobby«, durch Genickschuß ermordet; Herbert Eichholzer, geköpft; Hermann Köhler = »Konrad«, in Mauthausen durch Genickschuß ermordet. Kein einziger, mit dem ich im

Margarete Schütte-Lihotzky (rechts sitzend) nach der Befreiung mit ehemaligen Gefangenen in München

Margarete Schütte-Lihotzky als Mitarbeiterin der Ausstellung »Wien baut auf«, 1947

Soldatengräber auf der Wienzeile, Wien 1945

Widerstand gearbeitet habe, ist am Leben geblieben. Wer denkt heute noch an sie, ja, wer hat jemals auch nur ihre Namen gehört?

Die ganze Nacht tobte es im Haus. Es wurde gesungen und geschrien. Whiskytrunkene Frauen torkelten über Gänge, Männer und Frauen, jahrelang hinter Gittern, waren nun plötzlich beisammen. Nur eine Minderheit blieb diszipliniert. Die wenigen alliierten Soldaten ließen alles laufen, wie es lief. Noch einmal sah ich den Direktor. Unbehelligt ging er durch das Gewimmel. Kein Mensch kümmerte sich um ihn. Die Devise, die wir schon beim Spaziergang ausgegeben hatten: Keine persönliche Rache, die Schuldigen müssen durch ordnungsgemäße Organe gerichtet werden, hatte offenbar Erfolg. Nur die gemeinste Aufseherin erhielt beim Öffnen der Zellentür von der sanftesten unserer politischen Gefangenen eine schallende Ohrfeige.

Am nächsten Tag ging ich zuerst mit Martha Mach in die Verwaltung, um nach unseren Akten zu suchen. Plötzlich ertönten im Gartenhof raue Kommandoworte. Wir blickten durchs Fenster. Welch erheiternder Anblick bot sich dar, welche Genugtuung für uns! Da unten standen in Reih und Glied, genau wie wir noch kurz zuvor hatten stehen müssen, die Aufseherinnen, deren die Amerikaner hatten habhaft werden können. Sie wurden nicht gerade zart behandelt und sollten arbeiten, bekamen aber keine Schlüssel. Wenn sie etwas benötigten, mußten sie jetzt uns um die Schlüssel bitten. Bleich vor Angst, schlichen manche fortan unter uns umher. Eine fragte mich sogar, ob ich zu ihrem Schutz in ihrem Zimmer übernachten wollte. Ich lehnte ab.

Die Amerikaner teilten uns mit, daß nur wenige alliierte Soldaten im Hause seien, deshalb könne es auch keine alliierte Verwaltung geben. Es sei noch Krieg, und wir selbst müßten für den weiteren Betrieb sorgen. Die ehemaligen Aufseherinnen stünden uns zur Verfügung. Jede Nation solle zwei Vertreterinnen wählen, die um drei Uhr nachmittags zu einer Besprechung in das ehemalige Direktorzimmer kommen sollten. Martha Mach und ich wurden von den Österreicherinnen dazu bestimmt. Zur vereinbarten Zeit saßen zwei Offiziere mit etwa 20 ehemaligen gefangenen Frauen verschiedenster Nationalität zusammen. Sie seien Fronttruppen und müßten weiterziehen, erklärten die Offiziere. Alle Arbeiten seien von uns selbst zu organisieren, die ehemaligen Aufseherinnen müßten uns dabei helfen. Lebensmittel würden sie oder ihre Nachfolger beschaffen, wenn nötig, auch im Städtchen für uns requirieren. Wir bekamen die Zellenschlüssel und waren uns selbst überlassen. Je zwei Französinnen, Tschechinnen, Deutsche, Russinnen, Polinnen, Italienerinnen, Griechinnen, auch je eine Engländerin und Amerikanerin und wir Österreicherinnen berieten nun, was zu tun sei. Von da an trafen wir uns täglich zu Arbeitsbesprechungen. Nur politische Gefangene waren für diese Arbeit gewählt worden.

Auch am nächsten Tag torkelten betrunkene Frauen über die Gänge, es herrschten chaotische Zustände. Da riefen uns die Amerikaner wieder zu sich: Das könne so nicht weitergehen. Wenn um acht Uhr abends nicht völlige Ruhe herrsche, würden sie schießen. Und wenn auch das nichts nütze, hätten die Vertreterinnen der nationalen Gruppen die Zellen wieder abzusperren. Dagegen wehrten wir uns und erreichten, daß die Zellen vorerst offenblieben. Die Amerikaner wiederholten: Wenn zwischen acht Uhr abends und dem Morgen jemand die Zellen verließe, würde geschossen. Die ganze darauffolgende Nacht stand ein Soldat in der Zentrale. Kaum zeigte sich eine »Gefangene« am Gang, schoß er. Natürlich in die Luft. Die Frauen wollten es sich nicht nehmen lassen, auch in der Nacht das WC in der Spülzelle zu benutzen, und die Schießerei ließ niemanden mehr ruhig schlafen. Nun wurde doch beschlossen, die Zellen nachts wieder zu versperren. Für die Österreicherinnen hatte ich die Schlüssel übernommen, und so mußte ich unsere Frauen dazu bringen, sich nachts wieder einsperren zu lassen. Ich fand das schrecklich, doch alle sahen bald ein, daß es so nicht weitergehen könne.

Noch am selben Tag wurde ich von einem amerikanischen Soldaten in die Kanzlei gebeten. Zwei Offiziere erwarteten mich. Es war für mich das erste freie Gespräch mit freien Menschen. Beide sprachen ausgezeichnet deutsch. Sie befragten mich über unser Leben im Zuchthaus, den Direktor, den Arzt, das Personal, den ganzen Betrieb. Der Reihe nach erzählte ich. Wichtiger war aber, von ihnen zu erfahren, was draußen geschehen war. Von ihnen hörte ich, daß Präsident Roosevelt in diesen Tagen gestorben war. Sie beteuerten, daß sich in der Politik der USA dadurch nichts ändern wird, vor allem nicht in der Außenpolitik. Wie anders sollte es dann unter Truman kommen! Da sie aus Nürnberg kamen, fragte ich, wie es in Nürnberg aussehe. »Unbeschreiblich. Kein Stein liegt mehr auf dem anderen.« Aber die Deutschen taten ihnen nicht leid. Ein Zaun um das Land und eine Tafel dran: »Hier war Deutschland«, das wäre das einzig Richtige. Dieser Haß gegen ein ganzes Volk empörte mich: »Wissen Sie, was Sie da sagen? Sie sagen genau das, womit Hitler die Deutschen bis zum Schluß in den Krieg peitschte. Genau dieses Bild malte er an die Wand: Völlige Vernichtung der Nation, und um das zu verhindern, forderte er, zu kämpfen bis zum letzten Mann.« Die beiden hörten mich gelassen an und erwiderten nichts. Immerhin war es eine erbitterte Feindin der Nazis, die da sprach. Dann fragten sie: »Glauben Sie, daß ein Nationalsozialist, der heute etwa vierzig Jahre alt ist, seine Ansichten noch grundlegend ändern kann?« Ich überzeugt: »Ja, das glaube ich, sonst hätte unsere zukünftige politische Arbeit überhaupt keinen Sinn. Wie sollten wir sonst ein demokratisches Österreich wiederaufbauen?« Das Gespräch dauerte über zwei Stunden. Dabei rauchte ich nach Jahren die erste Zigarette. Die Tafel Schokolade nahm ich zur Verteilung mit nach oben.

Nach zwei Tagen hatten die Plünderungen aufgehört, doch es gab Probleme über Probleme. Das dringendste: die Beschaffung der Lebensmittel. Hierbei bewährten sich die nicht politischen Gefangenen, die sich schon unter den Nazis, mit wenigen Ausnahmen, außerordentlich solidarisch erwiesen hatten. Vor der Befreiung hatten manche von ihnen im Städtchen unter Bewachung arbeiten dürfen. Sie wußten genau, wo Lebensmittel gehortet und versteckt worden waren. Diese Fundstellen teilten sie uns mit, und wir gaben die Informationen an die Amerikaner weiter. Dann wurde requiriert. Es war keine Kleinigkeit, so viele Menschen täglich zu ernähren, das Essen zu kochen und zu verteilen. Das alles machten ehemalige Gefangene, und viele von ihnen schufteten die ersten Wochen nach der Befreiung von früh bis spät. Hella Puschmann saß zum Beispiel volle drei Wochen im Keller und schälte Kartoffeln. Die Verköstigung funktionierte verhältnismäßig rasch und klaglos. Nun tauchte ein anderes Problem auf: die Geschlechtskrankheiten. Alliierte Soldaten wurden von ehemaligen Gefangenen angesteckt. Jedenfalls behaupteten das die Amerikaner. Sie beriefen sich dabei auf die von Nazis angefertigten Listen der Krankheitsverdächtigen. Diese Gefangenen hatten unter den Nazis eine Kur durchmachen müssen. Jede von uns wußte das. Wie oft hatten wir doch gesehen, wie die Betroffenen sich vor der Ordination in langer Schlange anstellen. Nun sperrten die Amerikaner die auf den Listen Stehenden getrennt von allen anderen wieder ein. Hinter fest versperrten Gittern saßen etwa 100 Frauen. Vor dem Gitter patrouillierte ein amerikanischer Soldat. Zwei österreichische Politische waren darunter. Einmal durfte ich sie besuchen. Verzweifelt beschworen sie mich, nicht ohne sie wegzufahren. Ich versprach es.

Zwei Tage nach der Befreiung war der Erste Mai. Wir wollten eine große, gemeinsame, internationale Feier in der Zentralhalle abhalten. Das gestatteten die Amerikaner nicht. Und so drängten sich denn am anderen Morgen in einer Zelle und dem davorliegenden Laufsteg etwa 50 Österreicherinnen. Für mehr reichte der Platz nicht. Die Feier war kurz, ohne Pathos, fast nüchtern. Noch zu ergriffen, hatten wir wohl Angst, unsere Gefühle noch mehr zu beleben. Unsere Genossin Mach sprach über die künftigen Aufgaben im neuerstandenen Österreich. Nach der langen Zeit des Wartens fehlte es uns wahrlich nicht an Tatendrang. Wir verharrten in Gedanken an das Martyrium unserer toten Kameraden, die nun das Glück der Befreiung nicht mit uns teilen konnten. Viele Frauen waren unter uns, deren Männer, Eltern und Kinder hingerichtet worden waren. Wir sangen die Internationale.

Die größte Feier aber stand noch bevor. Wie ein Lauffeuer verbreitete sich die Nachricht: »Der Krieg ist zu Ende. Ab neunten Mai, zwölf Uhr, wird nicht mehr geschossen!« Der ungeheuerlichste Völkermord der Geschichte fand sein Ende. Mit dem Glockenschlag zwölf begann die Feier, die wir sorgfältig vorbereitet hatten, eine Feier der verschiedenen Nationen, an der alle Gefangenen teilnahmen. Wir spannten Drähte mit Fähnchen in den Farben aller Völker, deren Angehörige hier gelitten hatten, in der Zentrale von Geländer zu Geländer. Die Luft war erfüllt vom Duft von Fliederzweigen, die an den Gittern hingen. Die Frauen hatten sie im Garten gebrochen, wo die Sträucher gerade in voller Blüte standen. Ich sollte jene Glocke läuten, die uns als Gefangene so oft zum Spaziergang im Gänsemarsch in den Hof getrieben hatte. Nun war sie zur Friedensglocke geworden. Begeistert, unermüdlich und aus vollen Kräften schlug ich den Schwengel gegen das massive Messinggehäuse. Eine Flut glücklicher Frauen eilte zu den Galerien in den vier Stockwerken rund um die zentrale Halle.

Lange hatten wir beraten, wie wir die Feier begehen wollten. Reden waren unmöglich. Unsere Worte hätten nicht ausdrücken können, was wir fühlten. Deshalb beschlossen wir: Wir läuten die Glocke, und anschließend singt jede Nation ihre Nationalhymne.

Sonst nichts. Aber was sollten die Deutschen und wir Österreicherinnen singen? Wir sangen »Brüder zur Sonne, zur Freiheit, Brüder zum Lichte empor«. Den Anfang machten die Französinnen. Sie hatten eine ausgebildete Sängerin unter sich. Eine junge Frau mit herrlicher Stimme begann feierlich die Marseillaise zu singen, etwa 100 Französinnen fielen ein. Das ging unter die Haut. Dann kamen alle anderen und schließlich die sowjetischen Frauen mit der Internationale, von den anderen in verschiedenen Sprachen mitgesungen. Am Ende der Feier kamen wir und die Deutschen. Aus voller Kehle und frohem Herzen erklang der Schluß unseres Liedes: »Hell aus dem dunklen Vergangen leuchtet die Zukunft hervor!« Erst jetzt, nach dieser Feierstunde, fühlten wir uns wirklich frei.

An der Befreiungsfeier hatte ein einziger Mann teilgenommen, ein junger Arzt vom französischen Roten Kreuz. Er war sofort nach Ende der Kampfhandlungen mit einer Ladung an Medikamenten aus Paris nach Aichach gekommen. Ein Sonderflugzeug brachte die Französinnen am nächsten Tag in ihre Heimat. Auch die Engländerinnen, Amerikanerinnen und Russinnen wurden von ihren Regierungen mit Flugzeugen abgeholt. Die Deutschen waren bereits zu Fuß über alle Berge. Auch unsere Tschechinnen wurden per Flugzeug nach Hause gebracht. Die Sudetendeutschen, tschechoslowakische Staatsangehörige, die nicht weniger als die anderen für die Befreiung ihres Landes gelitten hatten, wurden jedoch nicht mitgenommen. Im Namen der Österreicherinnen protestierten Martha, die selbst sudetendeutscher Herkunft war, und ich empört gegen dieses Verhalten. Wir sprachen mit den beiden tschechoslowakischen Leiterinnen, aber die eine, Juristin aus der Benes-Partei, war so sehr tschechische Chauvinistin, daß unser Protest erfolglos blieb. Die fünf sudetendeutschen Frauen mußten am nächsten Tag zu Fuß nach Hause gehen. Gewiß, wir verstanden im allgemeinen die tschechische Haltung den Sudetendeutschen gegenüber, die ihre Heimat an die Deutschen verraten hatten, aber gerade diese fünf Frauen hatten sich gegen solchen Verrat gewehrt, und es war ungerecht, sie im Stich zu lassen. Auch die Griechinnen flogen nach Hause. Bald auch die Italienerinnen. Eine ihrer gewählten Vertreterinnen drückte mir beim Abschied einen Zettel mit ihrem Namen und ihrer Adresse in die Hand. In gebrochenem Deutsch sagte sie hastig: »Wenn du einmal nach Bergamo kommst, besuch mich.« Und weg war sie. Einige Jahre später fand in Bergamo ein internationaler Architektenkongreß statt, an dem ich mit meinem Mann teilnahm. In Bergamo gingen wir zuerst ins Kongreßbüro, um unsere Unterbringung zu erfahren. Wir nannten unsere Namen: »Schütte? Sie wohnen bei Signora Ambiveri in Seriate!« Seriate? Ich sträubte mich, denn ich wollte Bergamo besichtigen. »Seriate, aber dort ist es doch besonders schön!« antwortete man. Da ging die Tür auf, und herein kam meine Zuchthauskameradin! Signora Ambiveri, Schloßherrin von Seriate. Wir umarmten uns herzlich und wohnten zusammen mit dem Präsidenten des Kongresses, dem holländischen Architekten van Esteren, in einem reizenden Renaissanceschloß mit herrlichem Park. Signora Ambiveri, Katholikin, hatte Waffen für die Partisanen in ihrem Schloß versteckt. Die Nazis hatten sie zum Tode verurteilt. Dank der Vermittlung der Kirche wurde sie später zu zehn Jahren Zuchthaus begnadigt. Signora Ambiveri wurde nach dem Krieg eine angesehene Abgeordnete der Christdemokraten und Mitglied des Gemeinderates von Bergamo. Sie kannte meine politische Einstellung genau. Als sie erfuhr, ich käme zum Kongreß nach Bergamo, sagte sie im Kongreßbüro, ich dürfe nur bei ihr wohnen. Auch nach dem Kongreß war ich noch oft in Seriate zu Gast. Einmal traf ich im Schloß zwei Geistliche der Gregorianischen Universität in Rom. Sie waren gekommen, um mit Signora Ambiveri die erste Nummer einer katholischen Zeitschrift, die der friedlichen Koexistenz dienen sollte, zu besprechen. Meine Zuchthauskameradin bat mich ausdrücklich, bei dieser Besprechung anwesend zu sein. Man stelle sich so etwas in Österreich vor! Einer der beiden Geistlichen hielt Kurse an der Mailänder Universität über Marxismus.

Alle ausländischen Zuchthausinsassinnen waren aus Aichach von ihren Regierungen geholt worden, aber um uns Österreicherinnen kümmerte sich niemand aus Wien. Endlich, am 19. Mai 1945, konnten auch wir als die letzten Politischen das Zuchthaus verlassen. Völlig unerwartet kamen an diesem Tag zwei Herren eines österreichischen Selbsthilfekomitees, das sich in München gebildet hatte. Sie hatten erfahren, daß in Aichach Österreicherinnen zurückgeblieben waren. Sie fragten, ob wir bereit wären, vorläufig nur bis München zu fahren. Ein Schulgebäude, in dem noch vor kurzem deutsche Soldaten untergebracht waren, sei frei geworden. Dort könnten wir provisorisch Aufenthalt nehmen.

Das Haus sei zwar noch in völliger Unordnung, aber wenn wir es reinigen und in Ordnung bringen würden, könnten wir sofort hinkommen. Die Amerikaner stellten uns zwei Lastkraftwagen zur Verfügung, und eine Stunde später sammelten sich etwa 100 Österreicherinnen in der Halle. Die Amerikaner ließen die zwei abgesperrten Krankheitsverdächtigen nicht mitfahren. Ich, die ihnen versprochen hatte, Aichach nicht ohne sie zu verlassen, mußte ihnen jetzt mitteilen, daß wir ohne sie abfahren würden. Ich versprach, sie nicht zu vergessen und sie so bald wie möglich abzuholen. Mit traurigen Augen sahen sie mir hinter dem Gitter nach. Doch schließlich kletterten wir auf die hohen Lastwagen, die Schwachen mußten hinaufgehoben werden. Ich übergab dem diensthabenden Amerikaner die Schlüssel, und als letzte stieg auch ich auf die Plattform.

Heute, nach 38 Jahren, frage ich mich, wie ertrugen wir dieses Zuchthausleben, was war wichtig, was unwichtig in diesem jahrelangen, eintönigen Dasein? Es unterschied sich kraß von dem Gefängnisleben vor der Verhandlung, mit dem ewigen Grübeln über die Zusammenhänge in der illegalen Arbeit, über Spitzelaffäre, Gestapoverhöre, umgeben von Todesurteilen und Todesangst. Das weitaus Überragende war die unstillbare Sehnsucht nach Freiheit, nach Liebe und Zärtlichkeit, nach Freundschaft und Wärme, Gedanken an Menschen, die man liebt, im Geiste Gespräche mit ihnen über alles, was einem wichtig erscheint, dem Wunsch nach sinnvoller Arbeit für die Zukunft, Bangen vor dem Erhalt eines Briefes oder eines Besuchs, leidenschaftliche Teilnahme am Verlauf des Krieges und Tag für Tag warten auf sein Ende. So gut wie gar keine Rolle spielten die täglichen äußeren Widerwärtigkeiten, an die man sich in so langer Zeit gewöhnte, wie das ekelhafte »Kübeln«, ja selbst das Anbrüllen und das Geschimpfe, Beleidigungen und Demütigungen empfand man einfach nicht als solche, sie prallten ab, als ob man einen eisernen Panzer um Herz und Hirn gehabt hätte. Das Leben war erfüllt von den Beziehungen zu den Leidensgenossinnen »drinnen«, der Sehnsucht nach »draußen« und dem brennenden Wunsch, den Tag der Freiheit noch zu erleben.

Von Aichach nach Wien

... Eine Minute Dunkel macht uns nicht blind.

Pablo Neruda
Chilenischer Dichter

Wir standen dichtgedrängt auf dem Lastwagen und fuhren dahin durch den Frühling, hoch über den Wiesen der bayerischen Landschaft, rote Fahnen schwenkend und unsere Lieder singend. 50 Kilometer Freude. Vor der Schule begrüßten uns Münchner Antifaschisten, die von unserer Ankunft Kenntnis bekommen hatten. Nach einiger Zeit Schwerarbeit war das Haus sauber, in den Klassenzimmern hatten wir etwa 100 Bettstellen, immer drei übereinander, mit Bettwäsche überzogen. Für Verköstigung sorgte der neugebackene Stadtrat für Ernährungswesen. Einmal schenkte er mir sogar Konzertkarten, Quartett, klassische Musik! Ich meinte, noch nie so herrliche Musik gehört zu haben. Er lud mich auch in seine Wohnung ein. Ein Essen im Kreise einer Familie!

Wir spazierten, nur der Eingebung des Augenblicks gehorchend, durch den Englischen Garten. Wir waren frei! Frei, doch in einer Stadt, die in Trümmern lag. Ich wollte Bekannte aufsuchen. Es war unmöglich, die Straße zu finden. Ich fand bloß das Straßenschild im Schutt, kein Haus. München war fast menschenleer. Ich begegnete Männern, die zerknitterte, gestreifte Zwilchanzüge trugen, zum Skelett abgemagerte Gestalten mit grünlichweißer Gesichtshaut, KZler aus dem nahe gelegenen Dachau. Einmal auf dem trostlosen Weg durch eine Schutthalde gingen zwei solcher Männer vor mir her. Es waren Juden aus Riga, von Haß und Rachedurst gegen alle Deutschen erfüllt. Ihre weitverzweigten Familien waren verschleppt worden, vergast, ermordet. Wie konnte man dem tiefen Haß dieser Menschen beikommen? Mit Rache, meinte ich vorsichtig, kommen wir niemals weiter. Die ist eine Schraube ohne Ende und kann nur zu wechselseitiger, totaler Vernichtung führen. Wir alle müssen lernen, auch die Deutschen, den Frieden zu lieben und die Rassendiskriminierung zu hassen. Aber was kann schon ein kurzes Gespräch an den Gefühlen von Menschen ändern, die am Ärmel noch das Dreieck der KZler tragen? Deprimiert ging ich in die Schule zurück.

Nach einer Woche in München glückte es uns, ein Auto aufzutreiben, um in Aichach unsere zwei angeblich geschlechtskranken Kameradinnen abzuholen. Das erstemal wieder in einem Personenauto zu fahren, nach all den »Grünen Heinrichs« und Lastwagen, war ein reiner Genuß. Wir fuhren zu dritt: der Leiter des österreichischen Selbsthilfekomitees in München, ich und ein alter Kommunist aus Wien, der sieben Jahre Dachau hinter sich hatte. Er war zu uns in die Schule gekommen, in der Hoffnung, seine Frau wiederzufinden, und mußte erfahren, daß die Amerikaner sie nicht freigelassen hatten.

Wir kamen zum Zuchthaus und standen vor der Toreinfahrt. Man verwehrte uns den Eintritt, der Portier war unerbittlich. So lange war ich in diesem Haus und durfte nicht hinaus, jetzt stand ich davor und durfte nicht hinein. Schließlich kam eine Aufseherin heraus, die mich kannte. Von ihr erfuhren wir, daß die Frau des Ehemannes in ein Spital in München, die andere in ein Augsburger Spital gebracht worden war.

Wir mußten uns entschließen, in Augsburg zu übernachten. Aber wo? Der Vertreter des österreichischen Komitees entsann sich eines Bekannten, der in der Nähe ein Landgut besaß. Dort fuhren wir hin und saßen plötzlich in einem eleganten Wohnraum wohlig in tiefen, ledernen Klubsesseln vor einem Kamin, rundherum Bücherregale, gefüllt mit kostbaren Kunstbüchern. Wovon sollten wir reden? Wir kannten unsere Gastgeber nicht. So sprachen wir über ägyptische Kunst! Die Hausfrau wollte uns bewirten, aber im Hause fanden sich nur Kartoffeln und Champagner. Unser Gastgeber war Weingroßhändler in Augsburg. Satt von Kartoffeln und angeregt von einem Glas Champagner, ließ ich mich in mein Zimmer geleiten. Nach Jahren das erstemal allein in einem Zimmer schlafen, das erstemal in einem richtigen Bett mit feinem, blütenweißem Linnen bezogen. Ich schlief traumlos bis zum Morgen, auch das erstemal. In der Schule in München hatte ich fast jede Nacht von Verhaftung und Gestapoverhören, von Todesurteilen und Hinrichtungen geträumt, alles kam im Traum zurück.

Am nächsten Morgen konnten wir die Genossin aus dem Augsburger Spital nach München mitnehmen, sie kehrte bald in ihre Tiroler Heimat zurück. Ich hatte mein Versprechen eingelöst.

Das KZ Dachau wurde am selben Tag wie Aichach befreit. Die österreichischen KZ-Häftlinge konnten – wie wir – auch nicht gleich nach Hause fahren. Da sie erfahren hatten, wo wir Frauen aus dem Zuchthaus Aichach in München untergebracht waren, erschienen bald einige von ihnen in unserer Schule. Bei der Befreiung des KZs hatten die Gefangenen große Vorräte an Lebensmitteln vorgefunden, Kostbarkeiten, die uns der Stadtrat für Ernährung nicht liefern konnte, dazu Stoffe und alle möglichen anderen wertvollen Dinge, wie Medikamente usw. Alles stammte aus den Beständen der geflüchteten SS-Verbände.

Bald gab es in unserer Schule gemütliche Jausengesellschaften, mit 20 bis 30 Aichacherinnen und Dachauern, die heiter um einen großen Tisch in einem Klassenzimmer saßen und sich lebhaft und hoffnungsfroh miteinander unterhielten. Die Dachauer hatten echten Bohnenkaffee mitgebracht, Kondensmilch und Kekse. Ein anderes Mal kamen sie mit einem Ballen weißen Stoff und zwei Nähmaschinen. Wir Frauen waren elend gekleidet. Nach einigen Tagen stolzierten wir alle in blütenweißen, neuen Blusen herum. Die Dachauer waren fast alle Kommunisten. Aber es kamen auch andere. So erinnere ich mich an interessante Gespräche mit einem prominenten Nichtkommunisten, der bei den Jausen mein Tischnachbar war, den späteren Bundeskanzler und nachmaligen Präsidenten des Nationalrates, Alfons Gorbach. Als Mitglied der früheren Christlich-Sozialen Partei kam er schon mit dem ersten Transport 1938 nach Dachau, wo er sieben Jahre zubringen mußte. Wir sprachen lange über die Zukunft und den Wiederaufbau unseres Landes. Obwohl verschiedenen Parteien angehörend, stellten wir uns vor, daß wir gemeinsam ans Werk gehen würden. Was uns damals selbstverständlich schien, diese Einheit, jene Pakte, die in den Konzentrationslagern und Zuchthäusern zwischen Kommunisten, Sozialisten und Katholiken geschlossen worden waren, dauerten kaum fünf Jahre, und bei manchen war der Antikommunismus bald größer als die Gegnerschaft gegen die Nazis. Wieso konnte uns der kalte Krieg so bald wieder trennen? Angesichts des Neonazismus und der Kriegsgefahr erweist sich die Zersplitterung als ein Unglück, das noch schwere Folgen haben kann. Es ist nur zu hoffen, daß die Jungen, die dem Nationalsozialismus Nachgeborenen, vorausschauender handeln und so rasch wie möglich wieder eine Einheit gegen Neonazismus, Rassismus, Chauvinismus und Kriegsideologie herstellen.

Eine Münchner Antifaschistin erzählte, daß kurz vor Kriegsende ein Aufstand zur Befreiung stattfinden sollte. Sie lud uns zu einer Zusammenkunft ein, um Näheres darüber zu erfahren. In ihrer Wohnung hörten wir den Bericht eines Mannes namens Ludwig Ficker, der an der Organisierung des Aufstands beteiligt war. Er kehrte 1943 oder Anfang 1944 aus der Emigration nach München zurück mit dem Auftrag, eine Widerstandsorganisation aufzubauen. Es gab dort bereits mehrere antifaschistische Gruppierungen, die es zu vereinigen galt. Im Herbst 1944 gelang es, sie im Komitee »Freies Deutschland« zusammenzufassen und Kontakte zur »Freiheitsaktion Bayern« sowie zu militärischen Kreisen herzustellen. Ficker war vor allem an dem Aufstand in Betrieben beteiligt. Ab 1944 schlossen sich immer mehr Arbeiter den nunmehr in Verbindung stehenden, sehr verschiedenen Gruppen an. Zu diesem Zeitpunkt spielten parteipolitische Gesichtspunkte keine Rolle mehr. Man begrüßte jeden, den man für einen ehrlichen Streiter hielt. Gemeinsam war das Ziel: Rascheste Beendigung des sinnlosen Blutvergießens, Verhinderung der weiteren Zerstörung der Stadt und ihre kampflose Übergabe an die Alliierten. Man verteilte bereits Flugblätter mit konkreten Richtlinien, Nazianweisungen zu sabotieren und Waffen zu sammeln, man schrieb Losungen an Hauswände. Am 26. und 27. April wurden die Widerstandskämpfer in Alarmzustand versetzt. Die militärische Aktion sollte erst dann beginnen, wenn klar war, daß die Alliierten innerhalb 48 Stunden Entsatz bringen würden, da die eigenen militärischen Kräfte zu schwach waren, länger durchzuhalten. Doch der geplante Aufstand wurde verraten. Er kam über spontane Einzelaktionen, wie der Besetzung des Erdinger Senders und der Aussendung einiger Aufrufe, nicht hinaus. Am 29. gab es den letzten Luftangriff, und am 30. April marschierten die Amerikaner in München ein. Uns beeindruckte die detaillierte Schilderung der dramatischen Ereignisse außerordentlich.

Bald konnten wir für diejenigen, die aus Tirol, Salzburg und Kärnten stammten, die Abreise organisieren. In der Schule gab es einige Tbc-Kranke. Zwei Monate, nachdem wir in München provisorisches Asyl gefunden hatten, fuhren wir einige österreichische Kranke mit dem Bus nach Tirol, in die Lungenheilstätte Hochzirl. Unter uns war auch Gusti, Jude und österreichischer Kommunist, der Auschwitz überlebt hatte. Es war ihm mehrmals geglückt, sich in den Latrinen zu verstecken, wenn ein Zug zur Vernichtung abging. Er hatte erfahren, daß seine Frau im KZ Großrosen getötet worden war. Voller Gram und Verzweiflung sprach er immer wieder von ihr. In Innsbruck gab es ein Haus für die befreiten Gefangenen, in derselben Straße lag auch das Heim einer jüdischen Organisation für KZ-Häftlinge. Der schwerkranke, verzweifelte Gustl fuhr häufig nach Innsbruck. Schon nach einigen Wochen erklärte mir der Primararzt, ich könne die Anstalt verlassen. Mein neuer, erbsengroßer Herd sei gut verheilt. Es war klar, er brauchte Betten. Ich fuhr nach Innsbruck, um meine Rückfahrt vorzubereiten, und wohnte im Heim der befreiten Gefangenen. Auch Gustl war dort. Wir verbrachten den Abend bei Tiroler Wein fröhlich mit anderen Kameraden. Nur Gustl war traurig wie immer. Am nächsten Tag ging ich durch unsere Straße. Schon von weitem erkannte ich Gustl, der auf mich zurannte. Weinend fiel er mir um den Hals, er konnte kein Wort herausbringen. Er war in das jüdische Heim gegangen und sah in der Eingangshalle – seine Frau! Immer hatten wir ihn getröstet, seine Frau sei vielleicht doch noch am Leben, und glaubten doch selbst nicht daran. Aber sie lebte!

Eine Zugverbindung Innsbruck–Wien gab es schon lange nicht mehr. Von Innsbruck ging es ein kurzes Stückchen mit der Bahn, dann mit einem Pferdegespann über eine provisorische Innbrücke und weiter wieder mit der Bahn bis Linz. Von dort mußten wir nach Steyr, wo uns irgendeine amerikanische Kommandantur aus irgendeinem Grund irgendwelche Papiere ausstellte. Zurück nach Linz. Dort vom rechten Ufer der Donau, amerikanische Besatzungszone, ans linke Ufer, sowjetische Besatzungszone. Von Anni Haider, die inzwischen schon zu Hause in Linz angekommen war, wurden wir mit irgendwelchen Personalkarten einzeln ans linke Ufer in den Stadtteil Urfahr geschleust. In der sowjetischen Besatzungszone war bereits eine Stelle für befreite Gefangene organisiert. Man gab uns zu essen und wies uns in eine schöne, aber völlig leere Dreizimmerwohnung zur Übernachtung ein. Viel Raum und ein blanker Fußboden empfingen uns zum Schlafen. Am nächsten Morgen gab es eine unbeschreibliche Balgerei um einen Platz auf einem Lastwagen. Vorbei an Mauthausen. Oben am Berg lag das jetzt verlassene Todeslager.

Margarete Schütte-Lihotzky (stehend) auf der Veranstaltung zum zehnjährigen Jubiläum der Internationalen Demokratischen Frauenföderation, Wien 1955

Margarete Schütte-Lihotzky (links) bei einem internationalen Architektenkongreß in Havanna 1963 mit Vilma d'Espin (Mitte, Vorsitzende der kubanischen Frauenorganisation)

Weiter am Donauufer entlang und schließlich hinunter vom Lastwagen und einige Stunden Warten auf eine Zille, die uns wieder ans rechte Ufer bringen sollte. Fußwanderung durch brütende Hitze über Wiesen und Felder bis zur Bahnstation Sankt Valentin. Wieder mußten wir uns balgen, um in den Zug hineinzukommen. Viele hingen an den Trittbrettern oder kauerten auf den Waggondächern. Für die kurze Strecke Sankt Valentin–Wien brauchte der Zug vierundzwanzig Stunden!

In Wien machte ich mich allein auf den Weg. Ich stieg in Hütteldorf in die Stadtbahn, um zur Station Pilgrambrücke, fünf Gehminuten entfernt von der alten Wohnung meiner Familie, zu gelangen. Links die vertraute Gartenanlage, ein Beserlpark, wie die Wiener sagen, mit Soldatengräbern zwischen den verstaubten Bäumen: der erste Gruß meiner Heimatstadt. Unser Wohnhaus stand. Ich betrat die leere Wohnung, in die ich 1914 mit meinen Eltern eingezogen war, in der ich mit meiner Familie bis 1926, dem Jahr meiner Ausreise aus Österreich, gelebt hatte und die mich so viele Jahre hindurch auf Urlaubsreisen in Wien beherbergt hatte, die Wohnung, die ich am 22. Jänner 1941 verließ, um eine Stunde später im Kaffee Viktoria von der Gestapo verhaftet zu werden. Am 22. September 1945, viereinhalb Jahre danach, kehrte ich zurück.

Das war das Ende meiner Odyssee. Es begann mein zweites Leben mit wachem Auge, denn –

»… eine Minute Dunkel macht uns nicht blind«.

Anhang*

In diesem Anhang will ich erstmals stichwortartig, so präzise als nur irgend möglich, über meine politischen Mitgefangenen berichten. Diese Mitteilungen gelten zeitlich vom Tage meiner Verhaftung am 22. Jänner 1941 bis zum Tage meiner Befreiung am 29. April 1945. Örtlich betreffen sie das Polizeigefängnis auf der Roßauerlände, das Bezirksgefängnis in der Schiffamtsgasse und das Landesgericht I, alle drei in Wien, das Zuchthaus Aichach in Bayern und fünf Gefangenentransporte zwischen Wien und Aichach.

Der Anhang enthält:

Eine Namensliste aller österreichischen Frauen, die im organisierten Widerstand gearbeitet haben und denen ich während meiner Gefängniszeit begegnet bin.

Eine Namensliste der Männer, mit denen ich illegal gearbeitet habe, und derjenigen, denen ich während meiner Gefängniszeit begegnet bin.

I. Hingerichtet wurden:

Binder Apollonia

Wir nannten sie »Plonerl«. Sie kam im Winter 1941/42 aus der »Liesl« (Polizeigefängnis in der Elisabethstraße in Wien) in die Schiffamtsgasse in Einzelhaft. Als ich im Jahre 1944 zur Zeugenaussage vom Zuchthaus aus Bayern nach Wien gebracht wurde, erfuhr ich im Landesgericht, daß sie hingerichtet worden war. Auch ihr Mann wurde geköpft. Sie hatte Flugschriften aufbewahrt und für die Sammlung des KJV (Kommunistischer Jugendverband) eine Zelluloidpuppe für Brandanschläge mit Zelluloidplättchen hergegeben.

* Nach Angaben von Margarete Schütte-Lihotzky, zusammengestellt von Irene Nierhaus.

Dirmhirn Hermine

Sie war monatelang unterhalb meiner Zelle in der Schiffamtsgasse, sodaß wir durch das Klosettrohr direkt miteinander sprechen konnten. Sie war Mutter zweier Kinder und stand zusammen mit ihrem Mann vor dem Volksgericht. Mit ihm wurde sie zum Tode verurteilt. Näheres über ihre Tätigkeit im Widerstand weiß ich nicht, auch nicht die Daten ihrer Verhaftung und Hinrichtung. Jedenfalls waren beide bei der KPÖ.

Engler Steffi

Sie war durch organisierte Provinzarbeit für die KPÖ schwer belastet. Provinzarbeit wurde sehr hart bestraft. Sie saß, wie alle »Schweren«, im 4. Stock in der Schiffamtsgasse in Einzelhaft, zur selben Zeit wie ich. Wir konnten uns durch Stummerlsprache gut miteinander verständigen. Als sie die Anklageschrift 14 Tage vor der Verhandlung bekam, schickte sie mir diese, da sich viele Gefangene mit mir über unser Verhalten vor Gericht beraten haben und die Aussagen in irgendeiner Weise auch koordiniert werden mußten. Da damals unsere Verhandlungen nicht öffentlich waren, auch die Angehörigen nicht zugelassen waren, hatten wir die Devise ausgegeben: Nur kein falsches Heldentum vor den Nazis und »Rette sich, wer kann« für die künftigen Aufgaben. Aber bei Steffi war nichts mehr zu retten. Sie stand einen Tag vor mir, am 21. September 1942, vor dem 2. Senat des Berliner Volksgerichtshofes, zusammen mit dem Genossen Fritsch, der die gesamte Provinzarbeit für Österreich leistete. Beide wurden zum Tode verurteilt und im Jänner 1943 hingerichtet.

Fischer Maria

Verhaftet im April 1941, Mutter eines Kindes. Hingerichtet am 30. März 1943, unabhängig von ihrem Mann, der zu einem früheren Zeitpunkt ebenfalls durch das Fallbeil starb. Sie saß ca. ein Jahr unter meiner Zelle in der Schiffamtsgasse, sodaß wir durch das Klosettrohr oft miteinander sprechen konnten. Sie war bei der KPÖ.

Hartmann Friedl

Ich traf sie im Herbst 1942 im Landesgericht. Sie war schwer mit der Briefaktion für Soldaten belastet. Sie allein hatte 1.300 Briefe und Flugschriften an Feldpostnummern versandt. Verhaftet im Februar 1942, zum Tode verurteilt im September 1948, im November 1948 im Landesgericht enthauptet. Sie war beim KJV.

Jost Gretl

Sie saß ein Jahr lang in der Zelle neben mir in der Schiffamtsgasse. Sie hatte die Verbindungen zwischen der Parteileitung in Wien und dem Bezirk Baden durchgeführt, Material in den Bezirk Baden gebracht und dort verteilt. Anfang Februar 1941 verhaftet, hatte sie ihre Verhandlung einen Tag nach mir, im September 1942. Sie wurde zum Tode verurteilt und 1943 im Alter von 27 Jahren hingerichtet.

Kovarik Poldi

Als bekannte Jugendfunktionärin bei den Roten Falken und später im KJV hatte sie die Idee gehabt, an Soldaten zu schreiben, sie sollten die Gewehre hinwerfen und mit dem sinnlosen Krieg Schluß machen. 1941 wurde sie dafür verhaftet, 1942 zum Tode verurteilt, 1943 hingerichtet. Ich saß 1941/42 mit ihr in der Schiffamtsgasse in Untersuchungshaft.

»Micki Maus«

Der wirkliche Name ist mir entfallen. Wir nannten sie »Micki Maus«. Sie war klein, dunkelhaarig und hatte ein spitzes Mausgesicht. Sie saß in der Schiffamtsgasse im 4. Stock in Einzelhaft, gleichzeitig mit mir in den Jahren 1941/42. Im Widerstand arbeitete sie mit der KPÖ zusammen. Sie wurde zum Tode verurteilt und im Landesgericht hingerichtet. Nähere Daten sind mir leider nicht bekannt.

Mück Antonia

Sie war vorher schon einmal als KPÖ-Bezirksfunktionärin verhaftet worden, arbeitete im Widerstand, wurde 1942 zum Tode verurteilt und hingerichtet. Sie war einige Monate in der Schiffamtsgasse in der Zelle neben mir in Einzelhaft. Wir verständigten uns viel miteinander durch Klopfzeichen.

Otwody Käthe

Ursprünglich Hilfsarbeiterin, war sie später Betriebsrätin in den Anker-Brotwerken. Seit 1934 Mitglied der KPÖ, arbeitete sie bis April 1941 sehr aktiv im Widerstand. Ich begegnete ihr 1942 im Landesgericht und sprach bei jeder Gelegenheit mit ihr. Im September 1943 wurde sie hingerichtet. Über ihre vielen Aktivitäten hatte die Gestapo schwer belastendes Material.

Pecenik Anny

Als ich im August und September 1944 wieder wegen einer Zeugenaussage im Landesgericht saß, traf ich sie beim Arzt und hatte mit ihr ein langes Gespräch. 1935 schon einmal verhaftet, arbeitete sie später als Krankenschwester im spanischen Freiheitskampf, ging nachher nach Frankreich und wurde zur illegalen Arbeit für die KPÖ nach Österreich geschickt. Über ihr Schicksal war sie sich bei unserem Gespräch völlig im klaren. Kurz vor Kriegsende, noch im März 1945, wurde sie ohne Gerichtsurteil von der Gestapo ermordet.

Sicka Poldi

Ich traf sie im Landesgericht, nachdem ich vom Zuchthaus zu einer Zeugenaussage für einige Wochen wieder nach Wien gebracht worden war. Sie arbeitete – soweit mir bekannt ist – innerhalb der kommunistischen Jugendorganisation des 10. Bezirkes. Sie war 19 Jahre alt, als sie im Jänner 1944 hingerichtet wurde.

Stockinger Antonie

Sie wurde wegen Hochverrates als Mitglied der KPÖ zum Tode verurteilt. Ich traf sie 1942 im Landesgericht.

Urach Hedy

Sie war vorher schon zweimal verhaftet gewesen. Dann flüchtete sie nach Belgien, kam nach Wien zurück und arbeitete sofort wieder im Widerstand. Im Juni 1941 wurde sie zum drittenmal verhaftet, kam in das Bezirksgericht Schiffamtsgasse, wo sie über ein Jahr in der Zelle neben mir in Einzelhaft saß. 1942 hatte sie die Verhandlung, wurde zum Tode verurteilt und im Mai 1943 hingerichtet. Sie war Mitglied des Zentralkomitees der KPÖ.

Eine Arbeiterin aus Wien

Ihr Name ist mir entfallen. Ich sprach sie das letzte Mal im Herbst 1942 in Wien zwischen ihrer Verhandlung, in der sie zum Tode verurteilt worden war, und ihrer Hinrichtung. Sie war die einzige, von der mir bekannt ist, daß zwischen Urteil und Hinrichtung elf Monate lagen!

Dies war weit über die vorgeschriebenen 99 Tage. Wir hofften deshalb auf Begnadigung, schließlich wurde sie doch noch hingerichtet. Sie war Mitglied der KPÖ.

Das sind 15 Frauen aus dem organisierten kommunistischen Widerstand, die hingerichtet wurden und die ich allein im Gefängnis kennengelernt habe. 14 von ihnen wurden zum Tode verurteilt und enthauptet, Anny Pecenik wurde ohne Verhandlung erschossen.

II. Zum Tode verurteilt, jedoch zu Zuchthaus begnadigt:

Gadawitz Edith (später Schober)
Sie wurde wegen ihrer Arbeit im KJV zum Tode verurteilt, jedoch zu Zuchthaus begnadigt. Sie war gleichzeitig mit mir im Zuchthaus Aichach, wo sie bei Kriegsende befreit wurde.

Griller Hilde
Wegen Beteiligung an KPÖ-Arbeit zum Tode verurteilt, wurde später begnadigt und saß mit mir bis zum Kriegsende im Zuchthaus Aichach.

Drei Frauen aus Judenburg
An die Namen erinnere ich mich nicht. In Judenburg gab es eine Widerstandsgruppe der KPÖ. Mit diesen drei Frauen war ich gleichzeitig im Zuchthaus Aichach. Sie standen gemeinsam mit acht Männern in Graz vor dem Volksgericht. Alle elf Angeklagten wurden zum Tode verurteilt. Die drei Frauen wurden später begnadigt. Sie kamen nach Aichach ins Zuchthaus, wo sie bis zum Kriegsende blieben.

III. Im Gefängnis zugrunde gegangen:

Konopitzky Therese
Sie kam nicht mehr zu ihrer Verhandlung, da sie noch in Untersuchungshaft an einem Blutsturz starb. Ihr Mann wurde mit ihr verhaftet, bekam sechs Jahre Zuchthaus und wurde kurz vor Kriegsende in Stein erschossen. Die Konopitzkys hatten ein Siedlungshaus am Laaerberg, wo sie Material unterbrachten. Puschmann und Sebeck (beide hingerichtet, siehe die Liste der Männer) arbeiteten mit ihnen zusammen. Ich saß mit Therese, von uns »Tante« genannt, eineinviertel Jahre im selben

Stockwerk in der Schiffamtsgasse, wo wir uns, beide in Einzelhaft, gut mittels Stummerlsprache durchs Fenster verständigen konnten.

Eine Frau aus Hainburg (Damböck?)
Die ganze dreiköpfige Familie wurde ausgerottet. Der Mann war meines Wissens der Leiter der KPÖ Hainburg, der Sohn im KJV. Beide wurden hingerichtet. Die Frau wurde verhaftet und zu mir in die Zelle auf die Roßauerlände gebracht. Ich traf sie im Bezirksgefängnis in der Schiffamtsgasse wieder. Da ihr nicht viel nachzuweisen war, man sie jedoch nicht freilassen wollte, kam sie ins KZ (in welches, weiß ich nicht), von wo sie nicht mehr zurückkehrte.

Tessarek Wilma
Verurteilt zu lebenslänglichem Zuchthaus. Sie hatte in ihrem Keller einen Abziehapparat zur Herstellung von Flugschriften der KPÖ versteckt. Ich wurde mit ihr zusammen im Oktober 1942 von Wien ins Zuchthaus Aichach transportiert, wo sie sich, einige Zellen von mir entfernt, erhängte. Das Jahr ihres Todes ist mir nicht mehr in Erinnerung.

IV. 1945 befreit:

Allacher Susi
Sie war aus Gols im Burgenland und gleichzeitig mit mir im Landesgericht. Ich glaube, sie wurde zu Gefängnis verurteilt. Onkel, Bruder, Vater sowie die Schwester waren ebenfalls verhaftet. Die ganze Familie war bei der KPÖ.

Aschenbrenner (Vorname?)
Sie war mit mir in Aichach. Mitglied der KPÖ, das Urteil ist mir unbekannt.

Baily Gustl (später Neumeier)
Das Urteil ist mir nicht erinnerlich. Sie war mit mir in der Schiffamtsgasse und bis Kriegsende in Aichach. Sie war eine nahe persönliche Freundin von Hedy Urach bei der KPÖ.

Bernlochner Maria
Ich erinnere mich nicht an das Urteil. Sie stammte aus Schwaz in Tirol, wo es eine Widerstandsgruppe gab. Sie war mit mir in Aichach und wurde bei Kriegsende dort befreit.

Bier Wilma
Meines Wissens hatte sie zehn Jahre Zuchthaus erhalten, weil sie bei der KPÖ war. Mit mir blieb sie in der Schiffamtsgasse und bis zum Kriegsende in Aichach.

Binder Anna
Sie stammte aus Wien-Kagran, hatte einige Jahre Zuchthaus bekommen und war mit mir in Aichach. Sie war Mitglied der KPÖ.

Brachtl Trude
Sie hatte einige Jahre Zuchthaus ausgefaßt und war mit mir in den Jahren 1943/44 in derselben Zelle in Aichach.

Buresch Mitzi
Nach dem Absitzen ihrer Gefängnisstrafe kam sie ins KZ Ravensbrück. Sie saß einige Zeit gleichzeitig mit mir in Aichach und war bei der KPÖ.

Butz Josi
Sie hatte mehrere Jahre Zuchthaus, war bei der KPÖ und befand sich mit mir in der Schiffamtsgasse und in Aichach. Wir wurden zusammen zu Kriegsende befreit.

Delle-Karth Hilde (später Kantor)
Sie war sehr jung und hatte zehn Jahre Zuchthaus. Sie war bei der KPÖ und mit mir bis Kriegsende in Aichach.

Diasek Lisa (später Kammerstätter)
Sie war aus Linz und bei der KPÖ. Ihr Mann wurde hingerichtet. Sie war 1941/42 mit mir in der Schiffamtsgasse.

Dufek Steffi (später Weinert)
Sie wurde schon im Dezember 1939 wegen Widerstandes verhaftet. Sie hatte acht Jahre Zuchthaus aufgebrummt bekommen und war mit mir bis Kriegsende in Aichach.

Eberl Erna (später Wachs)
Sie war von denjenigen, denen ich im Gefängnis begegnete, die einzige, die als Revolutionäre Sozialistin Widerstand geleistet hatte. Sie hatte mehrere Jahre Zuchthaus und saß mit mir bis Kriegsende in Aichach.

Eibensteiner Hansi
Sie war beim KJV, wurde zu 15 Jahren Zuchthaus verurteilt und war mit mir in Aichach. Meines Wissens kam sie noch ins KZ Ravensbrück.

Endlicher Helli (später Zeidler)
Sie war mit mir in Aichach, ihr Urteil ist mir unbekannt. Sie war KPÖ-Mitglied.

Fibi Franziska
Sie hatte eineinhalb Jahre Zuchthaus, war bei der KPÖ und saß mit mir in Aichach.

Freiberger Mimi
Sie war noch jung und hatte einige Jahre Zuchthaus. Sie hatte im KPÖ-Widerstand gearbeitet und war mit mir in Aichach.

Fuchs Johanna
Sie war mit mir in Aichach, ihr Urteil ist mir unbekannt. Auch sie war in der KPÖ.

Haas Franzi
Eine »Lebenslängliche«. Ihr Mann wurde hingerichtet. Beide waren Kommunisten. Ich habe sie erst im Zuchthaus kennengelernt. Sie brachte im Gefängnis ein Kind zur Welt und wurde mit mir im Zuchthaus Aichach befreit.

Haider Anni
Sie kam aus Linz. Nach Beantragung des Todesurteils wurde sie schließlich zu 15 Jahren Zuchthaus verurteilt. Sie hatte zusammen mit mir am 22. September 1942 Verhandlung vor dem 2. Senat des Berliner Volksgerichtes. Wir wurden zusammen ins Zuchthaus Aichach transportiert, wo wir beide bis zur Befreiung am 29. April 1945 blieben. Ihr Mann Franz Haider wurde in derselben Verhandlung zu 13 Jahren Zuchthaus verurteilt.

Halama Beatrix
Sie war mit mir schon in der »Liesl«, kurz in derselben Zelle, später verbrachten wir Haftjahre zusammen in der Schiffamtsgasse, dann in Aichach.

Hausner Trude (später Springer)
Wegen Beteiligung an der Soldatenbriefaktion des KJV wurde sie zu zwölf Jahren Zuchthaus verurteilt. Sie war mit mir in der Tbc-Zelle in Aichach und wurde mit mir aus dieser Zelle befreit.

Hedrich Erna
Sie war zu sechs Jahren Zuchthaus verurteilt worden. KPÖ. Sie hatte zwei kleine Kinder, ihr Mann wurde hingerichtet. Mehrere Monate verbrachte sie in der Zelle unter der meinen in der Schiffamtsgasse, sodaß wir durch das Klosettrohr sprechen konnten. Später waren wir zusammen in Aichach bis zur Befreiung.

Heinzl Gertrude
Ich kannte sie aus der Schiffamtsgasse. Sie war Kinokassiererin in Graz und arbeitete dort im Widerstand mit den Kommunisten Drews und Eichholzer – beide hingerichtet – zusammen. Bei der Verhandlung von Herbert Eichholzer trat sie als Zeugin auf. Da ich im Oktober 1942 aus der Schiffamtsgasse wegkam, weiß ich nicht genau, wann sie ihre Verhandlung hatte.

Jug Justine
Sie wurde zusammen mit ihren beiden Töchtern verhaftet, weil sie den slowenischen Partisanen in Kärnten geholfen hatte. Sie hatte zehn Jahre Zuchthaus und saß mit mir in Aichach bis Kriegsende.

Kästenbauer Regina
Sie bekam einige Jahre Zuchthaus und war mit mir in Aichach.

Kadlec Stefanie
Sie hatte einige Jahre Zuchthaus bekommen und saß gleichzeitig mit mir in Aichach bis Kriegsende.

Kiesel Wilhelmine

Sie wurde zu Zuchthaus verurteilt, ich weiß nicht, wieviele Jahre. Ihr Mann wurde hingerichtet. KPÖ. Sie war mit mir in der Schiffamtsgasse und in Aichach bis Kriegsende.

Kimlicek Resi

Verurteilt zu Zuchthaus, war sie viele Monate mit mir in der Zelle in der Schiffamtsgasse. Ihr Mann war auch verhaftet, ist aber mit dem Leben davongekommen. KPÖ. Zusammen mit mir in Aichach bis zur Befreiung.

Klement Marie

Sie hatte sechs oder acht Jahre Zuchthaus und saß mit mir in Aichach. KPÖ.

Krassnig Marie

Sie hatte einige Jahre Zuchthaus und saß mit mir in Aichach, ich glaube bis zum Schluß. Auch sie war Mitglied der KPÖ.

Kuhn Hilde

Sie wurde aus einer katholischen Jugendgruppe heraus verhaftet und saß mit mir von 1944 bis zum Februar 1945 in der Schiffamtsgasse in Untersuchungshaft. Ob sie später noch verurteilt wurde, ist mir unbekannt.

Kuba Katja

Sie war zu mehreren Jahren Zuchthaus verurteilt und blieb mit mir in Aichach bis zur Befreiung.

Lauterbach Antonie

Sie hatte, glaube ich, nur ein Jahr Zuchthaus abzusitzen, weil sie den Genossen Gabler beherbergt hatte. Sie saß mit mir in der Schiffamtsgasse. Sie besaß das goldene Ehrenzeichen der Nazis, weil sie unendlich viele Kinder großgezogen hatte. Deshalb wurde sie nur zu einer relativ niedrigen Gefängnisstrafe verurteilt, obwohl sie dem Widerstand geholfen hatte.

Lavric Amalie

Sie war mit mir in Aichach. KPÖ. Ihr Urteil ist mir unbekannt.

Leeb Leopoldine
Sie war mit mir in Aichach. KPÖ. Ihr Urteil ist mir unbekannt.

Leitner Daisy
Sie stammte aus Kapfenberg und wurde wegen KP-Arbeit zu zehn Jahren Zuchthaus verurteilt. Gleichzeitig mit mir wurde sie in Aichach befreit.

Leopold Paula
Aus Möllersdorf. Mehrere Jahre Zuchthaus. Sie war mit mir in Aichach. KPÖ.

Mach Martha
Sie erhielt einige Jahre Zuchthaus wegen KP-Widerstandes. Sie war mit mir im Landesgericht, später in Aichach bis zur Befreiung im April 1945. Ihr Mann kam ins KZ Groß-Rosen, von wo er nicht mehr zurückkehrte.

Mayer Anni
Einige Jahre Zuchthaus wegen KP-Widerstandes. Sie war mit mir bis zur Befreiung in Aichach.

Meierhofer Lina
Aus Hallein. Zu 15 Jahren Zuchthaus wegen KPÖ-Arbeit verurteilt. Sie war mit mir über ein Jahr in Aichach zusammen in der Zelle und wurde bei Kriegsende dort befreit.

Meyer Mia
Sie hatte zehn Jahre Zuchthaus. KPÖ. Sie war mit mir in der Schiffamtsgasse und in Aichach bis Kriegsende.

Mayer Viktoria
Eine Ausländerin, die für die KP im Widerstand gearbeitet hat. Am 22. Jänner 1941 wurde sie verhaftet. Sie war gleichzeitig mit mir im Polizeigefängnis auf der Roßauerlände und ab 22. April 1941 bis zu ihrer Freilassung im Jänner oder Feber 1942 in der Schiffamtsgasse.

Morawitz Poldi (Mutter)
Sie hatte vier Jahre Zuchthaus. Der Sohn wurde hingerichtet, die damals 17-jährige Tochter ebenfalls verhaftet. Sie saß in der Schiffamtsgasse in der Zelle unter der meinen, sodaß wir direkt miteinander sprechen konnten. Später waren wir zusammen bis zur Befreiung in Aichach. Die ganze Familie war bei der KPÖ.

Morawitz Poldi (später Bair) (Tochter)
Als Jugendliche arbeitete sie innerhalb des KJV. Der Bruder wurde hingerichtet. Sie saß etwa vier Jahre und war mit mir in der Schiffamtsgasse. Sie kam später – bis Kriegsende – ins KZ Ravensbrück.

Petrak Hilde
Sie hatte vier Jahre Zuchthaus, war in Aichach.

Plackholm Maria
Ich lernte sie im Landesgericht Wien kennen, als ich im Jahre 1943 aus dem Zuchthaus zur Zeugenaussage Konopitzkys hierher gebracht wurde. Sie saß bis Kriegsende. Ihr Mann war einer der kommunistischen Widerstandskämpfer in der Wiener Feuerwehr. Er wurde 1944 hingerichtet.

Prussenowsky Else (später Singer)
Sie hatte zehn Jahre Zuchthaus. Sie war mit mir in der Schiffamtsgasse und wurde in Aichach 1945 befreit.

Puschmann Hella
Die Frau von Erwin Puschmann, der hingerichtet wurde, hatte zehn Jahre Zuchthaus bekommen. Hella wurde mit mir schon im April 1941 von der Roßauerlände in die Schiffamtsgasse gebracht, später nach Aichach, wo wir zusammen 1945 befreit wurden.

Reiter Hermine
Sie hatte einige Jahre Zuchthaus und war mit mir in Aichach. KPÖ.

Ribal (Mutter) (Vorname?)
Auch sie war mit mir in Aichach. KPÖ. Ihr Urteil ist mir unbekannt.

Ribal (Tochter) (später verheiratet) (Vorname?)
Sie war mit mir in Aichach. Ihr Urteil ist mir unbekannt.

Rockenbauer (Vorname?)
Sie war mit mir in der Schiffamtsgasse. Das Urteil ist mir unbekannt.

Römer Mimi
Aus Schwaz in Tirol. Zehn Jahre Zuchthaus. Sie war mit mir in Aichach und wurde dort 1945 befreit. KPÖ.

Schober Leopoldine
Ihr Mann war Straßenbahner und wurde hingerichtet. Sie wurde zu Gefängnis verurteilt und war mit mir in der Schiffamtsgasse. Mitglied der KPÖ.

Schüller Rosl (später Bily)
Sie hatte acht Jahre Zuchthaus wegen KP-Widerstandes ausgefaßt und war mit mir in Aichach bis Kriegsende.

Schütte Margarete
Sie wurde am 22. Jänner 1941 verhaftet und am 22. September 1942 vom 2. Senat des Berliner Volksgerichtshofes zu 15 Jahren Zuchthaus wegen KP-Widerstandes verurteilt. Eingesperrt bis Kriegsende im Polizeigefängnis Roßauerlände, im Bezirksgefängnis Schiffamtsgasse, im Landesgericht und im Zuchthaus Aichach in Bayern.

Sennhofer Anni (später Erni)
Sie hatte zehn oder elf Jahre Zuchthaus bekommen, war sehr jung und an der Soldatenbriefaktion beteiligt gewesen. Sie war mit mir in der Schiffamtsgasse und in Aichach.

Simperl Rosa
Eine Arbeiterin aus dem 21. Bezirk. Sie wurde zu mehreren Jahren Zuchthaus verurteilt und war mit mir bis zum Kriegsende zwei Jahre lang in derselben Zelle in Aichach. KPÖ.

Srch Risa
Sie saß mit mir in der Schiffamtsgasse und in Aichach und wurde zu 15 Jahren Zuchthaus verurteilt – am 21. Oktober 1942. Ihr Mann wurde

zum Tode verurteilt und hingerichtet. Sie wurde mit mir bei Kriegsende in Aichach befreit. KPÖ.

Stampfl Hilda

Jugendliche. Sie wurde zu vier Jahren Zuchthaus verurteilt. Sie arbeitete im 16. Bezirk in der kommunistischen Jugendarbeit und war mit mir in der Schiffamtsgasse und in Aichach.

Stanek (Vorname?)

Sie war mit mir in der Schiffamtsgasse. KPÖ. Das Urteil ist mir unbekannt.

Starek Poldi

Sie wurde zu sechs oder acht Jahren Zuchthaus verurteilt. KPÖ. Sie war neun Monate mit mir in der Zelle in der Schiffamtsgasse, später bis zur Befreiung zusammen mit mir in Aichach.

Sziba (Vorname?)

Sie war mit mir in der Schiffamtsgasse. KPÖ. Das Urteil ist mir nicht bekannt.

Tastl Anna

Sie bekam drei Jahre Zuchthaus und saß mit mir in der gleichen Zelle in Untersuchungshaft auf der Roßauerlände. KPÖ.

Tomaschek Marie

Sie wurde zu Zuchthaus verurteilt, ihr Mann hingerichtet. Sie saß gleichzeitig mit mir in der Schiffamtsgasse und in Aichach. KPÖ.

Tremmel Margarete (später Kunitzky)

Sie war mit mir in Aichach und hatte einige Jahre Zuchthaus. Sie war noch sehr jung.

Urban Antonie

Sie war gleichzeitig mit mir in Aichach bis zur Befreiung. KPÖ.

Vermaen Anny

Sie hatte sechs Jahre Zuchthaus und stammte aus der Steiermark. Sie arbeitete mit Herbert Eichholzer und war in Aichach eine Zeitlang mit mir in derselben Zelle.

Vogl Hannerl
Jugendliche vom KJV. Sie hatte zweieinhalb Jahre Zuchthaus. Kam nach Absitzen ihrer Strafe ins KZ Ravensbrück, sodaß sie insgesamt 50 Monate eingesperrt war. Sie war mit mir in der Schiffamtsgasse und in Aichach, bis sie ins KZ abtransportiert wurde.

Wenz Betty (später Hirsch)
Jugendliche vom KJV. Erhielt zweieinhalb Jahre. Sie saß jedoch 62 Monate, da man Kommunisten nicht freilassen wollte. Ich war mit Betty in der Schiffamtsgasse. Sie kam von Aichach ins KZ Ravensbrück und nach Auschwitz und wurde erst bei Kriegsende befreit.

Zicka Poldi
Sie hatte vier Jahre Zuchthaus, war in Aichach. KPÖ-Widerstand.

Zwei Bibelforscherinnen
Die Namen weiß ich nicht mehr. Beide stammten aus Kärnten, waren zu Zuchthaus verurteilt und saßen in der Zelle neben mir in Aichach. Sie waren mit Mia Meyer zusammen in der Zelle.

Susi (Name?), Schwester von S. Allacher
Sie war aus Gols im Burgenland und mit mir im Landesgericht.

Cilli (Name?)
Sie hatte zehn Jahre Zuchthaus. Ihr Mann wurde hingerichtet. KPÖ. Sie wurde mit mir zusammen im Oktober 1942 ins Zuchthaus transportiert und 1945 dort befreit.

Mitzi (Name?)
Sie kam aus Wien-Favoriten. KPÖ. Sie war zu zehn Jahren Zuchthaus verurteilt, wurde mit mir im Oktober 1942 nach Aichach transportiert und dort bei Kriegsende befreit. Sie hatte ein Hüftleiden. Ich habe sie nach dem Krieg noch öfters gesehen.

(Name?)
Eine Monarchistin, den Namen weiß ich nicht mehr. Über 80 Jahre alt, kam sie eines Tages 1944 in Aichach zu mir in die Zelle. Sie hatte ein niedriges Urteil, ging nach der Verhandlung frei, mußte sich aber zu einem bestimmten Termin in Aichach melden, wohin sie frei reisen

konnte. Ich weiß nicht, ob sie bis zum Schluß bleiben mußte, da ich im August 1944 aus dieser Zelle auf Transport nach Wien zur Zeugenaussage (Öhler) gebracht wurde.

(Name?)
Sie stammte aus Hainburg, arbeitete als Hilfskraft in einer Tabaktrafik. In Hainburg gab es eine starke kommunistische Widerstandsgruppe. Sie hat KP-Gelder kassiert und diese bei einer Familie in Hamburg, die ausgerottet wurde, abgegeben. Sie war zu zehn Jahren Zuchthaus verurteilt und monatelang mit mir zusammen in der Zelle. Obwohl ich sie gut kannte und ihre ganze Geschichte auch, kann ich mich leider nicht mehr an ihren Namen erinnern.

Die politische Zugehörigkeit der genannten Frauen:
Von diesen 102 Inhaftierten arbeiteten 97 Frauen, das sind etwa 95%, für den von der KPÖ organisierten Widerstand und nur fünf Frauen im Rahmen anderer Organisationen, und zwar: eine Frau von den Revolutionären Sozialistinnen, zwei Bibelforscherinnen, eine Monarchistin.

Aus Gerichtsurteilen, Gestapoprotokollen und anderen schriftlichen, noch vorhandenen Materialien geht klar hervor, daß die Sozialdemokraten zum Ziel nur den Sturz des Faschismus im gesamtdeutschen Raum, nicht aber die Wiederherstellung Österreichs im Auge hatten. Sie konnten deshalb als zentrale Kraft des Widerstandes nicht lange bestehen. Das erklärt, daß ich während meiner ganzen Gefängniszeit nur einer einzigen Sozialistin, die in einer Widerstandsorganisation gearbeitet hat, begegnet bin (Erna Eberl).

Die soziale Herkunft der hier genannten Frauen:
Die weitaus meisten der hier genannten Frauen stammten aus Arbeiterkreisen, nur eine ganz geringe Anzahl (die genaue Zahl kann ich nicht nennen) kam aus dem Kleinbürgertum. Unter allen 102 Frauen gab es nur vier Intellektuelle (Kästenbauer, Meyer, Neumann, Schütte), das bedeutet, daß der österreichische KPÖ-Widerstand fast ausschließlich von Kräften der Arbeiterklasse getragen wurde.

Namensliste der Männer,
mit denen ich illegal gearbeitet habe, und derjenigen, denen ich während meiner Gefängniszeit begegnet bin. Kein einziger hat überlebt.

Hier die wichtigsten Daten und Angaben über sie aus meiner persönlichen Erfahrung:

Dirmhirn Lothar

Mit ihm habe ich nicht direkt illegal gearbeitet. Ich lernte ihn auf einer Fahrt im Gefangenenwagen zum Landesgericht kennen. Wir nutzten die Zeit zum Gespräch, solange es möglich war. Ich konnte ihm von seiner Frau berichten, die in der Zelle unter der meinen in der Schiffamtsgasse eingesperrt war. Er hatte politisch ein klares Urteil und war absolut zuversichtlich, obwohl er genau wußte, daß ihn persönlich nur die Guillotine erwarten konnte. Einige Monate nach unserem Gespräch wurden er und seine Frau im Wiener Landesgericht hingerichtet.

Eichholzer Herbert

Infolge seiner vorherigen politischen Tätigkeit mußte er 1938 emigrieren. Er ging nach Paris, wo sich damals die Auslandsleitung der Kommunistischen Partei Österreichs befand. Von dort kam er im Herbst 1938 nach Istanbul, baute hier die österreichische Gruppe als eine der Auslandsstellen des österreichischen KPÖ-Widerstandes auf. Er arbeitete in Istanbul als Architekt. Er war Architekt mit Leib und Seele. Aber schon früh erkannte er, daß die Verwirklichung seiner beruflichen Ideale von der Struktur der Gesellschaft abhing. Zwangsläufig kam er von den Fragen des Wohnhauses zum Städtebau, zu jenen Fragen, in denen sich der ernste, verantwortungsbewußte Architekt mit den Problemen der Eigentumsverhältnisse, der Wirtschaft und Gesellschaft auseinandersetzen mußte. 1934 beteiligte er sich am Aufstand in der Steiermark. Im Frühjahr 1940 fuhr er aus der Türkei nach Österreich, um sich am Widerstand zu beteiligen. Von hier kam er als Dolmetscher der deutschen Wehrmacht nach Frankreich. Im Februar 1941 wurde er dort verhaftet und kurze Zeit ins Militärgefängnis nach Wien gebracht. Herbert Eichholzer hatte eine Woche vor mir, Mitte September 1942, die Verhandlung im Wiener Landesgericht; als einziger Angeklagter bei diesem Prozeß. Noch am Tag der Verhandlung erfuhr ich in der Schiffamtsgasse, daß er sich vor dem Volksgericht äußerst mutig verhalten hatte. Er wurde zum Tode verurteilt. Im Januar 1943 starb er durch das Fallbeil im Wiener Landesgericht.

Frank Willy (Deckname »Harald«)

Er kam als Emigrant über Frankreich nach Istanbul, nachdem er die zweite Parteileitung in Österreich aufgebaut hatte. Im letzten Moment konnte er sich damals der Verhaftung entziehen. Willy Frank war Mitglied des Zentralkomitees. Da er keine Verlängerung seines türkischen Visums erhielt, mußte er nach zwei Monaten aus Istanbul weg. Zudem bekam er dort Typhus. Mit hohem Fieber brachte ich ihn zum Schiff. Später wollte er wieder näher der Heimat sein und sich am Freiheitskampf nahe der österreichischen Grenze beteiligen. Er war an der Bildung des österreichischen Freiheitsbataillons in Jugoslawien beteiligt. In einem Feuergefecht mit der SS traf ihn, 35 Jahre alt, die tödliche Kugel.

Köhler H. (Deckname »Konrad«)

Auch er war in der Emigration längere Zeit in Istanbul und arbeitete mit unserer Gruppe. Wir lasen gemeinsam, hielten politische Referate über die verschiedensten Themen, stellten uns Fragen, die wir schriftlich beantworteten, und ähnliches mehr. Seit vielen Jahren war »Konrad« Mitglied des Zentralkomitees der KPÖ. Auch er mußte bald aus der Türkei weg und kam später illegal nach Österreich. Nachdem die dritte Leitung der Widerstandsbewegung zerschlagen war, baute er die vierte auf. Schließlich entdeckte ihn die Gestapo. Er kam ins KZ Mauthausen, wo er in strengster Isolierung im Bunker gehalten wurde. Im Krematorium für die Exekutionen wurde er durch Maschinenpistolenschüsse getötet.

Konopitzky Anton

Nur ganz kurz sah ich ihn einmal in Freiheit, als ich in seinem Haus am Laaerberg illegale Schriften las. Er und seine Frau wurden einige Tage nach Puschmann und mir, meines Wissens noch im Jänner 1941, verhaftet. Er hatte im Sommer 1943 die Verhandlung, zu der ich als Zeugin aus dem Zuchthaus in Bayern nach Wien gebracht wurde. Er konnte sich so gut verteidigen und es stand so günstig für ihn, daß er »nur« zu sechs Jahren verurteilt wurde. Er war physisch und psychisch in sehr guter Verfassung. Vom Tode seiner Frau, die noch während der Untersuchungshaft bei einem Blutsturz gestorben war, wußte er nichts. Nach seiner Verurteilung kam er in die Strafanstalt Stein. Kurz vor

Kriegsende wollte die Gefängnisdirektion, nachdem sie die Genehmigung von höherer Stelle eingeholt hatte, 200 Häftlinge freilassen. Als die Häftlinge bereits im Hof waren, um die Anstaltskleidung gegen ihre Zivilkleider zu wechseln, kam die SS. Sie erschoß den Direktor, vier Angestellte und alle 200 Gefangenen. Darunter auch Konopitzky.

Kornweitz Julius (Deckname »Bobby«)

Für mich hieß er Bobby, seinen richtigen Namen erfuhr ich erst nach der Befreiung. Im Dezember 1940, als ich von Istanbul über Zagreb nach Wien fuhr, war »Bobby« als einziger der führenden österreichischen Genossen in Jugoslawien zurückgeblieben, um die Arbeit dieser Außenstelle weiterzuführen. Ich unterbrach in Zagreb meine Reise für zwei Tage, in denen ich von »Bobby« genau über die Lage in Wien und meine bevorstehende Aufgabe in Österreich informiert wurde. Unsere Gespräche fanden in der Wohnung von Franz Öhler statt. Von »Bobby« zeigte man mir kurz nach meiner Verhaftung ein Foto vor der Gartentüre zu Öhlers Haus. Die Gestapo war ihm also bereits im Januar 1941 auf der Spur. »Bobby« konnte sich jedoch noch lange der Verhaftung entziehen und in Zagreb und später auch in Wien weiterarbeiten. Erst nach der Befreiung erfuhr ich, daß es ihm gelang, nach dem Einmarsch der Deutschen in Jugoslawien nach Wien zu kommen, hier noch einige Zeit illegal zu leben und weiterzuarbeiten. Schließlich wurde er doch verhaftet, nach Mauthausen ins KZ transportiert und sofort durch Genickschuß ermordet.

Öhler Franz

Er kam schon 1940 aus Zagreb nach Istanbul. Damals lernte ich ihn kennen. Der Zweck seiner Reise bestand darin, seine Flucht aus Zagreb vorzubereiten, falls die Deutschen in Jugoslawien einmarschierten. Wieso er dann doch nicht mehr rechtzeitig wegkam, ist mir unbekannt. Er hat der Widerstandsbewegung der KPÖ durch materielle Unterstützung, durch Zurverfügungstellen seiner Wohnung für Besprechungen und durch Überlassung seiner Adresse für Postverbindungen sehr geholfen. Die Gestapo verhaftete ihn in Zagreb und brachte ihn nach Wien. Im September 1944 stand er vor dem 5. Senat des Berliner Volksgerichts. Ich wurde als Zeugin zu seiner Verhandlung aus dem Zuchthaus Aichach nach Wien gebracht. Da ihm trotz seiner Hilfe für den KPÖ-Widerstand nichts konkret nachzuweisen war, wurde er – nicht zuletzt auf Grund meiner Zeugenaussage – freigesprochen. Er kam trotzdem ins KZ, von wo er nicht mehr zurückkehrte. Er war bei der Verhandlung in ausgezeichnetem körperlichem Zustand. Deshalb nehme ich an, daß er nicht eines natürlichen Todes gestorben ist, sondern umgebracht wurde.

Puschmann Erwin (Deckname »Gerber« oder »Keil«)

Als ich im Dezember 1940 nach Wien kam, hatte Erwin Puschmann die dritte Leitung (die vorherigen zwei waren bereits zerschlagen) aufgebaut. Puschmann war damals Leiter der Widerstandsorganisation der KPÖ für ganz Österreich. Ich hatte den Auftrag, mit ihm die Situation im Lande zu besprechen, um im Ausland darüber berichten zu können. Das erste Treffen mit ihm fand am 1. Januar 1941 im Kaffee »Viktoria«, Ecke Währingerstraße und Maria-Theresienstraße, statt. Das letzte, bei dem wir zusammen von der Gestapo verhaftet wurden, war am 22. Januar 1941 in demselben Kaffeehaus – einen Tag, bevor ich nach Istanbul abreisen sollte. Insgesamt hatte ich Erwin Puschmann in der Zeit vom 1. bis 22. Januar elfmal getroffen. Von den Zusammenkünften, die ich ohne »Ossis« Wissen mit ihm hatte, wußte die Gestapo nichts und hat auch nie etwas darüber erfahren. Genau 18 Monate nach der Verhaftung sah ich Puschmann bei unserer Verhandlung vor dem 2. Senat des Berliner Volksgerichts am 22. September 1942 im großen Schwurgerichtssaal des Wiener Landesgerichts wieder. Er wußte genauso wie ich, daß »Ossi« der Spitzel war. Absichtlich lenkten wir beide die Aufmerksamkeit des Gerichts immer wieder auf »Ossi«. Dadurch erhielten wir in der Verhandlung durch die Gestapo selbst die volle Bestätigung, daß »Ossi« der Verräter war. Ein Gestapobeamter, der als Zeuge auftrat, verweigerte nämlich auf Anfrage eines Anwalts, wer nun dieser »Ossi« sei, jegliche Auskunft, und zwar, nach seinen eigenen Worten, aus »staatspolizeilichen Gründen«.

In unserer Anklageschrift (für Puschmann, Sebek, Schütte, Anna und Franz Haider) stand zusammenfassend: »Puschmann hat die Organisation der KPÖ wieder aufgebaut. Die übrigen Angeklagten haben ihm dabei geholfen, insbesondere die Angeklagte Schütte, die versucht hat, die Verbindung zwischen ihm und dem Auslandsapparat herzustellen.« Die Anklageschriften mußten nach der Verhandlung abgegeben werden. Sie kamen in das zentrale Justizgebäude in Berlin, das bombardiert wurde. Sie sind dadurch alle vernichtet worden. Bei der Verhandlung sagte der Staatsanwalt, Puschmann sei der höchste Funktionär der KPÖ, der je vor einem deutschen Gericht stand. Puschmann wurde zum Tode verurteilt, lag bis zu seiner Enthauptung in Ketten und wurde am 7. Januar 1943, 37 Jahre alt, im Wiener Landesgericht geköpft.

Sebek Franz

Ich sah ihn nur einmal ganz kurz in Freiheit. Er kam in das Siedlerhaus des Ehepaares Konopitzky, wo ich illegale Schriften und Flugblätter las. Er war Mitglied des Zentralkomitees der KPÖ und baute gemeinsam mit Puschmann die dritte Leitung der Organisation auf. Ebenso wie Puschmann machte er bei der Verhandlung einen vollkommen ruhigen, auf das Geschehen konzentrierten Eindruck. Er wurde zum Tode verurteilt und am 7. Januar 1943 im Wiener Landesgericht hingerichtet.

Ich habe hier nur jene Männer angeführt, mit denen ich (mit Ausnahme von Dirmhirn) illegal gearbeitet habe und über deren Tätigkeit und Verhalten ich etwas aussagen kann. Mit der Ausnahme von Franz Öhler, der den KPÖ-Widerstand nur unterstützte, hatten alle hier Genannten hohe Funktionen in der KPÖ, vier von ihnen waren seit vielen Jahren Mitglieder des Zentralkomitees der Partei. Die furchtbaren Verluste an politisch hochqualifizierten Genossen waren nach dem Krieg kaum mehr wettzumachen. Da ich annehme, daß für eine künftige Geschichtsschreibung solche Angaben von Wert sein könnten, habe ich diese nochmals hier im Anhang, wenn auch nur schlagwortartig, schriftlich niedergelegt.

Helga Amesberger/Brigitte Halbmayr:

Vom Leben und Überleben – Wege nach Ravensbrück – Band 1

Dokumentation und Analyse

ISBN 978-3-85371-175-0, br.,
264 Seiten, 17,90 €

Helga Amesberger/Brigitte Halbmayr:

Vom Leben und Überleben – Wege nach Ravensbrück – Band 2

Lebensgeschichten

ISBN 978-3-85371-176-7, br.,
272 Seiten, 17,90 €

Hannes Hofbauer/Andrea Komlosy:

Das andere Österreich

Vom Aufbegehren der kleinen Leute.
Geschichten aus vier Jahrhunderten

ISBN 978-3-85371-14-8, br.,
208 Seiten, 15,90 €

Karin Berger u.a. (Hg.):

Der Himmel ist blau

Frauen im Widerstand. Österreich 1938–1945

ISBN 978-3-85371-05-6, br.,
272 Seiten, 15,90 €

Karin Berger u.a. (Hg.):

Ich geb Dir einen Mantel …

Widerstehen im KZ. Österreichische Frauen erzählen

ISBN 978-3-85371-20-9, br.,
328 Seiten, 17,90 €

Karl Wiesinger

Achtunddreißig

Roman

ISBN 978-3-85371-335-8, br.,
396 Seiten, 29,90 €